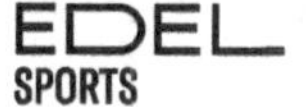

LAURA LUDWIG

mit Alexandra Muz Huber

Gold ist eine Glaubensfrage

Wie ich es im Beachvolleyball nach ganz oben schaffte

Inhaltsverzeichnis

Vorwort 11

Rausgeflogen und doch von Gold geträumt 15

Kira 39

Der Beginn einer Liebe 53

Anett verdreht mir den Kopf 75

Mein Weg zur Topform 81

Die Generalprobe 119

Endlich. Rio 2016 133

Nachspiel 165

Im Zweifel Schmerz 177

Nächstes Ziel: mein Wunschkind 189

Das Ende einer Ära. Ein Neuanfang 199

Espinho – Ende und Anfang 215

Eine Pandemie am anderen Ende der Welt 235

Tokio 2021 249

Nachwort
Das Leben ist eine Wippe 265

Danke 269

Widmung

Für meinen Mann (zu unserer Hochzeit am 1. April 2022)

Schatz, wir kennen uns jetzt schon sehr, sehr lange. Und seit dem Wochenende, als ich Dich damals in Den Haag besucht habe, ist es um mich geschehen. Alles war sofort vertraut, ich habe mich geborgen gefühlt, und es war so, als wären wir schon immer zusammen gewesen. Du nimmst mich, wie ich bin, mit all meinen Ups und Downs. Du unterstützt mich in allem. Du bist mein Ruhepol, und alles, was Du denkst, sagst und machst, passiert mit Leidenschaft. Du hinterfragst alles und bringst mich damit manchmal zur Weißglut, aber genau das ist wahnsinnig attraktiv. Ich liebe es, Dich mit Teo zusammen zu sehen. Ich kann mir keinen besseren Vater für unseren kleinen Schatz vorstellen – und kann es kaum erwarten, Dich mit unserem zweiten Sohn zu erleben. Wenn ich darüber nachdenke, was wir alles schon gemeinsam geschafft und erlebt haben, freue ich mich einfach nur auf unsere gemeinsame Zukunft.

Meine Familie

Laura Ludwig, Beachvolleyballspielerin
Imornefe »Morph« Bowes, mein Partner und seit 2022 mein Ehemann
Teo Johnston Bowes, unser erstgeborener Sohn
Lenny Matthias Bowes, unser zweiter Sohn

Mein Team

Helke Claasen, Trainerin
Anett Szigeti, Sportpsychologin
Olaf Kortmann, Trainer und Mentor 2004–2012
Craig Seuseu, Trainer 2008–2012
Jürgen Wagner, Trainer 2012–2019
Hans Voigt, Trainer 2012–2015
Morph, Trainer seit 2019
Jochen Dirksmeyer, Physiotherapeut
Andreas Scheuerpflug, Agent

Meine Beachvolleyballpartnerinnen

Pauline »Paula« Bergner, 1999–2003
Jana Köhler, 2003
Sara Goller (heute Niedrig), 2004–2012
Kira Walkenhorst, 2012–2018
Julia »Juli« Sude, 2014
Margareta »Maggie« Kozuch, von mir »Kusia« genannt, 2018–2021

Vorwort

Lange Zeit wäre es mir völlig absurd vorgekommen, ein Buch über mein Leben zu schreiben. Ich dachte: »Was habe ich denn schon zu erzählen?« Okay, ich war 2016 in Brasilien Beachvolleyball-Olympiasiegerin geworden, das schafft nicht jeder. Es mag etwas verrückt klingen, aber ich habe einfach meinen Job gemacht, umgeben von einem wunderbaren Team. Die Goldmedaille war nicht allein mein Verdienst. Kira Walkenhorst, meine bessere Hälfte im Sand von Rio, zeigte eine herausragende Leistung und eine Nervenstärke, vor der ich auch heute noch – Jahre später – den Hut ziehe. Jürgen Wagner und Hans Voigt, unsere Trainer, formten mich von einer ambitionierten Spielerin zu einem echten Profi. Mit ihrer Hilfe veränderte ich mein Beachvolleyballspiel auf allen Ebenen. Sie trieben mich auf das extrem hohe Niveau, das den Sieg erst möglich machte. Auch Anett Szigeti, meine Psychologin, hatte einen großen Anteil daran. Sie schaffte es, mit viel Einfühlungsvermögen, Entspannungstechniken und Mentalübungen, meinen Kopf stark zu machen, sodass mich selbst 12 000 gegen uns pfeifende Brasilianer im Stadion an der Copacabana nicht aus der Ruhe bringen konnten. Und ohne unsere großartigen Physiotherapeuten hätte mein Körper die extremen Belastungen, die für diese Höchstleistung nötig waren, erst gar nicht durchgestanden.

Nur den wenigsten gelingt es, ihre beste Leistung dann abzurufen, wenn es am meisten zählt. Das ist der Unterschied zwischen einer Profi- und einer Weltklassespielerin. Und ich war lange Zeit eben nicht die Laura Ludwig mit dem Sixpack, die sehr bewusst auf ihre Ernährung achtete, kein Training sausen ließ und zu den besten Abwehrspielerinnen der Welt gehörte. Als ich mit Beachvolleyball begann, war ich ein sorgloses Partygirl, das für seinen Erfolg nicht hart arbeiten wollte. Ich wollte einfach nur spielen. Ich dachte wirklich, mein Talent würde ausreichen. Das war ein Irrglaube und ich musste von Jürgen und Hans erst brutal aus meiner Komfortzone getrieben werden. Bis zu den Spielen von Rio fehlte mir die mentale Stärke, um mich nicht vom Mythos Olympia lähmen zu lassen. Denn wenn ich früher während eines Ballwechsels schlecht spielte, versuchte ich oft, mit noch mehr Einsatz diesen Fehler zu korrigieren. Mein Überkompensieren verursachte dann aber noch mehr Punktverluste, mehr Nervosität und am Ende ein schlechteres Ergebnis. Es war ein Teufelskreis. Doch mithilfe meines Teams konnte ich ihn durchbrechen.

Zurück zu der Frage: Weshalb möchte ich also ein Buch über meinen Anteil an diesem Projekt schreiben? Weil ich vom schwierigen Weg an die Spitze erzählen möchte. Weil ich zeigen möchte, dass mit harter Arbeit und dem richtigen Umfeld alles möglich ist. Ich will teilen, wie viele meiner Schwierigkeiten schon in meinem Kopf entstanden. Sie beschäftigten mich über die Maßen, raubten mir kostbare Energie und lenkten mich ab. Ich war selbst meine stärkste Gegnerin. Heute weiß ich, dass es Techniken gibt, destruktive Gedanken und Nervosität zu kontrollieren. Ich erlernte sie erst nach einem guten Jahrzehnt als Sportlerin – indem ich fast täglich meinen Kopf und meinen Körper stählte. Ich lernte auch, wie ich mir mit meiner Ernährung Gutes tun kann, wie mich das, was ich täglich zu mir nehme, bei meiner Leistung als Sportlerin unterstützt.

Bis Mitte 20 machte ich mir keine zwei Gedanken ums Essen. Aber mit den Jahren lernte ich, dass gesunde Ernährung nicht nur ein gutes Körpergefühl mit sich bringt, sondern auch verdammt lecker sein kann. Auch diese Erkenntnis möchte ich gerne teilen.

Gold ist eine Glaubensfrage erzählt von all den Zweifeln, die bis heute ein ständiger Begleiter von mir sind. Aber auch davon, wie ich mühsam lernte, sie in meinen Dienst zu stellen. Ich möchte mit meinem Buch auch allen Frauen – egal ob Sportlerin oder nicht – Mut machen und sie hoffentlich auch motivieren, ihre Träume zu leben, sich weder von kritischen Gedanken noch von der Doppelbelastung Kind und Karriere aufhalten zu lassen. Ich wäre mehr als glücklich, wenn ich Mütter dazu inspirieren könnte, ihre beruflichen Ambitionen nicht aufzugeben.

Baby und Leistungssport zu vereinbaren, ist ein enormer Kraftakt. Das Fördersystem macht es zusätzlich schwer, denn es nimmt keine Rücksicht auf Mamas, die eine Kinderbetreuung brauchen. In meinem Beruf bin ich zehn Monate im Jahr unterwegs. Wenn ich meine Kleinen nicht mitnehmen könnte, würde ich sie kaum sehen. Ich habe das große Glück, mit Morph einen Mann zu haben, der meinen Job zu 100 Prozent unterstützt und zwei Jahre lang als mein Trainer ein wichtiger Teil davon war.

Doch auch ich musste erleben, dass die Balance zwischen Beachvolleyball und Baby, zwischen Paarbeziehung und Spielerin-Trainer-Beziehung an vielen Tagen Kraft kostete. In Tokio lernte ich, dass ich auch ohne Edelmetall viel gewinnen konnte: Ich reifte als Mensch.

Ich bin überzeugt, dass Beachvolleyball mir auch in Zukunft noch ganz viel geben wird. Genau deshalb wollte ich nach der Geburt meines zweiten Sohnes im Frühsommer 2022 nicht aufhören. Ich bin froh, dass ich mich nicht zwischen meiner Familie und meinem Beruf entscheiden muss, denn ich liebe beides.

Lange dachte ich, ich sei nicht gut genug, rieb mich zwischen Kind und Karriere auf. Heute weiß ich: Wenn ich als Athletin mit Familie die Erwartungen anderer nicht erfülle, dann muss ich mich deswegen nicht schlecht fühlen. Doch bis zu dieser Erkenntnis war es ein langer, harter Weg. Und auch von ihm handelt mein Buch.

Rausgeflogen und doch von Gold geträumt

9. August 2012, London. Um 22 Uhr wurde das Finale im Beachvolleyball angepfiffen. Ich war dabei – auf der Tribüne. Keine Frage, dass ich Julius Brink und Jonas Reckermann im Spiel um Gold anfeuern würde. Allerdings glaubte ich nicht, dass sie eine Chance hätten: Die Statistik sprach klar für eine Niederlage. Seit Beachvolleyball 1996 ins olympische Programm aufgenommen worden war, hatten stets die Amerikaner und die Brasilianer die Goldmedaillen unter sich ausgemacht. Sie schienen einen Vorsprung zu haben, der nicht einzuholen war; eine Dominanz wie die Läufer aus Afrika auf den Langstrecken. Die Gegner der Deutschen, Alison Cerutti und Emanuel Rego aus Brasilien, waren im Jahr zuvor souverän Weltmeister geworden. Emanuel galt als Legende. In London nahm er bereits an seinen fünften Olympischen Spielen teil. In Athen hatte er Gold und in Peking Bronze gewonnen.

Ich hatte mir die deutschen Farben ins Gesicht gemalt und mich unter die 15 000 Zuschauer auf dem voll besetzten Horse Guards Parade gemischt. Gemeinsam mit meiner damaligen Beachvolleypartnerin Sara Goller wollte ich eine würdige Cheerleaderin für unsere Mannschaftskollegen sein. Wir kannten Julius und Jonas nicht nur von der Tour, sondern auch von einem längeren gemeinsamen Trainingslager in Neuseeland.

Das Spiel um Gold entwickelte sich wie ein Krimi. Ich schrie mir die Kehle aus dem Leib, doch erst beim Matchball für Deutschland – 14:11 im dritten Satz – realisierte ich, dass die beiden tatsächlich eine Chance hatten! Die Sensation lag in der Luft – doch plötzlich schien sich das Spiel noch einmal zu drehen. Der Vorsprung meiner Favoriten schmolz auf einmal wie Eis in der Sonne. Den dritten Matchball wehrte Emanuel mit einem Ass in die Husband-and-Wife-Zone ab – also genau in die Mitte zwischen Julius und Jonas. 14:14. Ich blickte in die Gesichter der beiden – und war erstaunt. Dort war völliger Fokus zu sehen, nicht mal der Hauch eines Zweifels. Schon oft hatte ich mich gefragt: Wie gelang es ihnen, so bei sich zu bleiben? Ich hatte einige ihrer Spiele von der Tribüne aus verfolgt. Gerade unter Druck agierten sie mit einer bewundernswerten Coolness. Als ob sie einen imaginären Schalter in sich hätten, der sie sofort in den Fokusmodus brachte und dafür sorgte, dass ihr nächster Schlag millimetergenau am anvisierten Ort aufprallte. Jonas schmetterte den Ball diagonal genau auf die Linie – 15:14. Trotz drei vergebener Matchbälle in einem Olympiafinale zeigten die beiden noch immer keine Spur von Nervosität. Ich verstand die Welt nicht mehr. Wenn ich spielte, vertraute ich bisher nur auf mein Gefühl und machte meine Tagesform oder mein Gegenüber für Sieg oder Niederlage verantwortlich. Mir fehlten Strategie, Plan und eine passende mentale Einstellung. In Stressmomenten hatte ich meinen Nerven nichts entgegenzusetzen. Nichts rettete mich vor ihnen.

Ich drückte fest die Daumen, während Jonas zum vierten Matchball aufschlug. Ich schrie dem für mich Unvermeidbaren entgegen: Es würde so sein wie all die Jahre zuvor. Am Ende würde Brasilien wieder ganz oben stehen. Und wenn die beiden es nach diesem Vorsprung, nach diesen Möglichkeiten nicht schafften, dann war es eben unmöglich. Dabei wollte ich so sehr, dass meine Volleyballwelt aus den Fugen geriet. Dann schmetterte Emanuel diagonal ins Aus. Jonas und Julius blickten sich an, ballten die Fäuste und schrien ihre Erleichterung heraus: 16 : 14. Gold für Deutschland! Ich jubelte mit ihnen.

Als ich Julius ins Gesicht schaute, glaubte ich Tränen zu sehen. Wie er 2008 bei den Olympischen Spielen in Peking mit seinem Partner weit hinter den Erwartungen zurückgeblieben war, hatte ich miterlebt. Er wurde oft kritisiert, weil er zu allem eine klare Meinung hatte und damit aneckte. Viele hielten ihn für schwierig. Für manche war er sogar der Bad Boy des deutschen Beachvolleyballs. Nun hatte er sich zum Golden Boy gekrönt.

Auch sein Partner Jonas hatte mit Rückschlägen zu kämpfen gehabt. In Athen war er als Medaillenkandidat bereits im Achtelfinale ausgeschieden. Nun also tatsächlich Gold. Ich war fassungslos und freute mich einfach nur, wie sich Julius mit hochgerissenen Armen und gestreckten Zeigefingern vom begeisterten Publikum feiern ließ. Und genau in diesem Moment formte sich in mir ein Gedanke, der die nächsten vier Jahre meines Lebens bestimmen sollte:

»Wenn die das können, dann kann ich das auch.«

Die beiden waren in dem Moment auch zu meinen Gamechangern geworden. Mit ihrem Sieg hatten sich meine Barrieren im Kopf verschoben. So wie es Roger Bannister vor rund 70 Jahren gelungen war, die Blockaden in den Köpfen von vielen Läufern niederzurennen. Der Engländer hatte ein Projekt in Angriff genommen, das Ärzte und Wissenschaftler als unmöglich eingestuft hatten: Er hatte sich in den Kopf gesetzt, eine Meile unter vier Minuten zu laufen. Am 6. Mai 1954 gelang ihm die Sensation. Nach 1609 Metern begann die Zeit auf der Anzeigentafel mit einer Drei: 3:59.04 Minuten. Weltrekord. Das Unvorstellbare war vollbracht. Keine zwei Monate später schraubte ein

Australier Bannisters Bestzeit auf 3:58.00 Minuten. Als seien die Blockaden in den Köpfen der Läufer verschwunden, purzelten bald noch viele weitere Rekorde.

Ich glaubte nun also, dass ein Olympiasieg möglich sein könnte, und war angefixt: Was war das Erfolgsrezept von Jonas und Julius, und würde es auch bei mir funktionieren?

Als ich mir diese Frage stellte, war mein eigener sportlicher Auftritt in London bereits Geschichte. Natürlich war ich mit dem Satz auf den Lippen zu diesen Olympischen Spielen gefahren, dass ich eine Medaille gewinnen wolle. Nach außen hin schaffte ich es ja immer, selbstbewusst zu wirken. Wenn mich jemand darauf ansprach, dass uns noch kein internationaler Turniersieg gelungen war, erwiderte ich frech: »Den sparen wir uns für London auf.« Wir wussten, dass die Spiele 2012 die letzte Chance für mich und meine Partnerin Sara Goller waren, zu lange waren wir auf einem ähnlichen Niveau stagniert. Dabei hatten wir viel erreicht, allein zweimal die Europameisterschaft gewonnen. Aber für Edelmetall auf der großen olympischen Bühne oder bei Weltmeisterschaften hatte es nicht gereicht. Nach London waren wir als Nummer acht der Weltrangliste gereist. Mit dieser Empfehlung träumte ich als ehrgeizige Athletin von einer Medaille.

Nach einem Sieg gegen das deutsche Duo Katrin Holtwick und Ilka Semmler hatten wir im Viertelfinale gestanden. Unsere Gegnerinnen waren aus Brasilien und die Nummer eins der Welt: Larissa França Maestrini und Juliana Felisberta da Silva. Zuvor hatten wir dreimal gegen sie gespielt, dabei zweimal gewonnen. Wir rechneten uns also Siegchancen aus. Was soll ich sagen? Bis auf eine kurze Phase liefen wir immer einem deutlichen Rückstand hinterher. Es stand schon 12:18 im zweiten Satz, als wir uns daran erinnerten, dass auch wir Beachvolleyball spielen konnten. Wir kämpften uns heran, doch es war zu spät: Kurz vor Mitternacht gratulierten wir den beiden. Wehmütig schauten wir zu, wie sie sich von einer kleinen Gruppe brasilianischer Fans feiern ließen.

Was war passiert? Olympia machte etwas mit meinem Kopf. Die 15 000 Zuschauer, das grelle Flutlicht, die Atmosphäre, der Gedanke daran, in ein olympisches Halbfinale einziehen zu können … Und ausgerechnet am Höhepunkt war ich weit unter meinen Möglichkeiten geblieben. Dass mir in diesen Tagen die ganze Welt zusah, hatte mich auch belastet. Meine Bewegungen schienen von schweren Gewichten gebremst. Von Punkt zu Punkt war mehr Nervosität in meinen Körper gekrochen. Je klarer ich realisierte, wie steif ich mich eigentlich bewegte, desto schlechter spielte ich auch. Außerdem: Im Grunde meines Herzens war ich davon überzeugt, dass die Brasilianerinnen für mich unschlagbar waren. Bis zu jenem Moment im Finale von Julius und Jonas hatte ich mich irgendwie mit meiner Zweitklassigkeit abgefunden.

So fing alles an …

Ich war drei Jahre alt, als meine Mutter und mein Vater nach einem Gespräch in der Küche beschlossen zu heiraten. Wir wohnten in einer Zweiraumwohnung in der Schnellerstraße, Bezirk Schöneweide. Die Toilette befand sich nicht auf demselben Stock, mit zwei anderen Familien mussten wir sie teilen. Das Waschbecken in der Küche diente als Badersatz. Pro Mensch ein Zimmer – so war das damals in der DDR. Und weil die beiden nicht verheiratet waren, gab es keinen dritten Raum, als ich geboren wurde. Nun aber war mein Bruder unterwegs, also wurde geheiratet, damit wir in eine Vierraumwohnung umziehen konnten. Ich bekam ein rosarotes Kleidchen mit weißen Rüschen, als meine Eltern sich am 26. Mai 1989 das Jawort gaben. Ich erinnere mich nur noch an das Kleid, das meine Mutter bis heute aufbewahrt, und an die Geschichte mit dem blauen Trabi: Nach der Trauung lief ich vor Aufregung auf die Straße. Ein heranfahrender Trabi konnte gerade noch vor mir bremsen. Die Schrecksekunde vergaß meine Mutter ihr Leben lang nicht. Bei meiner standesamtlichen Trauung am 1. April 2022 ließ sie ihren Enkel Teo – übrigens so alt wie ich damals – nicht eine Sekunde aus den Augen. Als damals wenige Monate später, am 9. November des gleichen Jahres, die Mauer fiel, saß ich auf den Schultern meines Vaters, während um uns herum die Menschen vor Freude laut schrien. »Guck mal, Papa«, rief ich und zeigte in den Himmel, »der Mond ist so schön.«

Meine Eltern mussten neu anfangen und gründeten in unserer Vierraumwohnung eine Firma für Werbemittel. Im Wohnzimmer wurde eine große Druckmaschine aufgebaut und fortan lebten wir im wahrsten Sinne des Wortes um die Arbeit herum.

Beim Kinderarzt, ich muss so sieben Jahre alt gewesen sein, stieß meine Mutter auf einen Flyer des Volleyballvereins Köpenicker SC. Es war eine pragmatische Entscheidung, mich dort anzumelden, denn das Kind musste ja beschäftigt werden, wenn die Eltern so viel arbeiteten. Schon bald fühlte sich die Sporthalle wie mein zweites Wohnzimmer an, während meine Eltern viele Stunden in ihre neue Firma investierten. Schnell fand ich meine Volleyballfamilie, freundete mich mit den Mannschaftskolleginnen an und auch unser engagierter Trainer Michael Lehmann wurde bald zum Abendessen nach Hause eingeladen. Ich liebte den Sport und das Gemeinschaftsgefühl in der Mädelsgruppe. Und es hieß bald, dass ich ein gewisses Talent hätte.

Wir Mädchen begannen mit zweimal Training in der Woche. Dabei spielten wir viel, rannten wie die Wilden, sodass ich abends kaputt ins Bett fiel. Diese Nachwirkung begeisterte meine Eltern. Als ehemaliger Handballer liebte mein Vater

Ballsportarten. Schon in der E-Jugend, als wir noch drei gegen drei spielten, stand er mit seiner Kamera an der Außenlinie und machte sogar unsere Pritsch- und Baggerbewegungen mit. Mit seiner kleinen Firma bedruckte er unsere Trikots mit dem Logo, fuhr am Wochenende im Kleinbus mit einer Horde Mädchen zu den Spielen und schrie am lautesten auf der Tribüne.

Ich durfte bald bei den älteren Mädchen mitspielen und wurde sogar in die Jugendnationalmannschaft eingeladen. Mein Trainer und mein Vater waren von meinem Talent überzeugt, aber mich interessierten Perspektiven und die Zukunft wenig. Ich wollte nur spielen und vor allem gewinnen. Weil ich nicht besonders groß war, schlug man mir die Liberoposition vor. Als Libero muss man ein andersfarbiges Trikot tragen, um deutlich neben den anderen Spielerinnen erkennbar zu sein. Man ist dann Defensivspielerin. Ich probierte es und winkte bald ab. Auf dieser Position konnte ich keine Punkte machen und das andersfarbige Trikot machte mich nervös.

Im Sommer war unsere Turnhalle immer geschlossen. Köpenick, im Osten Berlins, liegt am Zusammenfluss von Spree und Dahme, umgeben von vielen Wäldern und Seen, sodass das Leben bei Sonnenschein am Wasser stattfindet. Mit 13 Jahren animierte mich mein Trainer zum Beachvolleyball. Wir sollten schließlich in den Sommerferien nicht nur auf der faulen Haut liegen, sonst würden wir alles vergessen, was er uns mühsam beigebracht hatte. Er bestellte uns dafür ins Strandbad Wendenschloss, direkt am Ufer der Dahme.

Bald entschied unser Coach Michael, dass wir an der Turnierserie »Meck-Pomm« teilnehmen sollten. Freitags wurden also Zelt, Handtücher und Essen ins Auto geladen, vollgetankt, und mit der ganzen Familie ging es los an die Ostsee. Unsere Gegnerinnen, meist Jahre älter als wir, nannten mich und meine beste Freundin Pauline »Paula« Bergner »die Küken«. Anfangs lachten die etablierten Teams noch über uns, weil wir mit

Mami, Papi und Jugendtrainer aufschlugen. Doch bald schon ärgerten die Küken die Hühner ziemlich.

Bei diesen unschuldigen Sommerausflügen entstand der »Ludwig-Laser«, mein Markenzeichen – oder auch »signature move«, wie das heute heißt. Mehr aus Intuition denn aus Absicht. Wenn ich eine Lücke im gegnerischen Feld sah, überraschte ich meine Gegnerinnen, indem ich den Ball sofort auf ihre Seite des Feldes zurückspielte, anstatt mit drei Ballberührungen einen Angriff sauber aufzubauen. Wir waren alle Amateurinnen, oft vom Impuls geleitet, den Ball irgendwie ins gegnerische Feld zu bugsieren. Der Laser, der damals nicht so hieß, brachte schnell einen Punkt. Wer diesen Begriff am Ende prägte, weiß ich nicht, aber ich erinnere mich noch gut an die genervten Reaktionen meiner Gegnerin, als ich diese Variante entdeckt hatte.

Von Sommer zu Sommer gewannen wir mehr Matches, sodass der Bundestrainer auf uns aufmerksam wurde und uns zu einem Lehrgang einlud.

2003 bekam ich zum ersten Mal einen Vorgeschmack auf das, was ich erst viel später so richtig begreifen sollte: Um Erfolg zu haben, muss ein Team ohne Kompromisse zusammengestellt werden. Bei einer Beachvolleyballsichtung in Berlin-Mitte ging es darum, das Team für die U-18-Europa- und -Weltmeisterschaft zu nominieren. Ich wäre gerne mit Paula ausgewählt worden. Gegen Ende der Sichtung schlich sie sich auf die Toilette. Ich merkte, dass etwas nicht stimmte, und folgte ihr. Sie weinte, denn sie hatte realisiert, dass nicht sie, sondern Jana Köhler meine Partnerin werden würde. Ich nahm sie in den Arm und tröstete sie. Wir würden noch viele Turniere zusammen spielen, versprach ich ihr.

Jana kannte ich vom Köpenicker SC. Neu zusammengewürfelt spielten wir bei der Europameisterschaft einfach drauflos – und gewannen. Bäm! Wir hatten vorab nur ein unbedeutendes Vorbereitungsturnier bestritten, dennoch beherrschten wir die europäische Elite. Zum ersten Mal wurde die Nationalhymne für mich und meine Partnerin gespielt. Allerdings registrierte ich damals noch nicht, dass ich etwas Besonderes geleistet hatte.

Die Einladung zur U-18-Weltmeisterschaft in Thailand Ende August bedeutete eine Premiere: Ich hatte bis dahin noch nie in meinem Leben in einem Flugzeug gesessen, im Urlaub gingen wir lieber zelten und unterhielten mit unseren Berliner Schnauzen die Campingplätze an der Ostseeküste. Meine Mutter hatte Flugangst. Als Teenager hatte sie auf dem Gartengrundstück ihrer Mutter bei Königs Wusterhausen im Süden Berlins mitbekommen, wie ein Flugzeug der staatlichen Interflug nach einem Brand im Heck in den Boden knallte. Alle 156 Menschen an Bord starben an jenem 14. August 1972. Jedes Mal, wenn mich meine Eltern in den darauffolgenden Jahren an den Flughafen Berlin-Tegel begleiteten, deutete mein Vater auf eine große, graue Treppe in der Nähe der Gates: »Hier saß deine Mutter drei Stunden lang und heulte sich die Augen aus, als du nach Thailand geflogen bist.« Sie war so verzweifelt, denn als sie das Flugzeug in der Sonne verschwinden sah, dachte sie, ich würde nie wieder zurückkommen.

Während meine Mutter weinte, drückte ich mir im Flieger die Nase am Guckfenster platt. Sogar Helsinki konnte ich vom Himmel aus sehen. Ich genoss die Schmetterlinge im Bauch beim Starten, die Erleichterung beim Landen. Unsere damaligen Nationaltrainer Lennard Krapp und Silke Lüdike begleiteten uns nach Pattaya, eine bekannte Touristenstadt im Osten Thailands. Doch wir lernten leider nur unser Hotel und die Courts kennen, umgeben von riesigen Anlagen mit Ferienwohnungen, Einkaufszentren und grellen Nachtklubs, die den Strand säumten.

Lennards größte Sorge bestand darin, dass wir uns eine Lebensmittelvergiftung einfangen könnten. Ich musste mich tagein, tagaus von Reis und Ananas ernähren. Milch stand ebenfalls auf der schwarzen Liste. Das Müsli am Morgen gabs mit Orangensaft. Am Pratumnak-Strand vor dem Hotel Adriatic spielten wir das Finale gegen die Brasilianerinnen Carol Solberg Salgado und Bárbara Seixas. Ich hatte die überdimensionale, schwarze Sonnenbrille meines Bruders auf der Nase, denn ich selbst hatte gar keine. Wir wirkten wie Anfängerinnen neben den schicken Brasilianerinnen in ihren knappen Bikinis. Jana mit ihrer starken Korrekturbrille, ich mit meiner Puck-die-Stubenfliege-Sonnenbrille, und sehr blass waren wir dazu auch noch. Aber diese lustig aussehenden, unbeholfen wirkenden deutschen Mädchen gewannen gegen Brasilien.

Dennoch spielte sich mein Volleyball immer noch hauptsächlich in der Halle ab. Ich liebte es, in Köpenick zu spielen, nicht nur wegen meiner Freundinnen, sondern auch weil wir oft siegten. Unser größter Erfolg waren die deutschen Meisterschaften in der A-Jugend. Dabei gehörte ich zu den Besten. Bei diesen Titelkämpfen traf ich zum ersten Mal auf Sara Goller, die damals für Leverkusen spielte. Sie galt als großes Talent. Wir haben mit guten Blocks viele ihrer Angriffe abgewehrt (das würde sie jetzt bestimmt bestreiten), und gewannen dabei auch noch. Ich weiß noch genau, dass Guddi (Gundula), ihre Trainerin, hochschwanger war und eine dicke Kugel vor sich her schob. Das faszinierte mich. Zum einen gab es nicht viele weibliche Trainer, zum anderen schien sich ihre Schwangerschaft in keinster Weise auf ihr Engagement an der Seitenlinie auszuwirken. Guddi hatte mich offensichtlich gut beobachtet, denn nach dem Turnier rief sie mich an, und nach ein wenig Small Talk lud sie mich nach Leverkusen in die Bundesliga ein. Das war natürlich krass, denn ich hatte nie ernsthaft damit gerechnet, in der obersten Liga zu spielen. So geschmeichelt ich mich fühlte, so ungelegen kam das Angebot. Eigentlich wollte ich nicht umziehen, denn ausgerechnet in diesem Jahr ging ich zum ersten Mal richtig gerne in die Schule. Ich schätzte die Leute in unserem Sportgymnasium. Wir machten regelmäßig Party und ich hatte viele Freunde auch außerhalb des Volleyballs gefunden. Hinzu kam: Gerade flatterten zum ersten Mal die Schmetterlinge in meinem Bauch und mein erster Freund schien das Wichtigste (und der Einzige) auf der Welt zu sein. Er war ein Schulkamerad aus einer anderen Klasse. Für ihn ließ ich sogar ab und zu ein Training ausfallen, was vor allem mein Vater mit einem missfallenden Gesichtsausdruck kommentierte. Mein Freund selbst spielte Fußball, aber sah seinen Sport als Hobby. Genauso tat er es mit meinem Volleyball. Noch bevor ich meine Koffer für Leverkusen packte, endete die erste Liebe – während die Liebe zum Volleyball richtig ernst zu werden begann.

Meine Eltern hatten mich ermutigt, das Abenteuer Bundesliga trotz meiner Bedenken anzugehen. Sie unterstützten mich, indem sie fast jedes Wochenende von Berlin ins Ruhrgebiet gereist kamen. Die Entscheidung fühlte sich schnell richtig an. In der Saison 2003/04, ich war 17, wurden wir deutsche Vizemeisterinnen – ein Erfolg, den ich mir nie hatte träumen lassen. Ich spielte schon einige Monate in Leverkusen, als ich auf dem Fahrrad im Kraftraum saß und meine Mannschaftskollegin Sara Goller auf mich zukam. Sie wolle komplett zum Beachvolleyball wechseln, Profi werden, deshalb überlege sie sich schon länger, mit wem sie gerne eine Partnerschaft eingehen wolle. Kurzum, sie dachte an mich. »Joooaaa«, sagte ich, eigentlich eher unsicher. »Joooaaa, kann ich mir vorstellen.« Sara war das nicht genug. Sie legte nach. Sie müsse mich erst ausprobieren, aber sie glaube, das könne funktionieren, weil die Chemie stimme. Außerdem sei ich jung. Aber: »Wir müssen dann richtig Gas geben. Richtig Gas. Kannst du dir das vorstellen?« Ich radelte ein paar Umdrehungen, ohne zu antworten. »Joooaaa«, sagte ich zum dritten Mal. Mein Kopf brummte. Ich fragte mich weder, wie ich meine Beachvolleyballkarriere organisieren, noch, wie ich sie finanzieren sollte, sondern ein anderer Gedanke trieb mich um: Ich würde Paula, meiner besten Freundin, eröffnen müssen, dass wir nicht weiter zusammen auf Turnieren spielen könnten. Drei Tage schleppte ich die Nachricht mit mir herum, bis ich den Mut fand, sie anzurufen. Diesmal hatte nicht der Verband, sondern ich mich gegen meine Freundin entschieden. Das Telefonat endete nach wenigen Minuten. Sie verstehe, meinte sie, aus ihrer Stimme klang Traurigkeit. Mit Paula sprach ich erst Jahre später über diese emotionalen Momente. Sie habe danach noch stundenlang geweint, sagte sie mir. Die Vorstellung tat mir im Nachhinein weh. Unsere Freundschaft überdauerte die schmerzhafte Trennung. Nach Monaten der Funkstille näherten wir uns langsam wieder einander an. Heute sind wir beste Freundinnen. Als ich meine Trauzeugin aussuchen sollte, zögerte ich nicht eine Sekunde: Paula war an meiner Seite, als ich am 1. April 2022 heiratete.

Was wäre passiert, wenn Sara mich damals nicht gefragt hätte? Bestimmt hätte ich noch ein paar Jahre in Leverkusen gespielt. In der Halle gehörte ich mit 1,80 Metern immer zu den Kleinen. Im Sand aber kam mir meine Wendigkeit in der Abwehr zugute. Hätte ich den Wechsel gewagt? Ehrlich gesagt: Ich weiß es nicht.

Sara dagegen hatte sehr klare Vorstellungen. Sie legte unser Ziel, unsere Vision und die Struktur fest. Ich folgte ihr wie ein Lämmchen, denn ich hatte nicht ihre intellektuelle Reife, nur diese unbändige Lust zu spielen. Sie suchte unseren Trainer Olaf Kortmann aus, er galt als Institution im deutschen Volleyball.

Jahrzehnte hatte er als Trainer in der Halle gearbeitet, dabei viele Male mit seinen Teams deutsche Meistertitel geholt, sowohl mit Frauen als auch mit Männern. Lange war er auch als Nationaltrainer unterwegs. Er galt als Mann mit immensem Volleyballwissen, dazu pflegte er eine klare, intelligente Ansage. Obwohl er nicht mehr hauptberuflich als Trainer tätig war, hatte er die Beachvolleyballerinnen Stephanie Pohl und Okka Rau zum EM-Titel geführt. All das erklärte mir Sara. Ich spielte zwar sehr gerne Volleyball, dennoch interessierte mich weder, wer gerade das Nationaltrikot trug, noch, wie die besten deutschen Beachvolleyballerinnen sich schlugen.

Es hieß, Olaf habe genug vom Volleyball. Doch von dem, was andere sagten, ließ Sara sich nicht abhalten. Sie rief ihn an. Olaf gefiel das Risiko, das wir eingehen wollten. 2004 entschied kaum jemand mit 18 Jahren, die sicheren Hallenvolleyballstrukturen zu verlassen, um auf Sand zu bauen. Er beobachtete uns, als wir mit Leverkusen in Schwerin spielten, und sah, dass er nicht bei null anfangen musste. Schon damals sagte Olaf auch klar, dass ich ein paar Kilo zu viel mit mir herumschleppe. Ehrlich gesagt, das Thema interessierte mich nicht und ich fand seinen Kommentar übertrieben.

Olaf lud uns nach Hamburg ein, um mit uns zu besprechen, wie eine Zusammenarbeit aussehen könnte. Er hatte ein heimeliges, kleines Restaurant mit dem Ambiente einer Kajüte an der Elbe ausgesucht. Sara kam mit ihrem Freund. Die beiden dominierten das Gespräch. Ich hörte zu und sagte kein Wort. 100 Prozent Einsatz und einen Umzug in den Norden forderte Olaf. Als Sara und ihr Freund auf die Toilette gingen, begannen meine schlimmsten Minuten. Da saß ich nun und sollte Konversation treiben. Doch was sollte ich sagen? Damals war ich im Kreis meiner Mannschaft frech und lustig, doch mit Erwachsenen fühlte ich mich unwohl. Weil ich Angst hatte, etwas

Falsches zu sagen, hielt ich lieber den Mund. Ich war damals zwar vor dem Gesetz schon erwachsen, dennoch beschrieb mich Olaf später so: »Das kleine Köpenicker Mädchen, das großen Respekt vor dem erfahrenen, alten Mann hatte.« Ich hatte damals noch nicht viel von der Welt gesehen – und Olaf mit seinen klugen Anmerkungen und Volleyballgeschichten aus zwei Jahrzehnten Trainertätigkeit beeindruckte mich.

Er besuchte mich in Leverkusen, um mich besser kennenzulernen. Während ich bei Sara übernachtete, blieb er in meiner Einraumwohnung. Mein Kühlschrank war nur spärlich gefüllt und die wenigen Lebensmittel, die ich noch nicht in den Abfalleimer geworfen hatte, waren nicht mehr genießbar. Statt eines Bettes hatte ich aus Platzgründen nur eine Matratze auf dem Boden. Meine Einrichtung war billig und sehr einfach. Aufräumen gehörte auch noch nie zu meinen Lieblingsbeschäftigungen. Kurz: Meine kleine Wohnung sah chaotisch aus. Obwohl ein Profileben viel Disziplin und Struktur erforderte und ich noch nicht viel davon an den Tag legte, wollte Olaf das Abenteuer mit uns wagen.

Sara hatte sich inzwischen für Kiel entschieden, denn dort hatte sie einen Studienplatz gefunden und es gab gute Trainingsmöglichkeiten. Die Aussicht, ihr zu folgen, machte mir Sorgen, denn ich mochte keine Veränderungen. Am liebsten hätte ich beides gemacht: Halle und Beach, denn ich liebte dieses vorgegebene Leben im Dienst der Mannschaft. Doch beides ging schon aus logistischen Gründen nicht. Das Bundesleistungszentrum für Beachvolleyball war nun einmal in Kiel und dort gab es keine hochklassige Hallenmannschaft. Außerdem wollten wir uns ja komplett auf Beachvolleyball fokussieren. Wir fanden einen Kompromiss: Sara zog schon einmal in den Norden, während ich noch ein Jahr in Leverkusen blieb, um mein Abitur zu machen.

Unser Glück bestand darin, dass Olaf sich schon vom professionellen Volleyball verabschiedet hatte und als Unternehmensberater sein Geld verdiente. Er wollte anfangs kein Honorar für seine Arbeit als Coach, obwohl wir drei- bis fünfmal in der Woche miteinander trainierten. Stattdessen versprachen wir ihm einen Prozentsatz unseres Preisgeldes, falls wir jemals welches gewinnen würden.

Wenn er uns nicht coachen konnte, versuchten wir es allein. Manchmal half Saras Freund aus. Obwohl er wenig Ahnung vom Beachvolleyball hatte, warf er uns Bälle zu. Manche Hallenspieler brauchen sehr lange, um sich an Sand, Sonne und Wind zu gewöhnen. Weil ich aber jeden Sommer, seit ich 13 Jahre alt war, immer auch Beachvolleyball gespielt hatte, schien es mir das Natürlichste der Welt, nun nur im Sand zu spielen.

Mich trifft der Schlag

Beim Lehrgang am Strand Schilksee bei Kiel stand ich in der Abwehr. Für einen winzigen Moment hatte ich ein Blackout und wusste nicht mehr, wo ich war. Ich richtete mich auf und sagte: »Sorry, Leute, ich habe gerade ein schummriges Gefühl.« Ich legte mich hin, mit den Beinen erhöht. Ich wollte noch etwas sagen, als ich merkte, dass meine Zunge anfing zu kribbeln. Nach wenigen Sekunden begann ich zu lallen. Sara, Olaf und Lennard Krapp, der Juniorenbundestrainer, lachten irritiert. Sie glaubten wohl, ich würde einen Spaß machen. An diesem Tag waren viele Bienen unterwegs, sodass Olaf einen Bienenstich vermutete. Sie untersuchten meinen Mund, ohne etwas zu finden. Als ich alleine im Krankenwagen in die Klinik fuhr, erfasste mich Panik. Meine Zunge fühlte sich an, als ob sie den ganzen Mund einnehmen würde, das Atmen schien unmöglich geworden zu sein.

Der Notarzt stellte viele Fragen, doch ich konnte sie nicht beantworten, was mir noch mehr Angst machte.

Nach einem langen Tag im Krankenhaus schickten sie mich mit Verdacht auf Migräne nach Hause. Ich sollte aber am nächsten Tag wiederkommen. Nachts in der Unterkunft kriegte ich kein Auge zu. Meine Zunge und mein Hals fühlten sich immer noch taub an, ich glaubte zu ersticken. Zurück in der Klinik am nächsten Morgen bat mich ein Arzt, mit geschlossenen Augen 50 Schritte auf der Stelle zu gehen. Als ich die Augen wieder aufmachte, befand ich mich am anderen Ende des Raumes. »Da scheint etwas Neurologisches nicht zu stimmen«, meinte er und verordnete weitere Untersuchungen. Meine Eltern waren inzwischen gekommen, um mich zu unterstützen. Um Mitternacht wurde ich von einem Arzt geweckt, der mir sagte: »Du musst sofort an den Tropf. Du hast Infarkte im Kopf.« – »Was?! Was??? Wovon redet er?«, dachte ich. Erst am nächsten Tag, in Anwesenheit meiner Eltern, erklärten die Ärzte ihre Diagnose genauer: Schlaganfall. Was für ein Schock. In meiner Familie gab es keine Vorgeschichte an Schlaganfällen. Die Ärzte konnten sich nur auf eines einigen: In meinem Körper hatte sich ein Blutgerinnsel gelöst, war in den Kopf gelangt, wo es eine Hirnschlagader verstopft hatte. Niemand der Experten konnte sagen, woher der Blutklumpen gekommen war. Die Hypothesen reichten vom Herz über die Schulter bis zur Halsschlagader. Die Diagnose versetzte mich in Panik. Ich war gerade erst 18 Jahre alt geworden und außerdem Leistungssportlerin. Okay, ich ernährte mich nicht gesund, aber wie viele 18-Jährige lieben Junkfood, treiben wenig Sport und erleiden dennoch niemals einen Schlaganfall? Das war in meiner Gedankenwelt eine Krankheit alter Menschen. Mein erster Gedanke galt meinen Muskeln. Ich hatte die letzten Wochen so hart gearbeitet, sie aufzubauen. Nun saß ich im Krankenbett und musste zusehen, wie sie wieder verschwanden.

Ein Journalist von der *BILD*-Zeitung, den ich schon länger kannte, rief mich im Krankenhaus an. Unverblümt erzählte ich ihm die ganze Geschichte, noch ein wenig naiv, denn ich dachte in diesem Moment nicht daran, dass er darüber einen Artikel schreiben würde. Am nächsten Tag stand also in fetten Lettern in der Zeitung, dass man mich in der Uniklinik mit Schlaganfall erst einmal nach Hause geschickt hatte. Sogleich standen vom Chefarzt bis zum Stationsarzt alle in meinem Zimmer und beschwerten sich sichtlich verärgert darüber, wie ich so etwas einem Journalisten berichten könne. Glücklicherweise waren meine Eltern gerade da, die mir halfen, die Situation wieder geradezubiegen.

Die Lähmung der linken Gesichtshälfte besserte sich nach ein paar Tagen. Meine Eltern redeten auf mich ein, dass ich das Ereignis sehr ernst nehmen solle. Mir fiel das schwer. Nach zehn Tagen durfte ich das Krankenhaus wieder verlassen. Zähneknirschend musste ich auf die deutschen Meisterschaften und die Junioren-Europameisterschaft verzichten. Ich lernte aus dieser Episode, besser auf meinen Körper zu hören. Außer den Blutverdünnern, die ich täglich zu mir nehmen musste, ging mein Leben weiter wie zuvor. Mut machte mir, dass ich nicht die Erste und Einzige war, die eine solche Erfahrung machen musste. Der Ringer Alexander Leipold, der ein Jahr zuvor einen Schlaganfall erlitten hatte, schickte mir sein Buch mit aufmunternden Worten in der Widmung. Verglichen mit ihm hatte ich Glück. Seine Sprache war gestört und er hatte große Teile seiner Koordination zeitweise verloren. Ich musste nicht einmal in eine Reha gehen und fieberte dem Ende meiner Auszeit nach vier Monaten entgegen. Am Ende blieb die Lektion, wie die Medien funktionieren. Als Sara und ich unser erstes Turnier der nationalen Beachserie gewonnen hatten, standen keine Journalisten vor meiner Tür. Während meines Krankenhausaufenthalts schon. Ich fragte mich: »Wer ist hier krank? Ich oder die Gesellschaft?«

Noch zweimal verfolgte mich der Schlaganfall. Einmal sollte ich nach Orlando fliegen, doch in der Nacht vor dem Abflug wurde mein Arm taub. Ich geriet sofort in Panik und fuhr mit meinem damaligen Freund ins Krankenhaus. Mit der Vorgeschichte des Schlaganfalls steckten die Ärzte mich sofort in die Intensivstation, obwohl ich meinen Arm bald wieder spüren konnte. Auch nach Tagen fanden die Mediziner nicht den Grund für das Taubheitsgefühl und ich wurde wieder nach Hause geschickt.

Ein anderes Mal fühlte ich in der Nacht meine Zunge nicht mehr, doch diesmal wartete ich bis zum nächsten Morgen. Das unangenehme Gefühl war verschwunden und kam auch nicht wieder. Ich begann, langsam wieder Vertrauen in meinen Körper zu fassen, und weil ich noch so jung war und ein positives Naturell habe, steckte ich das schreckliche Erlebnis gut weg.

Sara und ich waren schon auf der World Tour in Paris unterwegs, während ich noch mit Bangen auf mein Abiturzeugnis wartete. Eigentlich war ich sicher, dass ich bestanden hatte, aber es gab die theoretische Möglichkeit durchzufallen. Die Erleichterung war riesengroß, als Guddi, meine Leverkusener Trainerin, am Telefon vermeldete: »Du hast das Abi geschafft.« Wir wurden als Perspektivteam eingestuft, aber eins, das ständig auf die Mütze bekam. Die Country Quota ist eine Hürde für alle Newcomer und sie brachte auch uns mehr als einmal an den Rand der Verzweiflung: Mehrere Teams einer Nation spielen einen Startplatz in der Qualifikation aus. Wie immer wurde auch in Paris der vierte Startplatz bei dem World-Tour-Wettbewerb einen Tag vor der Qualifikation ausgespielt. Oft mussten wir uns mit Helke Claasen, meiner späteren Trainerin, und ihrer Partnerin Antje Röder um diesen Eintritt ins Turnier kloppen. Wir galten als aufstrebende Talente, während Helke nach Jahren im nationalen Zirkus in die World Tour strebte. Für beide Teams stand viel auf dem Spiel: entweder sofort wieder abreisen oder die ersehnte Spielpraxis und wichtige Punkte bekommen. Das bedeutete im Idealfall auch ein kleines Preisgeld, 1000 oder 2000 Euro – und damit konnten wir dann wenigstens die Reise finanzieren und unsere Eltern entlasten. Oft gewannen wir die Country Quota, um aber sofort in der Qualifikation wieder die Koffer zu packen. Manchmal fragte ich mich: »Was mache ich hier eigentlich?«

Wir freuten uns riesig auf unsere erste Reise nach Russland, denn in St. Petersburg bekamen sowohl Helke mit ihrer Partnerin als auch wir direkt einen Platz in der Qualifikation. Zum ersten Mal mussten wir uns in einem Land zurechtfinden, in dem auch die vielsprachige Sara sich nicht verständigen konnte. Beim Einkaufen rettete uns mein Pragmatismus. An der Fleischtheke gackerte ich so lange, bis die Verkäuferin uns tatsächlich Hühnchen einpackte … Gespannt warteten wir schließlich bei der Auslosung, welches internationale Team uns zugelost wurde. Konnte es wahr sein!? Wieder spielten wir gegen Helke und ihre Partnerin – diesmal in der Qualifikation. Wir vier schauten uns frustriert an. Die beiden schickten uns nach drei Sätzen wieder nach Hause.

Das letzte Turnier der Saison 2004 brachte uns nach Mexiko, an die berühmte Bucht von Acapulco. Nach dem ersten Qualifikationsspiel war das Turnier beendet, allerdings gab es Probleme mit dem Rückflug. Helke, die einige Jahre älter war als wir, versuchte, Sara bei der Flugbuchung zu helfen. Die beiden kamen zurück in unser Hotelzimmer, wo ich Chips und Schokolade essend auf dem Bett saß. Über meine Unbekümmertheit schüttelten die zwei nur den Kopf.

Auch wenn ich nicht mehr ganz so schüchtern war, klebte ich immer noch an Sara. 2006 reisten wir auf Vermittlung von Olaf in ein Trainingslager nach Neuseeland. Ich hatte immer noch nicht viel Ahnung von der Welt, wusste aber, dass Neuseeland unendlich weit weg lag und ich noch nie so lange von zu Hause weg gewesen war. Neben meiner Sporttasche packte ich eine zweite Tasche mit meinen Lieblingsjoghurts, meinen Lieblingskeksen und anderen Lebensmitteln, auf die ich nicht verzichten wollte. Am Zoll wurde mein Tascheninhalt in den Müll geworfen, denn Neuseeland verbietet die Einfuhr von Lebensmitteln. Ich weinte fast, weil ich mir so ahnungslos, naiv und unsicher vorkam. Und außerdem: Wie sollte ich sechs Wochen ohne all diese leckeren Sachen überleben?

Um Kosten zu sparen, hatte ein befreundeter Beachvolleyballprofi uns aufgenommen. Sara überließ er sein Gästezimmer. Mir hatte er ein Bett in sein Büro gestellt. Doch ich wollte nicht allein schlafen und kroch nachts in Saras Bett.

Mein erstes Start-up

2006 begannen sich unsere Bemühungen auszuzahlen. Erstmals triumphierten wir bei der deutschen Meisterschaft und standen ganz oben auf dem Treppchen der U-23-Europameisterschaft. Mithilfe unserer Eltern strukturierten wir die finanzielle Seite unseres Sandunternehmens: Wir gründeten die Firma GollerplusLudwig, über die wir unseren Trainer, unseren neuen Manager und ab und zu auch Physiotherapeuten bezahlten.

Ein Jahr später folgte der Sprung in die Weltspitze. Auf der World Tour spielten wir uns im portugiesischen Espinho, in der Nähe von Porto, ins Finale. Ich wusste nicht, wie mir geschah, denn noch vor nicht allzu langer Zeit hatten wir noch gezittert, die Qualifikation zu überstehen. Wir räumten das höchste Preisgeld unter den europäischen Teams ab. Bereits mit 20 Jahren lohnte sich mein Beruf. Außerdem konnte ich die erste Auszeichnung vom internationalen Verband entgegennehmen: Most Improved Player – die Spielerin, die sich am stärksten verbessert hatte.

In der darauffolgenden Saison musste ich nach Hamburg umziehen. Ich sage »musste«, weil ich eigentlich nicht wollte. Ich mochte immer noch keine Veränderungen. Wir reisten so viel in der Welt umher, dass es mich sehr viel Energie kostete, mein Nest zu verlegen. Aber inzwischen hatte sich Hamburg zum Bundesstützpunkt für Beachvolleyball entwickelt. Die Beachhalle erfüllte alle Wünsche und auch das wichtigste Kriterium: Olaf wohnte ganz in der Nähe. Die Vorbereitung auf die Olympischen Spiele in Peking sollte optimal sein, also packte ich mit meinen Eltern Umzugskisten.

Und dann der Schocker. In Peking schieden wir im Achtelfinale aus! Wir hatten viele Chancen gegen die österreichischen Schwestern Doris und Stefanie Schwaiger. Als wir in drei Sätzen verloren hatten, blieben wir noch ganz lange am Court stehen, denn wir wussten nicht, was wir sonst mit uns hätten anfangen sollen. Die ersten Olympischen Spiele mit einer vermeidbaren Niederlage zu beenden, tat unendlich weh. Ich reiste völlig fertig nach Hause. Gut, dass ich noch den Satz der Brasilianerin Ana Paula im Ohr hatte. Nach der Niederlage raunte sie mir zu: »Sei nicht traurig. Euch gehört die Zukunft.«

Wir fühlten, dass wir etwas an unserem Spiel, an unserer Strategie ändern mussten. Olaf riet uns zu einem hauptberuflichen Trainer. Er konnte uns nicht mehr Zeit geben, denn sein Unternehmen forderte ihn. Der Zufall brachte uns mit Craig Seuseu zusammen, ehemals der beste Beachvolleyballspieler Neuseelands. Seine Freundin wollte in der Nähe ihrer Familie sein, deshalb hatten die beiden sich in Hamburg eingerichtet. Olaf blieb uns verbunden, als Mentor, den ich immer ansprechen konnte. Außerdem stand er im ständigen Austausch mit Craig. Unser neuer Trainer war damals 37 Jahre alt und hatte sich gerade erst vom Leistungssport zurückgezogen. Seine Philosophie bestand aus unzähligen Wiederholungen. Tausendfach spielte er die Bälle hart und präzise auf uns.

Sara und ich hatten bereits mehrere Jahre zusammen gespielt. Das ständige Leben aus dem Koffer hatte seinen anfänglichen Reiz verloren. Wir aßen gemeinsam, trainierten zu zweit, spielten und teilten das Zimmer – fast wie ein altes Ehepaar. Das ständige Zusammensein kratzte manchmal an den Nerven. Dann gingen wir uns einen halben Tag aus dem Weg, um unsere Launen wieder einzufangen. Im Laufe der Jahre hatten wir gelernt, unsere Stärken zu schätzen und unsere Schwächen hinzunehmen. Wir sahen es als Vorteil, unterschiedlich zu sein. Aber es gelang uns, die Freundschaft zu bewahren, auch wenn es uns Energie kostete.

Sara trainierte und lebte viel professioneller als ich. Sie achtete auf ihre Ernährung, betrieb seriöser Krafttraining und lebte gesünder. Ich konnte locker zweimal in der Woche Party machen. Mittwochs und samstags ging ich in einen Club, keine besonders coole Location, sondern einfach praktisch für mich, denn er war auch mittwochs geöffnet, so konnte ich meine Partyeinheiten über die Woche verteilen. Wie ich das Donnerstagstraining überlebte, kann ich aus heutiger Sicht nicht mehr nachvollziehen.

Als einziges deutsches Team beschäftigten wir einen eigenen Trainer. Zusätzlich arbeiteten wir mit einem Athletikcoach des Olympiastützpunkts Hamburg zusammen. Der Abstand zur Weltspitze war zwar geschmolzen, aber noch da. »Zu viel Respekt«, nannte Olaf als Grund. Wir hätten Angst und Ehrfurcht vor unseren Gegnerinnen. Als wir in London 2012 um eine Medaille und unsere letzte Chance als Team kämpften, hatten wir einiges erreicht. Fünf Jahre lang war immer eine von uns zur Beachvolleyballerin des Jahres gewählt worden. Zweimal gewannen wir die Europameisterschaft. Bei sieben Turnieren der World Tour erreichten wir das Finale – und verloren siebenmal. Auf dem Weg in diese Endspiele hatten wir die besten Teams der Welt geschlagen. Auch wenn ich in London meinen Mindset geändert hatte: Vor meinem Happy End lag noch verdammt viel Arbeit.

Schnick, Schnack, Schnuck

Die olympische Saison 2012 endete traditionell mit der deutschen Meisterschaft am Timmendorfer Strand. Wir verloren gleich das zweite Spiel, sodass wir in die Loser-Runde abstiegen (damals gab es noch das Double-Out). Auf Platz 2, abseits des Center-Courts, absolvierten wir unser letztes Spiel. Auf der anderen Seite standen das neue große Talent und ihre Partnerin: Kira Walkenhorst und Geeske Banck. Wir verloren. Am Ende stand der enttäuschende siebte Platz in der Ergebnisliste. Viermal hatten wir national gewonnen, waren als Titelverteidigerinnen angetreten, und nun dieses Desaster. Wir saßen danach lange in einem weißen Strandkorb. »Das wars jetzt wohl mit uns«, dachte ich, ergriff Saras Hand, blickte aufs Meer und schwieg.

Tage später, als wir schon wieder zurück in Hamburg waren, fragte Sara mich per Textnachricht, ob wir uns nicht mal zusammensetzen wollten. Sie schlug vor, sich an der Alster zu treffen. »Ich bringe Wein mit«, antwortete ich sofort. Um von der Schwere der Gefühle abzulenken, organisierten wir noch im Detail, wer was beisteuern würde. Die Trennung lag in der Luft. Wir saßen unter einem Baum auf einer schön ausgebreiteten Decke und sprachen … über Gott und die Welt. Zwei Stunden lang. Bis Sara mich fest anblickte: »Wollen wir jetzt nicht einfach mal Tacheles reden?« Wir beschlossen, Schnick, Schnack, Schnuck entscheiden zu lassen, wer anfing. Ich spürte einen fetten Kloß im Hals. Acht Jahre hatten wir zusammen verbracht; waren durch dick und dünn gegangen; von Mädchen hatten wir uns zu Frauen entwickelt. Im Beachvolleyball bilden wir die kleinste Mannschaft der Sportwelt. Wir können uns nicht auswechseln. Stieg eine aus, wars das für das Team und damit auch für unser Unternehmen GollerplusLudwig. Unsere Eltern hatten sich sehr involviert und nicht immer waren alle einer Meinung gewesen. Das Ende mit Sara fühlte sich wie der Abschied der bekannten Welt an. Würde auch unsere Freundschaft vorbei sein?

Ich verlor beim Schnick, Schnack, Schnuck. Tief Luft holend fing ich an: »Ich würde gerne unsere Beziehung beenden. Wir stagnieren und brauchen beide etwas Neues«, presste ich heraus. Zu meiner Erleichterung sah Sara es genauso. Wir umarmten uns – schweren Herzens, aber irgendwie auch erleichtert. Und so gingen wir auseinander. Mich überwältigten Trauer und Schwere, obwohl wir die richtige Entscheidung getroffen hatten. Ich hatte in den Jahren meine Stimme gefunden, mich emanzipiert. Ich wusste, dass ich weitermachen wollte. Ich hatte zwischendurch verstanden, dass mein Talent allein nicht ausreichen würde, um nach ganz oben zu kommen. Nun war ich bereit zu erfahren, wie viel Potenzial tatsächlich in mir steckte. Bis 2012 konnte ich immer sagen, dass ich vor allem Spaß hatte. Nun wollte ich die Veränderungen angehen, vor denen ich bisher weggelaufen war. Ein Risiko. Vielleicht hatte ich am Ende ja gar nicht das Zeug zur Weltklassespielerin?

Kira

Schon bei der deutschen Meisterschaft am Timmendorfer Strand hatten mich viele Leute darauf angesprochen, ob ich jetzt mit Kira weiterspielen würde. Umgekehrt ging es Kira genauso. Die Fragen irritierten. Ich hatte mit niemandem über meine Zukunft gesprochen, dennoch schien es ein großes Thema. Gerüchte eben, aber mit einem wahren Kern. Kira hatte ein enormes Potenzial. Mit 1,84 Metern brachte sie die perfekte Größe mit. Sie hatte eine erfolgreiche Hallenkarriere hinter sich. Aufgewachsen in Essen, spielte sie im Jugend- und Juniorenkader der Nationalmannschaft. Außerdem punktete sie in der Bundesliga für Leverkusen und Aachen. Ihre Anlagen und Spielfähigkeiten mit nur 20 Jahren waren außergewöhnlich. Olaf Kortmann bestärkte mich, dass Kira die richtige Wahl wäre. »Was hast du zu verlieren?«, fragte er mich. »Sie ist die Beste.« Olaf hatte anscheinend schon lange auf diesen Moment gewartet. Beim Turnier auf Norderney vor den Olympischen Spielen hatte er mir empfohlen, ein Match von Kira anzuschauen. Er fragte mich direkt, ob ich mir vorstellen könne, mit ihr zusammen zu spielen. »Ich weiß es nicht«, antwortete ich. Ich steckte zu diesem Zeitpunkt noch tief in meiner Beachvolleyballbeziehung zu Sara. Außerdem hatte ich ein Bild von Kira im Kopf, das mich zögern ließ. Das erste Mal hatte ich sie während eines Trainingslagers auf Fuerteventura wahrgenommen. Gerade war sie nach einer heftigen Knieoperation zurückgekommen. Die Schwere der Verletzung und die Kraft, die sie aufwenden musste, um sich zurückzukämpfen, waren mir im Gedächtnis geblieben. Würde ihr Körper die anstrengende Olympiaqualifikation mitmachen? Oder würde sie mit Verletzungen zu kämpfen haben? Inzwischen hatte ich mein Wissen über Kira allerdings um einen entscheidenden Punkt erweitert: Ich kannte sie als Gegnerin. Ihre außergewöhnlichen Qualitäten wollte ich auf meiner Seite des Feldes haben, also rief ich sie an und fragte sie einfach. »Ja, wäre cool«, antwortete sie auf mein Angebot, ein Team zu bilden. »Dann müsstest du nach Hamburg kommen«, hakte ich nach. »Ja, okay«, erwiderte sie unaufgeregt. Und mit diesem knappen Telefonat war das Duo Ludwig/Walkenhorst geboren.

Jetzt gab es also ein neues Team, aber noch keinen Trainer. Mit Olaf diskutierten wir, welche Kandidaten es gäbe. Er brachte Jürgen Wagner und Hans Voigt ins Spiel, die Trainer hinter dem historischen Erfolg von Brink/Reckermann in London. Hans schien mir aus meiner damaligen Perspektive schon sehr alt und Jürgen einfach nur alt. Ich fragte mich: »Wie sollen die beiden denn Bälle auf mich schlagen?« So wie Craig das die letzten vier Jahre mit Männergeschwindigkeit und millionenfachen Wiederholungen gemacht hatte. Olaf insistierte, dass wir nach Moers zu Jürgen fahren sollten, um uns seine Ideen anzuhören: »Jetzt hast du die beste Partnerin, warum nicht auch mit dem besten Trainer arbeiten?« Kira war einverstanden.

Wir machten uns also auf den Weg, um Jürgen kennenzulernen. Hans erholte sich noch von einer Hüftoperation. Gemeinsam bildeten die beiden damals das Nonplusultra der Trainergilde. Hans Voigt lehrte an der Universität Bochum und verfügte als weltweit einziger Trainer über eine FIVB-Lizenz für Hallen- und Beachvolleyball. Ihm ging der Ruf einer wandelnden Enzyklopädie der Sportwissenschaften voraus.

Jürgen Wagners Titelsammlung als Trainer war ebenfalls eindrucksvoll. Weltmeister, viermal Europa-, neunmal deutscher Meister – in der Halle und im Sand. Allerdings hatte er noch nie ein Frauenteam im Beachvolleyball trainiert. Olaf machte das Entree für uns und kam gleich zur Sache: »Ich habe eine verrückte Idee. Du wolltest doch jetzt etwas anderes machen. Also mach Frauen.« Eigentlich hatte Jürgen eine Volleyballpause geplant, um sich ganz auf sein Unternehmen zu konzentrieren. Erika, seine Frau, gab uns Schützenhilfe: »Das ist genau das Richtige für dich«, sagte sie.

Jürgen war dennoch zunächst skeptisch. Er wollte erst erleben, wie wir mit seiner Trainerphilosophie klarkamen. Ich kannte Jürgen von der Tour. Wir hatten immer mal wieder ein wenig gequatscht. Er mochte meine positive Art, denn er wusste aus eigener Erfahrung, dass die Beachtour auch oft wie eine Ochsentour daherkam.

Auch er ahnte, was auf ihn zukommen würde. Während ein paar meiner Matches hatte ich ihn auf der Tribüne erspäht. Er hatte – um es in seiner Sprache auszudrücken – »Bewegungsqualität« erkannt. Auch Kampfgeist und Intuition attestierte er mir. Allerdings fehlte mir laut ihm, was Athleten sich durch hartes Training erarbeiteten: Athletik, Technik und – wieder ein Jürgenbegriff – »stabiles Spielverhalten«. Für ihn war es inakzeptabel, nach einem gewonnenen Satz vor lauter Selbstzufriedenheit die ersten Punkte des nächsten Durchgangs zu verschenken. Zugegeben, das war mir manchmal passiert.

Am Niederrhein, im Westen von Duisburg, fand unser Bewerbungsgespräch statt. Wir setzten uns an Jürgens Esstisch, während er mit der sonoren Stimme eines Pastors sein Evangelium erläuterte. Jedes Wort schien überlegt und druckreif. Mit ein paar Blättern vor sich, sein Laptop aufgeklappt, begann er seinen Monolog. Er wollte nicht das amerikanische oder brasilianische System kopieren. Die Spieler aus diesen Ländern wuchsen meist am Strand auf, deshalb spielten sie quasi schon ihr ganzes Leben Beachvolleyball, während wir in der Halle ausgebildet wurden. Wir sollten uns auf unsere Stärken konzentrieren und Präzision suchen. Nach seiner Analyse bräuchte ich bewussteres Training und eine perfekte Technik. Sein zweiter großer Baustein auf dem Weg zur Weltspitze sollte spezifisches Krafttraining sein, das meine Athletik auf ein höheres Niveau bringen sollte. Vor allem im Kraftraum mit Hans würden wir leiden. Sein dritter Angriffspunkt war meine Persönlichkeit. Es würde wehtun, warnte er mich. Wir würden danach anders Beachvolleyball spielen und andere Menschen sein. Gegen Ende des Gesprächs schaute er mich an: »Übrigens, Laura«, sagte er fast beiläufig, »mal sehen, ob du das, was wir vorhaben, überhaupt ein Jahr durchstehst.« Hatte ich richtig gehört? Seine Provokation traf mich tief in meinem Selbstbewusstsein und meinem Stolz. Ich galt über Jahre als eine der besten Abwehrspielerinnen der Welt, hatte in Europa Titel gewonnen. Warum sollte ausgerechnet ich das Training nicht durchstehen? Warum nicht Kira? Schließlich war sie die Jüngere im Team und konnte keine internationalen Medaillen vorweisen. »Das werde ich dir schon zeigen«, dachte ich und wollte meine Antwort auf diese Provokation im Sand geben.

Jürgen hatte unseren olympischen Weg mit so vielen Veränderungen und Herausforderungen beschrieben, als würden wir den Mount Everest besteigen und uns auf das Durchqueren der Todeszone vorbereiten. Ich rechnete ihm hoch an, dass er einen genauen Plan hatte, wie dieses Projekt gelingen konnte. Die Zusammenfassung unseres Gesprächs fiel kurz und knapp aus: Sein Weg oder kein Weg, denn sonst hätte er Besseres mit seiner Zeit zu tun.

Die Klarheit seiner Ansage gefiel mir. Nach vier Stunden rauchte mein Kopf, mit müden Augen schielte ich zur Haustür. Draußen begann es zu dämmern. Wir einigten uns darauf, dass wir am darauffolgenden Montag telefonieren würden. Kira und ich machten uns auf den Heimweg. Noch bevor wir losfuhren, blickte ich sie an. »Machen wir«, sagte ich. Bewusst hatte ich den Satz nicht als Frage formuliert. »Machen wir«, antwortete Kira bestimmt.

Die Idee, dass Jürgen uns absagen könnte, kam mir nicht in den Sinn. Er jedoch war sich noch nicht sicher. Zum ersten Mal in seiner langen Trainerkarriere wollte er spontan entscheiden, ob er mit einem Team arbeiten würde. Ich rief ihn wie vereinbart nach dem Wochenende an: »Wir haben uns überlegt, dass wir das alles unbedingt machen wollen«, sagte ich. »Und du hast zwei Möglichkeiten: Ja oder ja.« So überzeugte ich ihn. Mit Charme, einem Lachen und unbedingtem Willen.

Die drei von der Beachvolleyballhalle

Unser Team nahm Formen an. Jürgen steuerte und behielt den Überblick. Sozusagen als CEO unseres Kleinunternehmens fügte er die einzelnen Teile wie bei einem Puzzle zusammen. Bei ihm fühlte ich mich besonders wohl. Mir tat seine ruhige Art gut, denn ich neige manchmal zu Hektik und Sorge. Ihm konnte ich alles sagen, was mir auf dem Herzen lag. Bald lernten wir Hans Voigt kennen. Um in der Unternehmenssprache zu bleiben: Er war der Entwicklungschef mit einer klaren Vision, wie unsere Technik und Taktik in Zukunft aussehen sollten. Hans übernahm auch die Rolle des Einpeitschers. Unerbittliche Härte und Konsequenz zeichneten ihn aus, sei es beim Techniktraining oder auch bei seiner Persönlichkeitsanalyse.

Für die täglichen Einheiten suchten wir einen geeigneten Coach. Ich ging regelmäßig mit Helke Claasen, die in Hamburg als Jugendtrainerin arbeitete, im Stadtpark joggen. Seitdem wir uns in der Country Quota gekloppt hatten, waren wir freundschaftlich verbunden. Ich fragte sie, ob sie sich vorstellen könnte, uns gemeinsam mit Hans und Jürgen zu trainieren. Die Aufgabe, mit den beiden Trainerlegenden des deutschen Volleyballs zu arbeiten, reizte sie. Ein Glücksfall für uns, denn Helke kann unglaublich gut beobachten. Ein Drang ins Rampenlicht gehört nicht zu ihrem Wesen. Sie bildete die stille Autorität hinter Headcoach Jürgen und Volleyball-Einstein Hans.

In »Minitrainingslagern«, die mindestens einmal im Monat stattfanden, gaben die beiden Koryphäen Philosophie und Richtung vor. Mehr Zeit konnten sie uns nicht zur Verfügung stellen, denn Jürgen leitete sein eigenes Unternehmen und Hans Voigt hatte neben seiner Dozententätigkeit ebenfalls viele Verpflichtungen. In diesen intensiven Tagen ging auch Helke zunächst in Ausbildung, um zu lernen, wie die ideale Technik aussehen sollte.

Schon in den ersten Einheiten erlebten wir, wie radikal die Veränderungen sein würden. Ich sollte in die Kniebeuge gehen. Hans' Urteil war vernichtend: »Oh, ist das schlecht!« Ich konnte die tiefe Kniebeuge im 90-Grad-Winkel nicht halten, sondern fiel um. Sein Rezept: Gesundheitstraining. Das bedeutete, dass ich jeden Tag Kniebeugen an einer Wand üben musste, um meine Waden zu dehnen und meine Muskeln zu stärken. Im Fitnessstudio neckten mich die anderen Athleten, ich würde eine Balu-der-Bär-Übung machen, wenn ich an einer Säule mit einer Hantel ohne Gewichte meine Kniebeugen übte. »Na, schubberst du dich wieder am Baum?«, war so ein Spruch, den ich zu hören bekam. Erst als meine Trockenübungen Erfolg zeigten, durfte ich mit Gewichten arbeiten. Ich hasste es, aber akzeptierte Hans' Urteil. Wie eine Anfängerin fühlte ich mich auch mit dem Ball. Wir machten uns warm und mussten schon wieder innehalten: »Stopp, stopp, stopp!«, forderte Hans und fügte genervt hinzu: »Das ist wohl schon zu komplex für euch.« Wir begannen mit Werfen und Fangen. Kira und ich schauten uns ungläubig an. Später verstand ich, warum er so unwirsch reagierte. Wir hatten den Ball einfach hin und her gespielt, ohne die Attribute, die von nun an unseren Beruf bestimmen sollten: Präzision, Qualität, Vorsatz und Reflexion.

Alle Übungen waren simpel, bei der Ausführung allerdings forderten Jürgen und Hans maximale Genauigkeit. Mich überraschte, wie sehr dieses langsame Training mein Gehirn beanspruchte. Jedes Detail nahmen unsere Trainer unter die Lupe. Das ging so weit, dass ich die Position des kleinen Fingers bei der Abwehr korrigieren sollte. Jede einzelne Bewegung sollte ich reflektieren: Was habe ich gerade getan? Im zweiten Schritt sollte ich mir etwas vornehmen: Was tue ich als Nächstes? Manchmal beschäftigten wir uns eine Stunde lang mit einem vermeintlich winzigen Detail.

Während des Trainings schien ein unendlicher Schwall an Verbesserungen auf mich einzuprasseln. Kaum hatte ich eine Anmerkung umgesetzt, hatte Hans bereits das nächste Detail entdeckt. Der Prozess begann von Neuem. Wohin der Ball flog, egal. Hauptsache, die Technik stimmte. Dabei lernte ich den Unterschied zwischen »handlungsorientiert« und »zielorientiert« kennen. Kurz gesagt: Machte ich Schläge und Bewegungen mit dem Fokus, ein bestimmtes Ergebnis zu erreichen, war das zielorientiert. Davon sollte ich mich komplett verabschieden und einzig und allein die Bewegung und ihre Ausführung als Maßstab nehmen. Egal ob am Ende ein Punkt verbucht wurde oder nicht. Das war dann handlungsorientiert. Nach jedem Ball gaben wir eine Rückmeldung und die Trainer auch. Wir redeten so lange, bis uns allen klar war, wie das Ideal auszusehen hatte. Besonders bei den Themen Kniewinkel, Handwinkel und Stemmschritt dauerte das ewig.

Jürgen und Hans hatten uns gewarnt, dass sie uns in unseren Grundfesten erschüttern würden. Genau so war es. Die ersten Wochen fühlten sich an, als hätte ich noch nie in meinem Leben Volleyball gespielt. Einen Winter lang arbeiteten wir nur an Basics: unteres und oberes Zuspiel, Annahme, Abwehr, Stemmschritt und Ausholbewegung.

Früher wollte ich immer Gas geben, mich auspowern und die Schläge so schnell wie möglich hinbekommen. Jetzt war ich mitten in einer Bewusstseinsschule gelandet.

Als würde ich von einer Amateur- in die Champions League wechseln. So krass hoch war das Aufmerksamkeitslevel, das die beiden forderten. Jürgen nahm mich nach ein paar Monaten zur Seite und sagte: »Laura, du machst das schon sehr gut, aber du bist immer noch viel zu sehr auf den Feldern links und rechts.« Ich dachte, er machte einen Witz. Ich war komplett fokussiert und das reichte ihm nicht? Der extreme Anspruch der beiden brachte mich mehr als einmal an meine Grenzen. Meist schlief ich nach den Einheiten sofort vor Erschöpfung ein. Was ich mir damals nicht vorstellen konnte: Ich würde diesen Rhythmus beibehalten.

Springmaus mit Technik

Die Verbesserungstiraden meiner Herrenriege endeten nicht bei den Grundschlägen. »Du springst nicht«, sagte Jürgen. Schon wieder glaubte ich, mich verhört zu haben. »Die Technik stimmt überhaupt nicht.« – »Ich springe ganz normal«, dachte ich. Zehen in den Sand und dann hoch in die Luft. Ganz falsch, meinten die beiden. Ich sollte mehr aus dem Hintern springen, die »hintere Kette« mehr belasten. Das erste Mal, als mir das gelang, konnte ich über das Netz blicken. Ich jaulte vor Freude, denn ich hatte nie zu den Springmäusen gehört. Von diesem

Moment an investierte ich viel Energie, die neue Technik zu verinnerlichen.

Der Kniewinkel beim Baggern war auch so ein Detail, das ich gefühlt 50 000-mal wiederholen durfte. Jürgen und Hans ging es dabei um zwei Aspekte: tiefer aus der Kniebeuge zu kommen und die Beine erst zu strecken, wenn ich den Ball berührte. So flog er leicht und machte eine berechenbare Kurve. Mindestens drei Monate ging ich vor den beiden in die Knie, bis sie ein bisschen zufrieden mit mir waren.

Tief getroffen war ich, als Hans mein Abwehrverhalten auseinandernahm. »Du läufst wie Kraut und Rüben auf dem Feld herum«, kritisierte er: »Was du machst, ist nur Chaos.« Er konnte recht haben, dass ich nicht mit System mein Spiel aufbaute, aber immerhin gab es Menschen, die mich zu den Top-Abwehrspielerinnen der Welt zählten.

Es half nichts, die beiden strukturierten meine Abwehr. Bestimmt ein Dutzend Varianten erarbeiteten wir, die ich jeweils mit den Fingern anzeigte. Ob Daumen allein, mit Zeigefinger, drei oder vier Fingern, bei jeder Kombination wussten wir genau, wohin wir laufen würden. Die rechte Hand stand für den rechten Spieler und entsprechend die linke für den linken. Ein Finger deutete die Linie an, zwei standen für diagonal.

Doch am meisten Energie kostete es mich, Geduld zu lernen. Ich rannte impulsiv nach vorne, sobald ich eine Aktion auf der gegnerischen Seite gelesen hatte. So hatte ich viele Chancen vergeben, weil mir Übersicht und Coolness gefehlt hatten. Hans schüttelte im Training oft den Kopf, wenn er mein ungestümes Gerenne beobachtete: »Wie kann man nur wie ein Schnellzug nach vorne laufen und den Stemmschritt vergessen?«, fragte er mich. Ich blickte ihn dann mit einem großen Fragezeichen im Gesicht an, denn ich war überzeugt, alles richtig gemacht zu haben. Videosequenzen in Superzeitlupe bewiesen das Gegenteil.

Meistens reagierte ich gefasst auf die ständige Kritik, denn ich wusste, dass die beiden mich zu einer besseren Spielerin formen wollten. Doch wenn ich nach Hause kam, drückte ich manchmal ein Kissen auf mein Gesicht und heulte hemmungslos los.

Im Englischen gibt es den Ausdruck »everybody is on the same page«, wörtlich übersetzt: Jeder ist auf der gleichen Seite. Mit Jürgen und Hans wurde das Grundsätzliche im Dezember 2012 tatsächlich auf einer Seite Papier festgehalten, mit der Überschrift in fetten Buchstaben: »Teamversprechen LuWa«. In sieben Punkten ging es nicht um Anwesenheit bei Trainingseinheiten, Geld oder Spiele, sondern um Teamphilosophie, Qualität, Kommunikation und Ehrlichkeit. Das Teamversprechen hatte den sachlichen Ton einer wissenschaftlichen Abhandlung, dennoch sprach aus den Punkten die Erfahrung der beiden Trainer. Der Schlüssel zum Erfolg eines Teams lag in der Einstellung und im Mit- und Füreinander. Gleichzeitig musste jeder individuell das Maximale erreichen, um das Team bestmöglich zu unterstützen.

Kurz bevor wir das Wintertraining offiziell beendeten, musste ich eine schlechte Nachricht verkraften. Mein oberes Zuspiel genügte nicht den Ansprüchen. Monatelang hatte ich daran gearbeitet. Ich fühlte mich wohl mit meiner Technik. Auch Helke bestätigte, dass ich mich stark verbessert hatte. Dennoch beschloss Jürgen, dass wir uns davon verabschieden würden: »Du bist selbst nicht 100 Prozent davon überzeugt. Unter Stress wird das nicht gelingen.« Es stimmte, die Angst vor dem Schiedsrichterpfiff war immer da, denn die Kriterien für ein sauberes Pritschzuspiel waren sehr streng. Zunächst enttäuschte mich Jürgens Entscheidung. Ich wollte durch diese Option mehr Qualität in mein Spiel bringen. Nun musste ich mich auf meine Stärken konzentrieren und keinen unverhältnismäßigen Aufwand mit meinen Schwächen betreiben.

Das obere Zuspiel war also von der To-do-Liste verschwunden, als wir im Januar mit Helke nach Rio de Janeiro in ein vierwöchiges Trainingslager flogen. Wir hatten noch keine Prämien erspielt, also mussten wir mit den Sponsorengeldern haushalten. Zur gleichen Zeit wurde der berühmte Karneval von Rio gefeiert. Die Stadt hatte sich mit tanz- und feierfreudigen Menschen aus aller Welt gefüllt. Nicht nur im Sambódromo, sondern auch am Strand von Rio zogen Karnevalbands trommelnd durch die Nacht, sodass wir alle nicht viel Ruhe fanden. Helke wohnte mit Kira in einem winzigen Apartment, während ich bei meinem damaligen Freund untergekommen war, Pedro, einem brasilianischen Tourplayer. Wir waren erst wenige Monate zusammen. Noch an Weihnachten hatte er mich in Deutschland besucht, doch wegen unserer ständigen Trainingseinheiten konnte ich mich kaum um ihn kümmern. Als wir die Tage in Rio gemeinsam verbrachten, wurde deutlich, dass mein neuer Fokus und seine brasilianische Leichtigkeit nur schwer zusammenpassten. Ich mochte ihn und seine Familie und die Zeit, die wir gemeinsam verbrachten, weil wir dabei so viel lachten. Doch gleichzeitig merkte ich, wie unentspannt ich im Grunde genommen war, denn in Gedanken war ich schon bei der nächsten Einheit. Ab und zu kam er an den Strand, um mein Training zu beobachten. Dabei rieb er sich die Augen. »Was macht ihr denn da die ganze Zeit?«, wollte er wissen, »Wann powert ihr euch denn mal aus?« Ich wusste es selbst nicht. Wenn wir mit brasilianischen Teams spielten, unterlagen wir hoffnungslos bei den Rallys, wie im Beachvolleyball die Ballwechsel genannt werden. Von anderen hörten wir, dass wir nervten, weil wir so viel redeten. Die Frage stand im Raum, ob diese radikal andere Methode auch Ergebnisse zeigen würde. Nach drei Wochen hatten wir alle genug und sehnten uns nach unserem Zuhause. Helke schaute die Mediathek rauf und runter, und Pedro und ich beschlossen, dass wir uns mochten, aber nicht als Paar funktionierten. Meine Stimmung war bescheiden. Das Fazit unserer brasilianischen Wochen: In Zukunft wollten wir nur noch zweiwöchige Trainingslager veranstalten.

Die Saison rückte näher, und wie von Jürgen angekündigt steckten wir noch mitten im Techniktraining. Mitte Februar 2013 fingen wir an, mit anderen Teams zu trainieren. Die Bilanz war ernüchternd: Bei allen Battles sahen wir richtig schlecht aus. Frust machte sich breit. Immer wieder fragte ich mich, ob der große Plan mein Vertrauen überhaupt verdiente.

Die erste Probe aufs Exempel erlebten wir bei einem Turnier auf Norderney. Wir reisten allein an, denn unsere Trainer hatten andere berufliche Verpflichtungen. Die Veranstalter setzten unser Spiel auf dem Center-Court an, denn wir galten als das Team der Zukunft. Die Aufgabe schien machbar: Ein junges Team aus Litauen stand uns gegenüber, dennoch verloren wir in drei Sätzen. Obwohl wir – wie von Jürgen gefordert – bei unserer Technik geblieben waren, hatten wir es verbockt. Unter Tränen rief ich unseren Headcoach an und fragte ihn schluchzend, ob das wirklich das Richtige sei, was wir da gerade machten.

Bei der Spielerparty saß Tilo Backhaus neben mir, der unsere Konkurrentinnen Victoria Bieneck und Julia Großner trainierte. Er nahm einen Schluck Bier und sagte geradeheraus: »Boah, Laura, von euch beiden habe ich einiges mehr erwartet.« Er hatte klar und sehr deutlich gesagt, was viele andere dachten. Kira, die beste Blockerin, und ich, eine Top-Abwehrspielerin, dazu noch die Trainerlegenden – das schien eine Kombination, die ganz schnell Ergebnisse bringen müsste. Auch ich hatte mir nicht vorgestellt, dass ich so vieles neu erlernen musste. Das dauerte eben. Länger, als ich und offensichtlich auch andere gedacht hatten. Als ich diesen Kommentar mit Jürgen teilte, brachte ihn das nicht aus der Ruhe. Im Gegenteil. »Da wird noch viel kommen, denn ihr spielt noch nicht so, wie ihr in drei Jahren spielen werdet. Ihr seid noch am Wachsen, am Verändern. Die anderen wissen gar nicht, welche Reise ihr gerade durchlebt.« Ich hoffte mehr, als dass ich glaubte, dass er recht hatte.

Wir fuhren ins Trainingslager in die Türkei, um uns auf unser erstes internationales Turnier in Antalya vorzubereiten, ein sogenanntes Satellite-Turnier, bei dem das Siegerteam 1000 Euro Preisgeld mit nach Hause nehmen konnte. Mit dabei war das deutsche Team Katrin Holtwick und Ilka Semmler, die auch auf die Qualifikation für Rio hinarbeiteten. Während der Trainingseinheiten sahen wir gegen die beiden immer alt aus. Jürgen – der alte Stoiker – wiederholte sein Mantra: Handlungsorientiert bleiben. Ich wusste nicht, wie ich das Turnier hinter mich bringen sollte, deshalb wuchsen meine Zweifel fast stündlich. Mehrmals sprach ich Jürgen an, dass ich mich noch nicht für kompetitiv hielt. »Vertrau auf den Prozess«, beruhigte er mich. »Es wird schon irgendwann klick machen.« Ich hatte bestimmt zehn Kilo zu viel auf den Rippen, auch Kira war noch nicht gut in Form, zu allem Übel sollten wir auch noch quietschgelbe Schirmmützen für einen neuen Sponsor anziehen. Kurz, ich sah aus, wie ich mich fühlte: wie eine Anfängerin.

Dennoch erreichten wir das Finale gegen die Niederländerinnen Madelein Meppelink und Sophie van Gestel. Obwohl wir in zwei Sätzen verloren (14:21, 19:21), verbuchte ich die Niederlage als Erfolg. Denn während des Matches war es mir gelungen, bei meinen Bewegungen und Abläufen zu bleiben. Langsam, ganz langsam begann ich zu verstehen, was meine beiden Trainer von mir wollten.

Der Beginn einer Liebe

Unser Debüt auf der World Tour begann mit einem Rückzug. Im letzten Training in Fuzhou, China, knickte Kira um und verstauchte sich den Fuß. Das Turnier blieb mir dennoch in bester Erinnerung. Hans, der neben uns noch Julius Brink und Sebastian Fuchs betreute, verordnete mir derweil Technikeinheiten. Außerdem sollte ich Spielpraxis sammeln. Die einzige Möglichkeit eröffnete sich bei einem Trainerspiel. Oft verabredeten sich die Coaches abends, um noch zu zocken. Der Zufall wollte es, dass ich mit Imornefe »Morph« Bowes gegen Christoph Dieckmann und einen Schweizer Trainer antrat. Unter den strengen Augen von Hans gewannen wir einen Satz. Ich erinnere mich noch gut, wie magisch wir uns auf dem Feld verstanden. Ich wusste immer, wo er hinlaufen würde, wie er den Ball spielen würde, als wäre ich schon in seinem Kopf, als hätten wir schon Jahre zusammen gespielt. Wir gewannen auch, was mir neben der Harmonie im Sand auch gefiel.

Morph hatte schon vor Jahren meine Aufmerksamkeit erregt. Als junger Trainer – er war zehn Jahre älter als ich – tauchte er zunächst als Headcoach der britischen Beachvolleyballerinnen auf der Tour auf. Ich fragte mich, warum er mir als Spieler nie aufgefallen war. Wollte ich ihn später necken, so sagte ich ihm, wenn er die Qualifikation überstanden hätte, hätte ich ihn sicher bemerkt. Schon als ich noch mit Sara spielte, gingen wir mit ihm und seinen britischen Spielerinnen in ein gemeinsames Trainingslager nach Neuseeland. Als ich ihn mit seinen Athletinnen arbeiten sah, faszinierten mich seine eleganten Bewegungen und seine Ausstrahlung: Er schien immer konzentriert und bei sich zu sein. Bei seinen technischen und taktischen Erklärungen wirkte er extrem ruhig und fokussiert. In allem schien er das Gegenteil von meiner quirligen, extrovertierten Art zu sein. Das zog mich an. Außerdem, eine Person of Color mit einem britischen Pass musste eine interessante Geschichte haben, dachte ich.

Ich bemerkte, wie sich bei mir automatisch ein Lächeln einstellte, wenn wir zunächst mit seinen britischen Spielerinnen und später, als er 2012 Headcoach der Niederlande wurde, mit Madelein Meppelink und Marleen van Iersel Trainingseinheiten vereinbart hatten. Peu à peu erfuhr ich mehr von seinem Leben. Morphs Vater kam aus Nigeria. Er selbst wuchs in Glasgow auf, und wenn er Englisch sprach, rollte er noch leicht sein R, sonst hatte er seinen schottischen Akzent abgelegt. In der Halle spielte er für Großbritannien und zwei Jahre versuchte er auf der Tour im Beachvolleyball Fuß zu fassen. Nach einem Studium der Sportwissenschaften begann er als Trainer. Wir mochten uns, das war offensichtlich, doch dabei blieb es über viele Jahre, denn entweder waren ich oder er in einer Beziehung.

Es gibt eine Anekdote, von der wir unterschiedliche Versionen haben: Eine mit mir befreundete britische Spielerin kannte einen ehemaligen Mannschaftskameraden von Morph gut. Angeblich soll Morph, so erzählte sie es mir, schon als er mich das erste Mal gesehen hatte, gesagt haben: »She's the one« – sie ist die Richtige. Morph bestreitet das, aber ich möchte gerne glauben, dass es genau so war. ;) Übrigens, unser gemeinsames Trainingsspiel blieb außer dem harmonischen Gefühl zunächst folgenlos.

Kira erholte sich schnell von ihrer Fußverletzung und wir legten einen ordentlichen, aber nicht überragenden Saisonstart hin. Anfang Juli reisten wir deshalb mit gedämpften Hoffnungen zur Weltmeisterschaft nach Polen, in die kleine Stadt Stare Jabłonki. Ich mochte die Atmosphäre im Norden des Landes zwischen Szeląg Wielki und Szeląg Mały (dem Großen und dem Kleinen Schillingsee), umgeben von weitläufigen Wäldern, die bekannt für ihre stattlichen Kiefern waren, aus denen früher Schiffsmasten gefertigt wurden. Auch die Courts lagen direkt am Wasser, im Schatten der hohen Bäume. Alle Spieler und Trainer wohnten gemeinsam im großen und sehr herrschaftlichen Hotel Anders. Die Tribünen waren von der ersten Runde an gut gefüllt mit begeisterten Zuschauern. Unsere erste schwere Prüfung nach der Gruppenphase durften wir vor 3500 Zuschauern auf dem Center-Court bestreiten: Taiana Lima und Talita Antunes, die Weltranglistenersten aus Brasilien. Kurz zuvor beim Turnier in Rom hatten uns die beiden noch nach Hause geschickt.

Uns gelang der bessere Start, sodass wir den ersten Satz gewannen. Im zweiten zeigten sie uns ihre Klasse und im dritten erlebte ich zum ersten Mal die Magie der Handlungsorientierung. Taiana Lima leitete gerne nach der Abwehr den Gegenangriff mit einem Poke-Shot kurz hinter unseren Block ein. Der wird mit den Fingerknöcheln gespielt und man kann damit den Ball sehr gezielt hinterm Netz platzieren oder Blockspielerinnen überspielen. Ihre Variante hatten wir zum Glück im Taktikmeeting angesprochen. Allerdings waren meine Routinen zunächst nicht automatisiert genug, um angemessen zu reagieren. Im letzten Satz fühlte ich irgendwo in meinem Kopf freie Kapazitäten. Ich konnte auch auf diese Bälle gehen, denn die Grundschläge liefen wie von selbst.

Dabei agierten Kira und ich perfekt als Team. Wir unterstützten uns gegenseitig, machten uns weder bewusst noch unbewusst bei Fehlern Vorwürfe. Obwohl es mich enorm anstrengte, gelang es mir, nur von Punkt zu Punkt zu denken. Zum ersten Mal fühlte ich, wie viel Spaß es machte, wenn der Kopf 100 Prozent auf die Bewegungen fokussiert bleibt. 21:17, 14:21 und 20:18 gewannen wir! Mich überwältigte ein Glücksgefühl, denn wir hatten ein Topteam beim Saisonhöhepunkt geschlagen. Ich spürte: Der Durchbruch ist nahe. Jetzt schien alles möglich.

Allerdings ließ der Rückschritt nicht lange auf sich warten. Im Viertelfinale trafen wir auf die Nummer zwei der Setzliste: die Chinesinnen Chen Xue und Xi Zhang. Beides große Spielerinnen, Xue misst 1,91 Meter, ihre Partnerin 1,83 Meter. Wir hatten uns Chancen ausgerechnet, aber vergeblich. Mit 15:21, 15:21 war unser Höhenflug sang- und klanglos beendet, kaum dass er angefangen hatte. 20 Minuten lang starrte ich nach dem Aus ins Leere. Ich sah nicht, dass die Chinesinnen einen perfekten Tag erwischt hatten. Wir waren einfach schlecht gewesen.

Im Reflexionsgespräch ging es wie meistens um mehrere Punkte, die wir in Zukunft verbessern sollten. Mit geschickten Fragen versuchte Jürgen mich dazu zu bringen, selbst zu erkennen, was nicht funktioniert hatte. Jürgen wollte auch analysieren, wie wir mit Krisensituationen umgingen. Was konnten wir tun, um uns gegenseitig zu unterstützen? Welche Möglichkeiten gab es außer einem guten Zuspiel noch, um die Gegnerinnen aus ihrer guten Phase rauszuholen?

Noch mit Sara und Craig hatte ich innerlich gegen solche Meetings rebelliert. Ich hatte immer nur zugehört und geschwiegen, denn ich hatte einfach nicht über meine Fehler sprechen wollen. Matches gehörten für mich der Vergangenheit an, sobald ich meinen Gegnerinnen gratuliert hatte. Neue Spiele begannen mit der Hoffnung, dass es besser laufen würde. Selbst als Craig mir ein Buch über Meetingkultur schenkte, las ich das zwar pflichtbewusst (um mein Englisch zu verbessern), aber meine Abneigung gegen diese Art der Zusammenkünfte blieb. Jetzt, mit meinem neuen Team, wollte ich an jeder Stellschraube drehen. Endlich akzeptierte ich, dass Reflexion zu meiner Arbeit gehörte. Übrigens, die beiden Chinesinnen spielten in Polen das Turnier ihres Lebens und krönten im Finale gegen Karla Borger und Britta Büthe ihre Leistung mit der Goldmedaille. Ein schwacher, aber immerhin ein Trost.

Abends ließ ich das Turnier mit der obligatorischen Party ausklingen. Ich tanzte mit den brasilianischen und niederländischen Teams, als plötzlich Morph vor mir auf der Tanzfläche stand, der Trainer, der mich schon länger fasziniert hatte. Mitten im Geschehen, ohne selbst zu tanzen, nahm er mich in den Arm, bewegte kurz die Hüften zur Musik, zog meinen Kopf an sein Ohr und flüsterte: »Laura, ich muss dir jetzt einfach nur sagen: Ich mag dich sehr gerne.« Er lächelte mich an, drehte sich um und verschwand. Inspiriert zu dieser ungewöhnlichen Aktion hatte ihn sein schottischer Freund Lofty, eigentlich Simon Loftus. Lofty hatte mit Morph sein Erfolgsrezept geteilt: Auf keinen Fall schnell aufgeben, charmant sein und ausdauernd zeigen, wie sehr man(n) interessiert war. Morph kämpfte um mich und das fand ich ziemlich gut. Nach der Party schrieb ich ihm, dass wir uns noch treffen sollten …

Mit zwei Gewittern zum Sieg

Seit der Weltmeisterschaft in Polen waren drei Wochen vergangen. In Gstaad, Berlin und bei der Europameisterschaft in Klagenfurt redeten Morph und ich mehr als sonst und suchten Gelegenheiten, bei denen sich unsere Wege kreuzten. Allerdings waren wir beide so in unseren Abläufen gefangen, dass wir keinen Moment für eine längere Auszeit fanden, um mal in Ruhe miteinander zu quatschen oder ein Date auszumachen. Von

Hans und Jürgen hatte ich das Feedback bekommen, dass mein Lebensstil nicht professionell genug war. Ich nahm die Kritik ernst und wollte 100 Prozent meiner Energie für das Team geben. Kaum hatte ich diesen Entschluss gefasst, waren meine Gedanken schon wieder woanders, nämlich bei Morph. Wie sollte eine Beziehung funktionieren? Einfach würde sie nicht werden, das war schon mal klar: Morph wohnte in Den Haag, während ich meine Basis in Hamburg hatte. In Klagenfurt bei der Europameisterschaft saß ich auf der Tribüne eines Nebencourts und beobachtete ein Match, als ich Morph erspähte. Er schlenderte vorbei und unterhielt sich dabei angeregt mit einer brasilianischen Spielerin. Ich spürte einen Stich im Herzen. »Das darf nicht sein«, dachte ich und wunderte mich gleichzeitig über meinen Gedanken, denn mit welchem Recht sollte ich ihm nicht erlauben, mit anderen Athletinnen zu schäkern?

Wir fanden auch in Österreich keine Zeit, länger zu reden, denn im Spiel um Platz drei standen uns ausgerechnet unsere Konkurrentinnen aus dem eigenen Land gegenüber: Katrin Holtwick und Ilka Semmler. Sie hatten in diesem Jahr einige Top-Ergebnisse gemacht, sodass es mir doppelt guttat, als wir ihnen in zwei Sätzen die Bronzemedaille wegschnappten.

Beim nächsten Turnier in Moskau wollten Morph und ich endlich reden. Wir schafften es, zweimal essen zu gehen. Als er schon darüber sprach, wie oft er mich in Hamburg besuchen könnte, zögerte ich: »Ich kriege das gerade nicht hin. Ich habe keine Energie für einen Partner. Meine Priorität ist das Team Ludwig/Walkenhorst.«

Morph und ich sprachen später viel über diesen Moment. Er hatte mich damals für die Entscheidung bewundert. Als Spieler und als Trainer hatte er oft beobachtet, dass es nur einen Weg auf den sportlichen Olymp gab: Man musste als Athlet und als Mensch Olympia alles unterordnen. Es genügte nicht, im Training alles zu geben, um dann während der restlichen Stunden des Tages den Einsatz wieder zu verspielen. Morph respektierte, dass ich mich für mein Team und gegen ihn entschieden hatte. Dennoch dachte er: »Sch…, warum muss ausgerechnet mir das passieren?«

Obwohl ich ihm eine Abfuhr erteilt hatte, wollte ich ihn nicht verlieren. »Sind wir jetzt Buddys?«, fragte ich ihn unsicher. Er lachte enttäuscht und ungläubig. Ich wusste nicht, was ich sonst hätte sagen sollen. Eine Antwort auf meine Frage bekam ich nicht. Zwei Tage später wollte ich testen, wie die Großwetterlage aussah. Per Sprachnachricht fragte ich ihn, ob wir zusammen Mittag essen könnten. »Als Buddys«, fügte ich vorsichtshalber hinzu. Die Antwort kam prompt: »Nett, dass du an mich denkst, aber ich bin schon auf dem Weg nach Hause.« Ich musste also warten, um zu erfahren, wie er mit unserer Situation umgehen würde.

Ausgerechnet nach dieser für mich sehr emotionalen und schwierigen Unterhaltung erreichten wir unser erstes Finale in diesem Premierenjahr. Wir verdankten es einem Regenschauer. Helke sprach Russisch und mochte die schillernde Metropole, sodass sie uns begleitete. Im Achtelfinale beim Grand Slam im Dynamo-Vodny-Stadion trafen wir auf die österreichischen Schwestern Doris und Stefanie Schwaiger. Doris, die Abwehrspielerin, war mehr als zehn Zentimeter kleiner als ich, doch die beiden hatten aus ihrem Nachteil eine Tugend gemacht. Ihre Aufschläge platzierten sie gut und mit hoher Geschwindigkeit. Diese Fähigkeit kam nicht von ungefähr: In gemeinsamen Trainingseinheiten hatten sie immer zwischendurch Aufschläge geübt. Sie waren das einzige Team auf der Tour, von dem ich den Eindruck hatte, dass sie noch mehr Aufschlagtraining machten als wir. Zudem verfügten sie über einen guten Rhythmus im Block-Abwehr-Verhalten und hielten sich sehr diszipliniert an ihre Strategie. Den ersten Satz verloren wir deutlich, auch im zweiten Durchgang lagen wir mit drei Punkten zurück, als ein Gewitter mit Blitz und sintflutartigen Regenfällen für eine Unterbrechung sorgte.

Während wir mit Helke unter einem großen Sonnenschirm froren, an dessen Enden das Wasser herunterstürzte, sagte sie ganz ruhig: »Ich könnte jetzt den Tee, den ich in der Hand habe, trinken oder ihn euch einfach ins Gesicht schütten. Nichts von dem, was wir besprochen haben, setzt ihr hier um.« Wir blickten sie erstaunt an. Helke, unser Ruhepol, war aufgebracht. Doch sie hatte recht. Wir hatten ihre Vorgaben ignoriert. Ihr unangekündigter, stiller Vulkanausbruch rüttelte uns so auf, dass wir uns an unsere Aufgaben erinnerten: Fokus, füreinander da sein, Frustrationsmanagement und die Konzentration vor den Aufschlägen.

Nach der Pause drehten wir den Satz und das Spiel. 9:21, 21:19 und 17:15 gewannen wir noch. Eindrucksvoll hatte ich erlebt, wie wichtig gegenseitige Unterstützung und Kommunikation waren. Das zeichnete uns als Team aus. Wir waren bereit, aus Fehlern zu lernen. Obwohl wir im Finale gegen die brasilianischen Salgado-Schwestern unter unseren Möglichkeiten blieben und in zwei Sätzen verloren, fuhren wir sehr optimistisch wieder nach Hause.

Kira und ich hatten das gleiche Ziel im Herzen. Wir wollten unbedingt gewinnen, genauso intensiv hassten wir es zu verlieren. Als wir uns kennenlernten, war sie noch jung, und ich sagte manchmal im Spaß: »Du hast ja noch Hau-drauf-Synapsen.« Manchmal wollte sie mit dem Kopf durch die Wand, während ich inzwischen etwas besser gelernt hatte, meine Emotionen zu kontrollieren. Wir ergänzten uns mit unseren jeweiligen Stärken und Schwächen. Es gab Situationen, da dachte ich zu viel nach, während Kira einfach den Punkt machte. Wenn uns zwei, drei Punkte fehlten, gelang ihr oft ein Aufschlag-Ass oder sie holte einen Block. Umgekehrt funktionierte es auch. Manchmal halfen ihr meine Erfahrung und Ruhe, wenn sie im

Side-Out stand, also die Gegnerinnen das Aufschlagrecht hatten und wir einen Punkt und das Aufschlagrecht aus der Annahme gewinnen wollten.

Jürgen hatten wir es zu verdanken, dass wir die Unterschiede in unseren Persönlichkeiten zu schätzen lernten. »Ich suche zwei Typen auf dem Feld«, sagte er. Er hatte schon in seinen Männerteams oft zwei starke Persönlichkeiten in einem Team vereint. Beim Hallenvolleyball würde es zu Konflikten in der eigenen Hälfte führen, wenn zehn Häuptlinge im Rechteck stünden. Im Beachvolleyball brauchte es nach seinem Verständnis zwei Häuptlinge, die jeweils maximale Leistung und Energie einbrachten. Er war der Meinung, dass Teams, die aus zwei Freundinnen bestanden, einen entscheidenden Nachteil im Krisenmanagement hatten: Lief es bei einer Spielerin schlecht, so litt die andere mit, anstatt sie mit klarem Kopf unterstützen zu können.

Beachvolleyball – beziehungsweise die Pläne von Hans und Jürgen bestimmten mein Leben. Sie waren meine Achse, um die sich alles andere drehte. Irgendwann hörte ich sogar auf, mich im Voraus zu verabreden, denn meistens wurde ohnehin noch ein Training an meinem Date angesetzt. Dennoch empfand ich die Fremdbestimmung nicht als Opfer, denn ich tat es mit einem Ziel: Ich wollte Olympiasiegerin werden. Nur einmal verlagerte ich kurz die Priorität. Im Sommer 2013 heiratete Sara Goller ihren Freund Michael und würde von nun an Niedrig heißen. Hans hatte für dieses Wochenende ein Training in Bochum bei sich in der Nähe angesetzt. Ich sagte Jürgen, dass ich zur Hochzeit nach München wolle. Er wies mich darauf hin, dass mir dann zwei Einheiten fehlten. »Das«, sagte er mit ernsthafter Miene, »hätte Julius Brink nicht gemacht. Der wollte die Goldmedaille gewinnen.« Der Satz traf, Jürgen hatte erreicht, was er wollte: Ich begann zu zweifeln. Natürlich verstand ich sein Argument. Wir hatten nicht so viele Einheiten gemeinsam. Die Umsetzung seiner Philosophie lebte von den bewussten Wiederholungen und der Auseinandersetzung mit der Technik. Unser Megaprojekt konnte nur erfolgreich sein, wenn jeder es zu jedem Zeitpunkt priorisierte. Dennoch, es ging um Sara, um ihre Hochzeit und um unsere Freundschaft. Ausgerechnet Hans, der sonst die Härte in Person war, hatte Nachsicht und ermunterte mich zu gehen.

Ich suchte einen Weg, mit Sara diesen Tag zu erleben und möglichst wenige Einheiten zu verpassen. Am Freitag hetzte ich nach dem Training nach Köln. Der Flieger hatte so sehr Verspätung, dass ich dachte, wir würden wegen des Nachtlandeverbots überhaupt nicht loskommen. »Prima«, dachte ich, »erst habe ich so gekämpft und jetzt bleibe ich in Köln hängen.« Gerade noch rechtzeitig hoben wir ab nach München, um am Samstag am Ammersee zu feiern. Am Abend beim Essen stellten Sara und ihr Mann Michael die Hochzeitsgäste vor. Als ich an der Reihe war, erzählte Sara davon, wie viel Zeit wir gemeinsam verbracht hatten. Tränen der Rührung kullerten mir die Wangen herab. Es war die einzige Hochzeit in zehn Jahren, für die ich mir Zeit genommen hatte. Ich ging früher ins Bett als die meisten, doch egal: Ich merkte da schon ein Kratzen im Hals. Am Sonntag stand ich noch einmal in der Beachhalle, doch am Montag war dann Ende Gelände: Ich lag mit Fieber im Bett. Aber ich bereute nichts – mit Sara gefeiert zu haben, war eines der schönsten Erlebnisse meines Lebens. Noch heute bin ich dankbar, diesen Moment mit ihr geteilt zu haben.

Schach im Sand, Liebe im Kopf

Mit Hans und Jürgen begann ein neues Taktikzeitalter. Von nun an versuchte ich immer, in den Kopf der Gegnerinnen zu kommen, ihre Gedanken zu lesen und ihre Bewegungen zu antizipieren. Dabei musste ich mich auf mein eigenes Side-Out-Spiel konzentrieren, entspannt bleiben und die besten Schläge in den Sand bringen. Galt es, das gegnerische Team nicht in seinen Rhythmus kommen zu lassen, spielte ich mein Gegenüber immer wieder unterschiedlich an. Hans und Jürgen bestanden auf Klarheit in der Abwehr. Zwei Optionen, nicht mehr, sollte ich mental vorbereiten. Wenn ich alle Möglichkeiten in Betracht zog, verlor ich den Fokus.

Beispielsweise konnten zwei Varianten ein harter Diagonalschlag oder ein Line-Shot sein. Ein langsamer Anlauf der Gegnerin war meist ein Indikator für einen Shot. In die Gleichung musste ich noch mehr Faktoren aufnehmen. Wie hatte ich den Angriff mit meinem Aufschlag eingeleitet? Außen an die Linie oder in der Mitte? Ich kannte die Lieblingsrichtung der meisten Spielerinnen. Wenn ich nach außen aufschlage, muss die Partnerin ebenso von außen anlaufen. In diesem Fall bevorzugten manche Spielerinnen die Diagonale. Manchmal versuchte ich, die Diagonale frei erscheinen zu lassen (obwohl ich natürlich genau auf diesen Ball spekulierte). Ich analysierte zusehends die Spielmuster meiner Gegnerinnen.

In der Halle war ich noch völlig unbedarft. In Leverkusen hatte ich selten zu den Starting-6 gehört. Weil ich eben keine Springmaus war, bekam ich oft sehr klare Ansagen, was ich auf dem Feld zu tun hatte. Mit der gewachsenen Verantwortung im Sand entwickelte ich schnell eine Gegnerdatenbank im Kopf. Anfangs bemerkte ich diesen Vorteil nicht. Mit Sara erarbeiteten wir noch unsere Taktik gemeinsam, denn auch sie analysierte sehr viel. Jürgen meinte, meine Fähigkeit, die Stärken und Schwächen von Gegnerinnen im Kopf zu haben, sei außergewöhnlich. Ich lernte, geduldig zu sein und in den ersten Minuten eines Spiels meine Kontrahentinnen intensiv zu beobachten und ihre Tagesform und -taktik zu analysieren. Es gab

Teams, die ihren Spielplan zum vergangenen Match radikal veränderten, deshalb versuchte ich (natürlich gelang mir das auch nicht immer), die aktuelle Taktik zu lesen und mich anzupassen. Wenn ich nach den ersten Punkten verstand, was das gegnerische Team gegen uns vorhatte, passte ich meine Ansage an.

Ich habe bis heute von fast jeder Athletin einen Film im Kopf. Oft ergänzte Jürgen meine Beobachtungen mit seinen Eindrücken oder umgekehrt. Mit diesen Informationen entwickelten wir dann unsere jeweilige Taktik.

Anfang Oktober reisten wir in die brasilianische Millionenmetropole São Paulo. Weit entfernt von den Hochhäusern auf einem staubigen Hügel, begleitet von wenigen Zuschauern. Ein paar Monate hatten Morph und ich uns nicht gesehen, und plötzlich sah ich ihn wieder, denn auch er war mit seinem Team angereist. Wir lächelten uns an, dabei waren wir immer noch unsicher, ob sich unser Status ändern würde. Doch ich spürte ein Kribbeln im Bauch, etwas, das es bei Buddys nicht gibt. Wir erreichten – wie schon zwei Monate zuvor in Moskau – das Finale. Auf der anderen Seite des Netzes: die Olympiasiegerin und Legende Kerri Walsh Jennings. Erst drei Monate zuvor war sie nach der Geburt ihres dritten Kindes wieder auf die Tour zurückgekehrt. An ihrer Seite nun: April Ross. Sie galten als die Top-Favoritinnen auf den Olympiasieg. Dafür sprach allein schon ihre Medaillensammlung. Kerri hatte bereits dreimal bei Olympia triumphiert. Ihre unterlegene Gegnerin im Finale von London hieß – April Ross. Jede für sich gehörte zum Besten, was unsere Branche zu bieten hatte, gemeinsam spielten sie und April in São Paulo ein fantastisches Turnier. Würden wir eine Chance haben?

Schnell lagen wir 8 : 13 zurück, doch wir kämpften wie Löwinnen, holten Punkt für Punkt auf, bis wir den Satzball zum 21 : 19 verwandeln konnten. Der zweite Satz bekommt in meiner persönlichen Krimisammlung einen Ehrenplatz. 20-mal glichen wir aus, bis zum Stand von 28:28, doch dann waren wir im Kopf nicht bereit zu siegen. Die Amerikanerinnen schafften mit 31:29 den Satzausgleich. Uns fehlte noch Stabilität im Spiel. Nach diesem nervenaufreibenden Satzende ließen wir sie auf 8:4 und 10:5 davonziehen, bevor wir wieder aufwachten und uns auf das aktuelle Spielgeschehen konzentrierten. Wir holten noch zum 9:11 auf. Zu spät. Die Amerikanerinnen siegten mit drei Punkten Vorsprung, 15:12. Mein neuntes Endspiel, meine neunte Niederlage. Ein österreichischer Fan und Mäzen meinte im Spaß, dass er nun wisse, woran die Finalniederlagen lagen. An mir und meinem Kopf. Ich fühlte mich getroffen, egal ob er mich nur necken wollte oder es ernst meinte. »Was, wenn er recht hat?«, fragte ich mich zweifelnd.

Von Bergen und Baustellen

Das vorletzte Turnier der Saison fand in Xiamen, China, statt. Am Ende des Turniers trafen Morph und ich uns zufällig an der Rezeption des Spielerhotels. Mir wurde heiß und kalt und mein Herz raste. Es begann eine belanglose Unterhaltung über meine Ergebnisse. Ich fühlte mich so glücklich, nur weil wir miteinander redeten. Seit diesem Moment wusste ich, dass ich alle meine Prinzipien über Bord werfen würde (keine Beziehung mehr auf der Tour und schon gar nicht mit einem Trainer). Ich wollte Morph unbedingt so schnell wie möglich wiedersehen. Doch zunächst musste ich mich verabschieden. Ich war bereits spät dran, um weiter zur letzten Station der Saison nach Thailand zu reisen. Zu meinem Glück stand für Morph das gleiche Turnier auf dem Reiseplan.

Dort, am Karon-Strand, oder Hat Karon, wie er auf Thai heißt, fiel es mir schwer, den Fokus zu finden. Das Wasser hatte Badewannentemperatur und die Schwüle lud zum Chillen ein.

Schon während des ersten Tages in Phuket fragte ich Morph, ob er für ein Mittagessen Zeit hätte. Was ich nicht wusste: Er litt an einer schlimmen Lebensmittelvergiftung. Phuket hatte den Ruf, immer mindestens fünf Athleten komplett auszuknocken. Dennoch schleppte er sich an meinen Tisch, lächelte gequält, während er lustlos in seinem Essen herumstocherte. Als ich ihn darauf ansprach, rückte er raus mit der Sprache. Sein bemitleidenswerter Zustand ließ mich innerlich jubeln: Er war gekommen, obwohl es ihm offensichtlich schlecht ging. Das deutete ich als gesteigertes Interesse. Ich wünschte ihm lächelnd gute Besserung und wir verabredeten uns für den nächsten Tag.

Am Abend düsten wir auf einem gemieteten Moped los, um ein bekanntes Restaurant zu finden. Morph war zum Glück wieder fit und so optimistisch, es mit einem Abendessen zu versuchen. Wir verfuhren uns heillos. Als wir schon aufgeben wollten, erblickten wir das Lokal auf einem Kliff, gerade rechtzeitig, um einen spektakulären Sonnenuntergang zu erleben. Morph fing an, nervös zu werden, als er dieses romantisch kitschige Setting sah. Er war sich noch nicht sicher. Vielleicht würde ich den Status der »Buddybeziehung« beibehalten wollen, deshalb fragte er sich, ob ich dieses Romantikprogramm aus der Postkartenkitschecke falsch verstehen würde. Zu spät. Das Setting, das Essen, meine Begleitung, das Timing – ich fühlte mich im perfekten Date … bis wir die Rechnung verlangten. »Wollen wir teilen?«, fragte Morph, was mich kolossal irritierte. Hatte ich den ganzen Abend missverstanden, die fantastische Atmosphäre, unser intensives Gespräch? Ich bin im Grunde meines Herzens Romantikerin. Wenn es ein Date war, dann würden wir nicht die Rechnung teilen, dachte ich. Das klang nach separaten Konten fern von Gemeinsamkeit und

Gentleman. Nun also schlug er genau das vor. Was sollte das bedeuten? Waren wir am Ende doch nur Buddys?

Wir fuhren in die sternenklare Nacht. Er hielt mich warm, während wir gemeinsam auf dem Moped saßen. Danach verabschiedeten wir uns, denn am nächsten Tag startete das Turnier. Ich war aufgekratzt, nervös und etwas irritiert zugleich. Später erklärte er mir, dass er unsicher gewesen war, ob ich unseren Freundschaftsstatus verlassen wollte, denn an meinen Vorzeichen – meinem Traum und meinem Engagement für mein Team – hatte sich nichts geändert. Das stimmte. Äußerlich war alles noch wie vor zwei Monaten in Moskau, nur dass meine Gefühle in der Zwischenzeit noch stärker geworden waren.

Nach der kräftezehrenden Saison fehlte uns Energie, deshalb verloren wir gleich das erste Spiel nach der Gruppenphase gegen die Salgado-Schwestern – Maria Clara und Carolina – aus Brasilien. Nach dem Spiel reflektierten wir lange, wie wir so aus dem Konzept kommen konnten. Wahrscheinlich hatten wir uns mental nicht ausreichend auf das Match vorbereitet. Maria Clara, die ältere der beiden, hatte auch mit einer Lebensmittelvergiftung zu kämpfen. Zwei Tage lang hatte sie sich im Krankenhaus mit Infusionen wieder aufpäppeln lassen. Dass sie überhaupt antrat, hatte uns überrascht. Vielleicht war ich auch in Gedanken bereits im Urlaub. Oder bei Morph? Unseren Frust spülten Kira, Helke und ich mit ein paar Bier am Pool herunter. Morph hatte ich eine Nachricht geschrieben. Er kam, lächelte mich an, und ich wusste, dass unsere Zeit gekommen war. Jetzt bestand kein Zweifel mehr, dass unser Status sich in »Liebe« verändern würde.

Noch zwei Tage verbrachten wir gemeinsam, bis ich mit einer Freundin nach Bali reiste. Die Insel und Indonesien spielten in diesem Urlaub eine Nebenrolle. Ich hing an meinem Handy, tauschte mit Morph unzählige Nachrichten aus und wurde immer aufgeregter, je mehr sich mein Urlaub dem Ende zuneigte. Glücklicherweise hatte sich meine Freundin zur gleichen Zeit verliebt, sodass wir Frauen über nichts anderes als unsere Eroberungen sprachen. Kaum zu Hause angekommen, packte ich meine Koffer, um zu Morph zu fliegen. Zum letzten Mal zweifelte ich. In die Niederlande war ich bisher nur für Turniere oder Trainingslager gereist. Nun stieg ich in den Flieger nach Den Haag zu einem Trainer, zu ihm nach Hause, um bei ihm zu bleiben, vielleicht sogar für immer.

Das fühlte sich so lange komisch an, bis sich die Tür zu seinem Apartment schloss. Angekommen in seinen Armen, seinen vier Wänden, schwieg der Zweifel. Wir gehörten zusammen. Vier Tage lang gingen wir spazieren, redeten stundenlang und kochten. Als ich wieder zurückflog, war mir klar: Wir waren ein Paar – und würden es bleiben.

Unsere Teams sollten von uns und nicht von anderen oder aus den Medien von unserer Liebe erfahren. Jürgen reagierte entspannt. Er vertraute darauf, dass Morph sich nicht einmischen würde. Morph hatte großen Respekt vor der Arbeit meiner Trainer. Nur einen Kommentar konnte Jürgen sich nicht verkneifen: »Du weißt schon, dass Laura immer 180 Prozent gibt, sowohl im Positiven als auch im Negativen.«

Auch Morphs niederländisches Team hatte kein Problem mit unserer Beziehung. Er sagte ihnen, was ich schon wusste: Seine Spielerinnen und seine Arbeit würden immer Priorität genießen. Ich respektierte diese Einstellung bei ihm und er bei mir. Das war von Anfang an unsere Basis. Wir führten eine Fernbeziehung, die allerdings sehr entspannt verlief, da Morph verstand, welches Mammutprojekt ich verfolgte. Für ihn war es normal, dass ich Samstagmorgen erst einmal in den Kraftraum wollte, obwohl ich erst am Abend zuvor angekommen war. Oft organisierte er sogar das Fitnessstudio für mich. Sonntags nahm ich meist schon den Flieger am Nachmittag, um Zeit für die Regeneration zu haben, denn am Montag wollte ich wieder ausgeruht in Hamburg in der Halle stehen. Ebenso akzeptierte ich, dass wir uns wochenlang nicht sahen, weil er sein Team unbedingt nach Rio coachen wollte. Wir telefonierten aber oft und lange. Außerdem planten wir, wenn wir gemeinsam auf Turnieren waren, mindestens eine Datenight ein, in der wir nur ein Liebespaar waren. Selbst wenn wir längere Trennung in Kauf nehmen mussten, so waren wir uns trotzdem bewusst, dass wir mehr Gemeinsamkeit hatten, als wenn er einen Nine-to-five-Job in irgendeiner Firma gehabt hätte.

Während unseres Trainingslagers auf Fuerteventura 2014 wollte Jürgen mit mir über meine Zukunft sprechen. Wir saßen auf der Terrasse unserer Ferienanlage und blickten aufs Meer. Er sah drei große Berge in meinem Leben: Gewicht, Athletik und meinen Kopf. Ich müsse ein Studium beginnen. »Willst du mich jetzt verarschen?«, dachte ich. Ich bekam gerade so viele Eindrücke (mein Gehirn schien am Anschlag) und sollte zusätzlich noch studieren? Der Aufstieg auf einen Berg erfolge Schritt für Schritt, klärte er mich auf: »Niemand sagt, dass du in vier Jahren ein Studium beenden solltest, aber du musst einen Ausgleich zum Beachvolleyball finden.«

Bis zu diesem Moment hatte ich Uni schon ein paarmal probiert. In Kiel war ich für Erdkunde und Mathematik eingeschrieben, ohne tatsächlich regelmäßig an die Uni gegangen zu sein. Auch ein Fernstudium hatte ich schon angefangen. Ohne Erfolg. Doch Jürgen ließ sich nicht beirren. »Du musst«, sagte er. Ich gehorchte und machte tatsächlich einige Module Medien- und Kommunikationswissenschaften. Die ersten drei Klausuren bestand ich mit guten Noten, was mich mit Stolz erfüllte. Beim Thema Unternehmenskommunikation erlebte ich ein Déjà-vu: Dort erkannte ich vieles von dem wieder, was wir mit unserem kleinen Unternehmen gerade praktizierten – Meetingstruktur, Zielerreichung und SWOT-Analysen, die Stärken, Schwächen, Chancen und Risiken aufzeigten. Noch ein paar Fachbegriffe musste ich auswendig lernen, und schwups stand da das gute Ergebnis. Ich genoss die Bestätigung, denn mein Abitur hatte ich damals nicht gerade glanzvoll abgeschlossen. Bei den Präsenzstunden traf ich neue Leute, die nichts mit Sport zu tun hatten. Gerade als ich langsam Spaß am Studium fand, kam VWL – Volkswirtschaftslehre. Nur wenn ich diese Klausur bestehen würde, konnte ich weiterstudieren. Ich las die ersten drei Seiten, verstand wirklich gar nichts, fragte mich, wozu ich Statistik und Tabellen in meinem Leben bräuchte, und gab auf. Keine Lust und kein Interesse. Glücklicherweise fragte Jürgen nicht oft nach, wie es um mein Studium stand …

Hans' E-Mails fürchtete ich. Sie bestanden meist aus langen Verbesserungslisten. Der Ton war hart, direkt und verletzte mich. An eine Mail erinnere ich mich besonders gut: Er hatte vier Baustellen bei mir identifiziert. Eine davon war mein Gewicht. Es stimmte. Das Training forderte mich mental, sodass ich zum Kochen keine Energie mehr hatte. Mit Süßigkeiten belohnte ich mein erschöpftes Gehirn. Ich hatte bestimmt zehn Kilo zugenommen.

Irgendwann konnte ich nicht mehr. Während eines langen Wochenendes in Hamburg kritisierte Hans mich wieder einmal heftig. In der anschließenden Videoanalyse, als seine negativen Kommentare kein Ende zu nehmen schienen, fragte ich ihn unter Tränen, warum er immer so hart zu mir sei. Ein wenig Lob wünschte ich mir, nur ein kleines. »Wenn ich dich nicht so hart in der Seele treffe, hast du keine Motivation, etwas zu ändern«, erklärte er mir. Es stimmte, egal ob man das gut oder schlecht findet, aber ich hatte mich ja darauf eingelassen und ihn unbedingt als Trainer haben wollen. Ich zog den Hans-Faktor ab. Und begann zu arbeiten.

Anfang 2014 fühlte Kira sich plötzlich nicht wohl. Sie quälte sich mit Schnupfen und einer Erkältung herum. Eigentlich harmlos. Wochenlang konnte sie wenig oder gar nicht trainieren, hatte Atem- und Kreislaufprobleme. Noch wusste niemand, was ihr genau fehlte. Nachdem sie sich eine Weile durchgeschleppt hatte, fand unser Verbandsarzt Michi Tank die Ursache: Kira litt an Pfeifferschem Drüsenfieber. Dabei wird das Immunsystem enorm geschwächt.

Zunächst hofften wir, dass es schnell vorbeigehen würde. Mehrere Wochen mit viel Ruhe verordneten die Trainer Kira, während ich bereits mit Helke das Trainingslager in Südafrika begann. Kira hielt die Zwangspause nicht aus. Nach einer Woche allein mit Helke stand sie mit mir im Sand. Wir versuchten, mit niedrigem Puls zu trainieren. Schwierig, denn der Sand sorgte für unterschiedliche Belastungen. Unsere tschechischen Trainingspartnerinnen stellten sich auf unseren langsamen Rhythmus ein. Wir waren optimistisch, das Schlimmste überstanden zu haben. Mit dieser Illusion im Gepäck machten wir uns auf den Weg nach Shanghai, um dort ein Grand-Slam-Turnier zu spielen.

Das Turnier in der chinesischen Megametropole begann mies mit einer 0:2-Niederlage (17:21, 19:21) gegen die australischen Qualifikantinnen Nicole Laird und Mariafe Artacho in der ersten Runde.

Im Viertelfinale trafen wir auf Morphs Team Madelein Meppelink und Marleen van Iersel. Gefühlt schauten alle sich dieses Spiel an. Jeder wollte Morphs Reaktion sehen, wenn sein Team gegen seine Liebe spielte. Jede Zuckung der Mundwinkel wurde registriert. Für wen er denn sei, wurde er ständig gefragt. »Für ein gutes Spiel«, antwortete Morph stoisch. So gesehen erfüllte sich sein Wunsch, denn wir spielten gut und gewannen 2:0 … Nach dem Spiel streckte ich meinen Kopf durch die Tür seines Zimmers: »Darf ich reinkommen?«, fragte ich. Er umarmte mich, dennoch spürte ich seinen Ärger über das Ausscheiden seines Teams.

Ein Sieg im Halbfinale gegen die favorisierten Brasilianerinnen Talita Antunes und Taiana Lima brachte uns ins Finale gegen die Chinesinnen Fan Wang und Yuan Yue. Dort endlich, im zehnten Anlauf, durchbrachen wir meinen Fluch und siegten 2:1 (23:21, 19:21 und 15:9). Ich umarmte Kira, erdrückte sie fast. »Danke, danke, danke, danke, danke, danke, danke, danke, danke, danke, danke, dass du diesen Fluch mit mir gebrochen hast«, jubelte ich ihr ins Ohr. Ich weinte und dachte nur: »Endlich.« Morph vergewisserte sich, ob er die Szene richtig interpretiert hatte. »Hast du wirklich tausendmal Danke zu Kira gesagt?«, fragte er mich. Ich nickte. Noch nie hatte ein deutsches Frauenduo einen Grand Slam gewonnen. Auch ich hatte bis zum Matchball nicht daran geglaubt und mich nun eines Besseren belehrt. Unser Weg fühlte sich so richtig und vielversprechend an. Wir spielten erst im zweiten Jahr zusammen und hatten schon einen Grand Slam gewonnen. Morph neckte mich. Das hätte ich ihm zu verdanken, denn mit ihm gab es Gold in meinem Leben.

Zurück in der Hamburger Beachhalle keuchte Kira plötzlich. Ihr Puls stieg schnell an, es war offensichtlich: Sie quälte sich. Das Pfeiffersche Drüsenfieber war noch nicht ausgeheilt. Ihr Körper hatte keine Kraft. Hans plädierte für eine längere Pause, dennoch entschieden wir, zur Europameisterschaft nach Cagliari in Italien zu fahren. Es sprach für unsere Klasse, dass wir trotz Kiras gesundheitlicher Schwierigkeiten das Spiel um Bronze gegen Victoria Bieneck und Julia Großner 2:0 (21:12, 21:18) gewannen. Nach dem Turnier setzten wir uns zusammen, um zu entscheiden, ob wir überhaupt weiterspielen würden. Noch einmal wollten wir es versuchen. Stavanger, im Südwesten Norwegens, sollte die letzte Chance sein. Auf langen Spaziergängen mit Hans und Helke an einem Fjord redeten wir, während die monströsen Kreuzfahrtschiffe am Hafen anlegten und Touristen in Massen zum Landgang strömten. Am Ende des Turniers erkannten wir: So ging es nicht weiter. Kira würde sechs Monate pausieren.

Anett verdreht mir den Kopf

Ich sollte Praxis und Punkte sammeln, deshalb fragte ich Julia »Juli« Sude, ob sie mit mir spielen würde. Nach nur wenigen Trainingseinheiten begleitete uns Hans in die Schweiz zum Turnier nach Gstaad. Ich fuhr mit dem Zug in die Schweiz, denn beim Serpentinenfahren in den Bergen wurde mir immer schlecht. Bei der Einfahrt nach Gstaad lag der Center-Court unter mir wie in einem Miniaturwunderland. Ich liebte das Turnier, die Menschen und die Kulisse. Die Sieger bekamen Kuhglocken überreicht, während am Horizont die Berge leuchteten. An einem nahe gelegenen Eisbach konnten wir unsere geschundenen Beine kühlen. Es war einfach traumhaft.

Obwohl Gstaad mein Wohlfühlturnier war – bei diesem Auftritt passte nichts. Meine Bewegungen führte ich zu hektisch aus, Panikmodus herrschte. Mein Selbstwertgefühl und meine Leistung litten. Wir flogen gegen die Tschechinnen Martina Williams und Barbora Hermannová aus dem Turnier. Mehr als der 17. Rang war nicht drin. Mein Kopf machte mir das Spielen schwer. Was dachten die anderen darüber, dass ich jetzt mit Juli Sude auf Tour ging? Was außerhalb meines Einflussbereichs passierte, kostete mich mehr Energie als mein eigenes Spiel. Dazu gesellte sich die Sorge, ob wir nach Kiras Rückkehr noch genug Zeit für die Olympiaqualifikation hätten. In Gstaad trafen wir auf Chantal Laboureur, die seit 2013 mit Juli gespielt hatte. Wie zu erwarten, hielt sich Chantals Begeisterung über die neue Situation in Grenzen. Ich musste akzeptieren, dass sie angefressen war. Das fiel mir schwer.

Während ich unter Zweifeln litt, trat Anett Szigeti in mein Leben. Da stand sie vor mir, die Sportpsychologin, und brach mit allen Klischees, die ich vorher gehabt hatte. Ihre blonden Haare zu einem Pferdeschwanz zusammengebunden, blitzende blaue Augen und ein offenes Lachen – sie schien besser in eine Marketingabteilung als in ein Therapiezimmer zu passen. Sie war nach Den Haag, an den Strand von Scheveningen, gekommen, um mich kennenzulernen. Jürgen hatte ihr einen Auftrag mitgegeben: Ich sollte Nervenstärke für die olympische K.-o.-Runde entwickeln. Er stellte sich ein Codewort vor, eine geheime Formel, die meinem Nervenkostüm eine Rüstung geben sollte.

Ich hatte schon in der Vergangenheit mit Sportpsychologen gearbeitet. Das assoziierte ich mit täglichen Übungen, die nichts veränderten. Allerdings, diese »Hausaufgaben« hatte ich nicht oder nur sehr nachlässig gemacht. Meist suchte ich das Weite, wenn mir jemand empfohlen wurde. »Brauch ich nicht«, wehrte ich ab. Anett gab ihrerseits unverblümt zu, nichts von Beachvolleyball zu verstehen. Sie hatte Psychologie aus einem einfachen Grund studiert: Für Tiermedizin hätte sie ein Praktikum in einem Schlachthof absolvieren müssen, was für sie als Vegetarierin nicht infrage kam. Also entschied sie sich, ihre zweite Leidenschaft zu studieren. Danach hatte sie noch einen Abschluss in Sportwissenschaften obendrauf gepackt.

Schnell erspürte sie meine Schwächen und wunden Punkte. Nach ein paar Fragen schossen mir schon Tränen in die Augen. Bald erzählte ich Anett von meinen Zweifeln. Ich spielte an Julis Seite nicht so gut, wie ich das von mir erwartet hatte. »Kann es sein, dass ich nur mit Kira funktioniere? Warum bekomme ich meinen Side-Out nicht hin?« Solche Gedanken kreisten in meinem Kopf und blockierten mich. Das ging so weit, dass ich mich sogar fragte, ob ich bisher nur Glück gehabt hatte und eigentlich nichts auf der Tour zu suchen hatte.

Dass ich die Umstände nicht ändern konnte, sondern nur den Blick auf sie, zeigte mir Anett. Die Entscheidung, mit Juli zu spielen, war sinnvoll. Sie hätte mein Angebot nicht annehmen müssen. Meine Idee, von allen gemocht zu werden, war ohnehin eine Illusion. Ich ordnete das Chaos in meinem Kopf etwas und legte den Fokus mehr auf mich. Die Nebenschauplätze sollten nicht mehr meine Performance beeinflussen. Zunächst liefen unsere Spiele trotz nervigen Windes besser. In der Gruppenphase trafen wir auf die Schweizer Qualifikantinnen Tanja Goricanec und Tanja Hüberli. Wir verloren in drei Sätzen (15:21, 21:16 und 9:15). Was jetzt?

Wieder setzte ich mich mit Anett zusammen. Ich musste loslassen, weg mit den quälenden Gedanken, sondern »nur« trainieren, spielen und gewinnen. Das Akzeptieren des Status quo befreite mich. In unserem letzten Gruppenspiel schlugen wir völlig überraschend das brasilianische Topteam Ágatha Bednarczuk und Bárbara Seixas in zwei Sätzen (21:19, 21:16). Zu sehen und zu erleben, wie meine Gedanken mein Spiel beeinflussten, war beängstigend und befreiend zugleich. Kaum hatte ich meine Zweifel aus dem Kopf verdrängt, schickten wir die Kanadierinnen Heather Bansley und Sarah Pavan trotz böiger Winde nach Hause. Das war ein Wahnsinnsergebnis, denn vor allem vor der hochgewachsenen Blockerin Sarah hatte ich höchsten Respekt. Erst im Achtelfinale wurde unser Lauf von den Schweizerinnen Nadine Zumkehr, die auch eine Freundin von mir war, und Joana Heidrich gestoppt. Vorher aber brachte ich Nadine zur Verzweiflung, so viele Bälle erlief ich. Gefühlt wusste sie nicht mehr, wohin sie noch einen Shot setzen sollte. Leider konnte ich die abgewehrten Bälle nicht auf den Boden bringen. »Du hast mir das Leben richtig schwer gemacht«, sagte sie danach. Endlich hatten wir mit Platz neun ein Top-Ten-Ergebnis erreicht, das tröstete mich über die Niederlage hinweg.

Ich hatte schon länger gespürt, dass ich mich selbst boykottierte. Nun hatte Anett mir in nur einem Turnier gezeigt, welchen großen Einfluss meine Gedanken auf meine Leistung hatten.

Mein Werkzeugkasten

Zum ersten Mal seit Den Haag traf ich Anett wieder Mitte August in ihrem schlichten Büro im Olympiastützpunkt Hamburg. »Du musst eine Regulationsübung finden.« Ganz gegen Anetts umgängliche Art klang das wie ein Befehl. Es war wahrscheinlich auch so gemeint, denn ihr Credo lautete, dass jeder Athlet lernen müsse, seine Emotionen zu regulieren. Sich hoch- und runterfahren zu können, war die Basis mentaler Stärke.

Wir probierten autogenes Training aus. Nichts für mich. Sie schlug einen Bodyscan vor, eine Achtsamkeitsübung, bei der man mit der Wahrnehmung durch den Körper wandert. Das passte auch nicht zu mir. Anett ließ nicht locker. »PMR – progressive Muskelentspannung«, schlug sie vor. Dabei werden nach einem bestimmten Schema alle Muskelgruppen nacheinander angespannt und wieder entspannt. Ich rollte mit den Augen. »Boah«, stöhnte ich, »PMR. Das dauert immer so lange.« Anett machte mir eine 15-Minuten-Version, die sie dann noch einmal um fünf Minuten kürzen musste. Was soll ich sagen? Bald liebte ich die Übung. Danach fühlte ich mich tatsächlich entspannt und der Stress war verflogen. Die tausend Gedanken, die sonst gleichzeitig in meinem Kopf umherschwirrten, reduzierten sich auf wenige wichtige. Nach PMR nahm ich Details in meiner Umgebung wahr, die vorher unbemerkt blieben, wie einen Vogel, der vorbeihuschte, und die Formen der Blätter in einer Baumkrone.

Eine Woche später checkten wir im Hotel Anders ein, um ein Jahr nach der Weltmeisterschaft einen Grand Slam am gleichen Ort zu spielen, in Stare Jabłonki. Wahrscheinlich Zufall, dass wir ausgerechnet dort und nach meiner intensiven Session mit Anett unser bestes Saisonergebnis erspielten. In der Gruppenphase verloren wir noch ein Match. Ich war auf 180, weil wir im Side-Out nicht die nötige Qualität brachten. Dann packte Juli ihre überragende Spielfähigkeit aus. Ihr Timing im Block gehörte in die Kategorie »außergewöhnlich«. Ich spiele sehr ungern gegen sie, denn sie springt sehr spät. Gegnerinnen können das weder sehen noch erspüren.

Von Spiel zu Spiel steigerten wir uns. Auf dem Weg ins Finale besiegten wir Morphs Team, wieder die Kanadierinnen Bansley/Pavan und im Halbfinale waren die Brasilianerinnen Taiana Lima und Fernanda Alves dran. Im Finale ärgerten wir die haushohen Favoritinnen Larissa Maestrini und Talita Antunes aus Brasilien. Nur knapp behielten sie beim 14:21, 21:19 und 14:16 die Oberhand. Ich hatte endlich wieder meinen Spaß am Zocken gefunden!

Mein Weg zur Topform

Ich hatte es ja oft genug von allen Seiten gehört: Um noch besser zu werden, war eine Schraube, an der ich drehen konnte, die Ernährung. Nun hatte ich meine Technik und Taktik stabilisiert, mein Studium aufgenommen (und wieder stillschweigend beendet), mein Privatleben war auch stabil … Ich hatte keine Ausreden mehr, mich endlich bewusst und gesund zu ernähren. Der Erste, der darüber die Augen rieb, war Valentin, genannt »Vale«, mein Mitbewohner in unserer Hamburger Wohngemeinschaft im Stadtteil Hamm. Wir wohnten schon drei Jahre zusammen. Vale war auch ein ehemaliger Beachvolleyballer, der inzwischen eine Ausbildung zum Physiotherapeuten absolviert hatte. Wir teilten nicht nur die Wohnung, sondern uns verband auch eine tiefe Freundschaft, in der wir keine Geheimnisse voreinander hatten. Gerade deshalb rieb er sich die Augen, als ich 2013 von einem Tag auf den anderen plötzlich morgens, mittags und abends frisches Essen in unserer kleinen Küche zubereitete. Ich hatte nur Ernährung und Sport im Kopf. Kochen, essen, trainieren und das Ganze wieder von vorne. Nichts anderes. Ich war fest entschlossen, mein Gewicht anzugehen. Hans hatte detailliert beschrieben, wie viel höher ich springen würde, wenn ich weniger wiegen würde. Er war nicht der Erste, der mich darauf hingewiesen hatte. Der Athletiktrainer vom Olympiastützpunkt Hamburg hatte ab und zu versucht, mich zu einer gesünderen Lebensweise zu bringen. »Na ja, ein paar Kilo weniger wären schon cool«, sagte er. Ich hatte ihn entgeistert angeschaut: »Wo soll ich die denn noch verlieren? Schau mich doch mal an!«

Lange Zeit konnte ich essen, was ich wollte. Bis ich so 23 Jahre alt war, hatte ich keinen Gedanken an gesunde Ernährung verschwendet. »Zwecklos«, erwiderte ich allen, die es versuchten. Vor einem Training konnte ich locker einen Latte macchiato trinken. Carol, eine der besten Spielerinnen Brasiliens, beobachtete mich einmal dabei und schüttelte den Kopf: »Wie kannst du dir vor einer Einheit so viel Milch reinhauen? Mir würde schlecht.« – »Wieso?«, fragte ich und ging direkt zum Warm-up. Ich futterte, wozu ich Lust hatte. Manchmal auch Pizza, Schokolade, Zucker und Süßigkeiten. Was ich nicht kannte, kam mir nicht auf den Teller. Wenn Sara Sashimi bestellte, wunderte ich mich, wie roher Fisch lecker sein konnte. Dass ungesunde Ernährung sich negativ auf meine Leistung auswirken könnte, hielt ich für ausgeschlossen. Ich war zu faul, meine Gewohnheiten zu ändern, zu bequem, das Offensichtliche zu sehen.

Schon von klein auf gehörte ich zu den Besten, ohne viel dafür tun zu müssen. Als ich mit 16 Jahren nach Leverkusen kam, durften wir umsonst bei einem Pizzakiosk essen. Ein Paradies für mich. Jeden Nachmittag bestellte ich mir »Gnocchi Nummer 222«. Das bedeutete, dass die Kartoffelklößchen in Tomatensahnesoße schwammen, dazu wurde Hähnchen serviert. Der Besitzer wollte mir etwas Gutes tun und spendierte dazu als Vorspeise noch Pizzabrötchen mit Kräuterbutter. Wenn er richtig gut drauf war, packte er noch Schinken und Käse rein. Direkt danach ging ich ins Training. Nicht dass die Schlemmerei spurlos an mir vorübergegangen wäre. Im Winter nahm ich regelmäßig zehn Kilo zu, aber es war mir – ehrlich gesagt – egal. Ich wusste, dass ich sie im Sommer schnell wieder verlieren würde. Gerne und viel war mein Credo. Solange das Essen entweder süß oder salzig schmeckte, war ich glücklich.

Ich habe mich nie geschämt, wenn ich meine zusätzlichen Kilos Anfang der Saison mit mir herumschleppte, auch nicht im Bikini. Ich war ja nicht dick. Sie waren einfach da und würden bald wieder verschwinden. Ich aß, wann und worauf ich Lust hatte (also nicht nur, wenn ich Hunger hatte), snackte ständig und naschte Schokolade, um schlechte Laune zu bekämpfen.

Sara dagegen verzichtete auf Cola, während ich vor allem in Brasilien nichts anderes trank. Sie bereitete sich Salate zu und achtete auch sonst darauf, sich gesund zu ernähren. Wenn ich sie beobachtete, sah ich nur Verzicht. Mir erschien das extrem. Kurz: Darauf hatte ich keine Lust. Wir gewannen schließlich ab und zu gegen ein Topteam, also konnte meine Ernährung so falsch nicht sein. Mit solchen Gedanken beruhigte ich mich. Im Nachhinein würde ich sagen: Ich war okay, aber weit davon entfernt, einen athletischen Körper zu haben.

Nun sah meine Gedankenwelt anders aus. Ich wollte meinen Traum verwirklichen. Jürgen und Hans hatten Veränderungen auf allen Ebenen gefordert, die ich zugesagt hatte. Außerdem fühlte ich mich nicht mehr wohl in meiner Haut. Ich hatte zugenommen. Jetzt war ich 27 Jahre alt. Das bedeutete auch, dass die Kilos nicht mehr ganz so einfach purzelten.

Freunde von mir, die sich vegan ernährten, waren auf dezente Weise missionarisch. Bei ihnen erlebte ich, wie vielfältig und schmackhaft pflanzliches Essen sein konnte. Durch sie entdeckte ich das Buch *Vegan in Topform* des kanadischen Triathleten Brendan Brazier. Ich war komplett angefixt, kaufte sein Buch und probierte seine veganen Rezepte sofort aus. Allerdings kam mein Körper mit der Umstellung nicht zurecht. Er quittierte mein Experiment mit einer Grippe, die mich zwei Wochen ans Bett fesselte. Ich möchte nicht vor veganer Ernährung warnen, sondern nur meine Erfahrung teilen. Im

Nachhinein glaube ich, dass ich die Umstellung nicht sorgfältig genug geplant hatte. Wahrscheinlich versorgte ich meinen Körper nicht mit genug Eiweiß oder er nahm das pflanzliche Eiweiß nicht so gut an.

Ich wechselte auf vegetarisch. Die Waage zeigte stetig weniger an und mein Körper fühlte sich viel athletischer an. Ich hatte nur ein Problem: Ich vermisste Fleisch. Also nahm ich es wieder in meinen Speiseplan auf, allerdings weniger oft, dafür viel hochwertiger.

Inspiriert durch Brendan Brazier verzichtete ich weitgehend auf Zucker, Milch und Weizen. Eiweiß nahm ich weiter zu mir. Innerhalb von Monaten hatte ich das Gefühl, einen Körper aus Stahl zu haben. Dazu schuftete ich regelmäßig im Kraftraum. Auf dem Feld bemerkte ich, dass ich mich schneller bewegte und höher sprang. »So«, dachte ich, »jetzt will ich mehr davon.«

Kaum waren ein paar Kilo weg, bekam ich sehr viele Komplimente.

Unser Verbandsarzt Michi Tank empfahl dann eine Blutgruppendiät. Ich habe Blutgruppe A, somit sollte ich auf Fleisch verzichten. Für mich funktionierte diese Ernährungsweise nicht. Ich sollte auf ziemlich viele Zutaten verzichten, die ich liebte. In der Theorie stellte das kein Problem dar, denn ich sollte ohnehin nicht mögen, was zu meiner Blutgruppe nicht passte. Allerdings standen auf meiner Verzichtliste Scampi, Mandeln und vieles andere, das ich sehr mochte. Ich verabschiedete mich also von dieser Diät.

Eine weitere Schraube, an der Michi Tank drehen wollte, war eine mögliche Getreideunverträglichkeit. Ich drückte die Daumen, dass Dinkel nicht auf die Liste käme. Das ist mein Lieblingsgetreide in Brötchen und Nudeln. Der Test bescheinigte mir, weder mit Weizen noch mit Dinkel Probleme zu haben. Dennoch versuchte ich auf Weizen zu verzichten, ohne hatte ich tatsächlich einen Unterschied bemerkt. Wenn ich viel Brot und Pasta esse, scheine ich weniger Energie zu haben. Ich stehe am Morgen frisch und ohne Snoozetaste auf, wenn ich mich weizenfrei ernähre. Besonders als mein Leben nur aus Training und Essen bestand, schaffte ich es zu 100 Prozent, einen strengen Plan durchzuhalten. Vor und nach den Trainingseinheiten aß ich kohlenhydratreich, also viel Obst und auch mal ein Vollkornbrötchen. Bei Mittag- und Abendessen kam nur Eiweiß mit Gemüse auf den Tisch.

Wenn ich mich gesund und bewusst ernähre, empfinde ich ein gutes Bauchgefühl. Ganz konkret: Mein Bauch ist nicht gebläht, ich schlafe besser, fühle mich leichter und empfinde meine Haut als straffer. Ich verzichte auch auf Milch, obwohl ich nicht an einer Milchunverträglichkeit leide. Obwohl Milch viele Nährstoffe enthält, belastet sie meine Verdauung. Ich bin immer der Meinung: Jeder Körper zeigt genau an, was ihm guttut. Wir müssen nur lernen, auf ihn zu hören.

Nachdem ich in der Vergangenheit so viel ausprobiert habe, ist mein Ernährungsplan heute ganz einfach: Ich verzichte auf Zucker, Weizen und Milch. Und bei Details versuche ich für Abwechslung zu sorgen. Etwa indem ich immer wieder andere Gemüse- oder Obstsorten kaufe, die Zubereitungsart wechsle oder neue Gewürze ausprobiere.

Team Chilischote

Mein Go-to-Frühstück ist Porridge, und zwar mit alternativer Milch, entweder aus Hafer oder Mandeln, gerne mit Vanillegeschmack. Es gibt viele gute Gründe, Haferflocken zu essen. Die kleinen Flocken sind voll gesunder Ballaststoffe. Das tut meiner Verdauung gut und hält mich satt bis nach der ersten Trainingseinheit. Darüber hinaus enthalten Haferflocken viel pflanzliches Eiweiß, zudem Magnesium und Eisen. Kennengelernt hatte ich

Porridge vor Jahren in den USA. Tüte auf, Milch in die Schüssel und rein in die Mikrowelle. Fertig. Ich fands klasse. Heute reicht mir das Tütenporridge nicht mehr. Als ich Ernährung zu meinem zweiten Projekt machte, ließ ich die Flocken über Nacht einweichen – neudeutsch nennt man das ja Overnight-Oats. Heute habe ich dafür meist keine Zeit. Morgens lasse ich die Hafer- oder Dinkelflocken zusammen mit meiner Samenmischung ein paar Minuten im Milchersatz quellen. Ich würze mein Porridge mit allem, was der Schrank hergibt: Chiasamen, Leinsamen, Sesam ... dazu ein Löffel Nussmus, meistens Cashew. Beim Mus achte ich darauf, dass es hochwertig ist und keine Fette, Zucker, Salz oder andere Zusatzstoffe enthält. Für alle, deren Beruf nichts mit Bewegung zu tun hat, kleiner Spoiler: Das ist kein kalorienarmes Frühstück! 100 Gramm Haferflocken haben immerhin stattliche 370 Kalorien. Fällt das Vormittagstraining aus, mache ich mir ein Omelette.

Ich gehöre zum Team Chili. Das Pulver aus der leuchtend roten Schote kommt bei mir auch gerne ins Porridge. Chili kurbelt den Stoffwechsel an. Außerdem wirkt es antibakteriell, sodass das scharfe Gewürz vor Krankheiten schützt. Mein Superpulver aus der Familie der Ingwergewürze heißt Kurkuma. Achtung: Kurkuma färbt alles gelb, außer die Zähne. Ich liebe das indische Gewürz, denn es wirkt entzündungshemmend. Außerdem fördert es die Regeneration von Muskeln und hilft deshalb bei Muskelkater. Platz zwei in dieser Kategorie nimmt der klassische Ingwer ein. Nicht überraschend, da verwandt, verfügt er über ähnliche Eigenschaften wie Kurkuma. In meinem Porridge darf auch Zimt nicht fehlen. Der herb-süßliche Geschmack passt gut zu den Flocken, außerdem fördert Zimt die Verdauung. Zuletzt noch ein Gewürz, das manche nicht mögen, aber dennoch viele gute Eigenschaften hat: Nelke. Das Pulver wirkt antioxidativ und kann dazu beitragen, Gewebeschäden und chronische Erkrankungen zu verhindern.

Nach meinem Gewürzcocktail schnipple ich noch einen Apfel oder anderes Obst in mein Porridge. Dabei habe ich keinen Plan, sondern greife in die Obstschale, die auf meiner Küchenablage steht. Mein dreijähriger Sohn Teo isst auch Porridge, meistens zumindest. Auch in der Kita wissen schon alle, was es bei uns zu Hause gibt. Wenn Teo mit seiner Betreuerin in seiner Gruppe über Essen spricht, verrät er: »Porridge, wir essen immer Porridge zu Hause.« – »Auch mittags?« – »Immer«, und rollt dabei die Augen. Wenn ich mal keine Lust auf Porridge habe, mache ich mir ein reichhaltiges Müsli. Oder auch mal Rührei mit Avocado und einem Dinkelbrötchen.

Zwischen den Einheiten bin ich oft zu müde zum Kochen, deshalb gibt es bei mir am Mittag gerne Salat. Rucola oder Spinat, in der Schale zusammengemixt mit Mais, Kichererbsen, Gurken, Feta und Avocado. Ich mag daran die Vielfalt, sowohl bei den Blättern als auch bei den Dressings. Und – ich kann einfach alles zusammenmischen, wonach mir gerade der Sinn steht. Ich liebe hochwertige Öle: Olivenöl, Kürbisöl oder auch Sesamöl. In meiner veganen Phase entdeckte ich die Power von Kernen, Samen und Hülsenfrüchten. Vorher hatte ich mir nie so richtig Gedanken gemacht, was man alles damit machen konnte. Heute kommt bei mir kein Salat mehr auf den Tisch ohne Körner, Samen oder Nüsse. Gerne in der Pfanne geröstet oder karamellisiert. Wenn ich keine Zeit habe, greife ich auf ein Vollkornbrot mit Hüttenkäse, Avocado, Salz und Pfeffer zurück.

Lamm ist mein Lieblingsfleisch, das kommt bei uns oft abends auf den Tisch. Dazu Gemüse, gedünstet oder im Ofen gebacken mit Feta. Darüber verteile ich verschiedene Sorten Körner. Wenn ich so esse, habe ich ein gutes Körpergefühl. Schon nach drei Tagen ohne Pasta und Milch fühle ich mich leichter. Ich weiß genau: Fange ich einmal an, kommt die Motivation nach kurzer Zeit von selbst.

Auch nach dem Training gönne ich mir Shakes oder Snacks. Nach den Krafteinheiten trinke ich immer einen Eiweißshake. Während des Balltrainings gönne ich mir ein Kohlenhydratgetränk. Trinke ich nur Wasser, macht mein Kopf schnell schlapp. Weil ich meistens nach der Arbeit Hunger habe, greife ich zu Datteln, Bananen oder einem Kohlenhydratriegel. Die Regel, dass man bis 30 Minuten nach dem Training seine Speicher wieder auffüllen soll, halte ich zu 100 Prozent ein.

Natürlich ist es unendlich viel schwieriger geworden, meinen Ernährungsplan einzuhalten, seit ich Mutter bin. Teo liebt Nudeln und auch Brot. Das größte Problem aber ist die Zeit. Sie fehlt, um Gemüse zu schnibbeln oder bewusst einzukaufen. Dennoch ist es mir wichtig, dass Teo gesund isst, sodass ich immer Nüsse, getrocknete Früchte und Reiswaffeln in meinem Vorratsschrank aufbewahre. Nur Verbote sind verboten. Teo soll zu Hause gesundes Essen erleben, und draußen darf er probieren, was er möchte. Natürlich mag er Süßigkeiten mehr als alles andere. Doch bei diesem Thema versuche ich entspannt zu sein. Wie bei allem gilt auch beim Essen: Die Dosis macht das Gift.

Schokokontrollstrategien und Shit-Days

Braun, süß und unwiderstehlich – das ist meine größte Schwäche. Um auf Schokolade zu verzichten, entwickelte ich ein kleines Arsenal an Strategien. Das begann damit, die Schokolade aus meinem Blickfeld zu verbannen und im Schrank zu verstauen. Wenn ich mich dennoch nicht beherrschen konnte, vermied ich, Schokolade abends zu essen. Stattdessen griff ich auf gesündere Alternativen zurück, beispielsweise eine Handvoll Nüsse (sollen sogar die Fettverbrennung anregen) oder ein Stück Parmesankäse. Ganz stark meldet sich der Heißhunger auf Schokolade, wenn ich meine Tage habe. Passierte das vor dem Saisonhöhepunkt, ging ich einfach früh ins Bett. Der üppige Anteil Zucker in der Schokolade lässt den Blutzuckerspiegel stark ansteigen, allerdings sinkt er auch schnell wieder ab. Das kann Hunger oder sogar Heißhungerattacken auslösen. Deshalb bestand eine andere Schokoladenkontrollstrategie darin, ein Stückchen direkt nach den Hauptmahlzeiten zu naschen. Dann ist der Blutzuckerspiegel nämlich schon angestiegen und außerdem bin ich satt, sodass ich mit weniger Schokolade zufrieden bin.

Und zu guter Letzt, wenn ich trotz aller Strategien nicht auf Schokolade verzichten will, dann esse ich sie mit ganz viel Genuss und Lust, völlig ohne schlechtes Gewissen, denn es gibt ja nichts Besseres. Meist versuche ich ohnehin, Süßigkeiten nur am Cheat-Day – ich nenne ihn Shit-Day – zu naschen. An allen anderen Tagen ernähre ich mich zuckerfrei. Übrigens, mit Familie vermehrten sich bei mir die Cheat-Days auf wundersame Weise …

Kiras Comeback

Durch meine Ernährungsumstellung fühlte ich mich so fit wie noch nie in meiner Karriere. Unbedingt wollte ich mit Kira die Olympiaqualifikation in Angriff nehmen, denn endlich, endlich, endlich konnte sie wieder trainieren. Die ersten Einheiten nach ihrer langen Pause liefen gut. Sie nährten die Hoffnung, dass wir bald wieder an unserem Lieblingsort stehen würden: dem Siegerpodest.

Kurz vor dem Saisonstart in Moskau fuhren wir in ein Trainingslager nach Fuerteventura. Der Robinson Club, gelegen im Süden der spanischen Insel – sozusagen am »Fuß« – gehörte zu meinen Lieblingsorten. Das Wetter bot meist angenehme

Trainingstemperaturen, der Wind forderte uns. Außerhalb des Courts fand jeder genug Abwechslung, um sich zu entspannen. Morph begleitete uns mit seinem niederländischen Team. Die Gruppe wurde komplettiert von den Tschechinnen Kristýna »Kiki« Kolocová und Markéta »Maki« Sluková. Die beiden verfügten über unangenehme Aufschläge, lasen das Spiel sehr gut und agierten variabel. Perfekte Bedingungen also, denn auch die Trainer verstanden sich untereinander. Ich war erstaunt über Jürgens und Hans' Philosophie, denn gerade nach einer so langen Pause entfaltete sie ihre Magie. Kira und ich fanden schnell wieder in unsere Bewegungen und Laufwege. Durch die bewussten Wiederholungen schienen sie ein Teil von mir geworden zu sein, den ich immer abrufen konnte, wenn mein Fokus allein bei mir lag. Wir machten Fortschritte, weshalb ich sehr glücklich über diese Wochen war. Alles schien perfekt, bis auf den einen Tag, an dem Jürgen sich krankmeldete. Die anderen Teams hatten bereits ihre Taschen gepackt, sodass kein Coach mehr aushelfen konnte. In der Not beschloss Jürgen, dass Anett das Training übernehmen sollte. Wow. Eine verkopfte Psychologin, die zwar sportlich talentiert, aber dennoch nicht übermäßig ballbegabt war, sollte mit unserer Physiotherapeutin Katharina »Katha« Hubert die Session leiten. Das konnte lustig werden.

Wurde es auch. Anett brachte ein riesiges Flipchartpapier mit auf das Feld. Ohne mit der Wimper zu zucken, heftete sie es ans Netz. Vier Schritte standen da, die ich zwischen den Ballwechseln beachten sollte, damit mein Kopf nicht mit mir Achterbahn fahren würde: 1. Emotion rauslassen, 2. Überprüfung der Spannung (bin ich zu angespannt oder zu locker?), 3. Fokuspunkt (auf was konzentriere ich mich in der Bewegung?), 4. Routiniertes Verhalten. Ich blickte mich um. Nachdem wir schon als Quatschtruppe verschrien waren, legten wir nun noch einen drauf, indem wir unsere Therapiegespräche ins Training integrierten. »Ich hoffe, niemand sieht, dass du uns da etwas hinklebst«, rief ich zu ihr rüber. Ungerührt begann Anett mit ihren Anweisungen. Mit der Physiotherapeutin warf sie uns nach Jürgens Vorgaben Bälle zu, während wir alle vier Schritte einhielten. »Sagt nur nicht, ihr wisst nicht, was zu tun ist«, fügte sie streng hinzu, »am Netz stehts.« Die Routinen kamen in diesem Moment in großen Lettern auf dem Feld an. Das Mantra der Handlungsorientierung unserer zwei Weisen wurde um eine praktische psychologische Gebrauchsanweisung ergänzt. Ich lernte Routinen sehr zu schätzen. Sie ermöglichten es mir, eine Bewegung immer gleich auszuführen, ganz egal ob wir in Rio oder in Kleinkleckersdorf im Sand standen.

Der kleine Zweifler

Wir flogen in die Türkei, nach Antalya, für das nächste Trainingslager. Die ersten Tage verliefen vielversprechend. Mein Zuspiel hatte durch die Korrekturen von Hans und Jürgen an Präzision gewonnen. Auch mein Abwehrverhalten zeigte mehr Strategie. Nun galt es, an meiner größten Bremse zu arbeiten, meinem Kopf. Ich hatte Anett gebeichtet, dass ich mich sehr leicht ablenken ließ. Mein visuelles Denken brachte mir für mein Beachvolleyball zwar große Vorteile, denn sah ich eine Spielerin einmal, speicherte ich ihre Stärken und Schwächen wie in einem Videoclip in meinem Gedächtnis. Die Bilderflut konnte mich aber auch blockieren, wenn Sequenzen von Niederlagen oder schlechten Spielzügen immer wieder aufpoppten und mich zweifeln, manchmal auch verzweifeln ließen. Dazu kam: Ich verfüge über ein gutes peripheres Sehen. Das half mir immer, den Überblick über das Geschehen auf den 64 Quadratmetern der Gegnerinnen zu behalten. Doch es behinderte mich auch. Betrat ich das Feld, registrierte ich sofort, wer wo im Publikum saß. Wenn ich meine Kritiker wahrnahm, begannen die Synapsen in meinem Kopf zu feuern: »Warum ist X da? Was will X? Wird X danach wieder Mist über mich reden/schreiben/denken …?« Und so weiter.

Mit der progressiven Muskelentspannung hatte ich meine Basisübung gefunden, sozusagen meinen Kasten, den ich nun mit Werkzeugen füllen sollte. Wir mussten etwas finden, das mich überall und zu jeder Zeit meinen Fokus finden lassen würde. Also vor und nach dem Spiel, aber auch in Notfallsituationen während eines Matches. Anett kam mit dem Vorschlag der 5-4-3-2-1-Übung. Fünf Sachen hörte sich nach viel an, zu viel für mein ungeduldiges Wesen, deshalb bat ich um eine Abkürzung. Ich könne daraus eine 3-2-1-Übung machen, bot sie an. Das klang machbar. Diese Achtsamkeitsübung sollte mir helfen, bei mir zu bleiben. Sie ermöglichte mir, meinen Fokus wie einen Scheinwerfer im Theater zu steuern, mal eng auf einen Punkt gerichtet, mal weit die ganze Bühne beleuchtend.

Ich begann, drei Dinge mit meinen Sinnen Sehen, Hören, Fühlen bewusst wahrzunehmen. Zunächst betrachtete ich drei Sachen. Das konnten Details wie Farben auf Werbebanden, bunte Kleidungsstücke, Ecken oder Kanten sein, aber auch Blätter, Sandkörner oder Grashalme. Je nachdem was sich in meinem Blickfeld anbot. Danach lenkte ich die Aufmerksamkeit auf mein Gehör. Wieder lauschte ich drei Geräuschen. Zuletzt fühlte ich drei Empfindungen. All das registrierte ich, ohne zu bewerten. Die Abfolge wiederholte ich jeweils mit zwei und zuletzt mit einer Wahrnehmung. Das Ganze dauerte nicht länger als eine Minute, dennoch erreichte ich dadurch mehr Fokus. Sofort hörte mein Gedankenkarussell auf, sich zu drehen. Ich konnte im Jetzt sein. Das Geheimnis der Übung war simpel und leicht zu durchschauen: Wenn ich mich ganz auf einen Sinn konzentrierte, wurden die anderen zwangsläufig ausgeblendet. Die Übung stimmte für mich, dennoch vergaß ich sie bald wieder, weil ich sie nicht oft übte. Dieses Werkzeug lag also in meinem mentalen Werkzeugkasten, bereit, bei Bedarf benutzt zu werden.

Die zweite Kopfbaustelle, die Anett bearbeitete, nannten wir »Der kleine Zweifler«. Zweifel begleiteten mich schon sehr lange. Nun fühlte ich sie stärker denn je – als innere negative Stimmen. Obwohl wir gut trainierten, wusste ich nicht, wo wir standen. 2013 konnte ich den Zweifler mit Hinweis auf die Ergebnislisten beruhigen. Dort stand es schwarz auf weiß: Wir waren auf dem richtigen Weg. Doch nun? Das Comeback belastete mich. Doch warum? War ich etwa nicht gut genug? Anett lud mich ein, den Zweifler besser kennenzulernen. Die Übung hieß »Der ungebetene Hausgast«. Ich entspannte mich, um mit meinem Kopfkino zu arbeiten. Anett sollte ich einen sicheren Raum beschreiben. Die einzige Bedingung: Ich musste die Tür auf- und zumachen können. Die Klingel summte, obwohl ich niemanden erwartet hatte. Ich blickte durch das Guckloch, da stand er vor meiner Tür: der Zweifler, mein ungebetener Hausgast. Ich sollte ihn beschreiben, wie er aussah, was er machte, wie er sich bewegte.

Die Übung wiederholten wir mehrmals, bis mir der Zweifler so vertraut war, dass ich bewusst entschied, die Tür zu öffnen und ihn hereinzubitten. Irgendwann traute ich mich zu fragen: »Warum klingelst du? Was willst du von mir?«

Den Kritiker zu visualisieren und beim Namen zu nennen, schaffte Distanz. Ich war nicht das Problem, sondern der Zweifler. So verlor er an Macht. Schon allein dass die Stimme »der kleine Zweifler« wurde, half mir, ihn im Zaum zu halten. Das »klein« im Namen sollte Programm werden. Doch bis dahin war es ein langer Weg. Die Kontrolle über meine negativen Gedanken zu gewinnen, kostete viel Energie. Ich verstand, dass der kleine Zweifler seinen berechtigten Platz in meinem Leben hatte. Über Jahre hinweg hatte er mich motiviert, jeden Tag zu trainieren (auch wenn ich viel lieber auf Partys gegangen wäre). Immer wieder musste ich ihm beweisen, was ich draufhatte.

Noch im Trainingslager in Antalya stand ein Showmatch zur Unterhaltung der Hotelgäste und Teilnehmer eines Volleyballcamps an. Wir spielten gegen Morphs Team, Madelein Meppelink und Marleen van Iersel aus den Niederlanden. Es lief richtig gut, bis Kira zu einem Block sprang und nach der Landung das Knie verdrehte. Sie schrie laut auf. An ihrem schmerzverzerrten Gesicht erkannte ich sofort, dass sie sich ernsthaft verletzt hatte. Mein Kopf schaltete in Panikmodus: »Verletzt? … Jetzt? … Schon wieder Pause? … Wir haben keine Zeit! … Kurz vor der Qualifikation … wir können das nicht mehr aufholen! …« Solche Gedanken schossen mir durch den Kopf, während ich meine Hände auf Kiras Schulter legte und ihr gut zusprach. Ich wollte ihr nicht zeigen, wie verzweifelt ich mich fühlte, denn ich wusste, wie hart Kira im Nehmen war. Wenn sie solche Schmerzen hatte, musste es schlimm um sie stehen. Dass ich mir in diesem Moment Sorgen um die Qualifikation machte, fühlte sich egoistisch an. Kaum hatte Kira unsere Ferienanlage in Richtung Krankenhaus verlassen, verkroch ich mich in mein Zimmer, denn zum Weinen schließe ich die Tür.

Kira flog sofort zurück, während ich noch einen Tag blieb. In Hamburg gelandet, wartete ich auf mein Gepäck, als mich ihr Anruf erreichte. »Meniskusschaden«, sagte Kira. Ich reagierte gefasst: »Ich kann gerade nicht telefonieren. Ich rufe dich später an«, vertröstete ich sie. Sekundenlang stand ich regungslos da, während ich auf das drehende Gepäckband starrte. Ich spürte, wie ich die Fassung zu verlieren begann. »Meniskus«, »kaputt«, diese Wörter schwirrten mir immer wieder durch den Kopf. Ich hatte wenig Ahnung von Knieverletzungen und glaubte, sie müsste monatelang pausieren, ähnlich wie bei einem Kreuzbandriss. Würde Kira nach dem zweiten schweren Rückschlag genug Kraft für ein erneutes Comeback aufbringen können? Wie benommen ging ich in eine Ecke des Gepäckareals, lehnte mich an die Wand und ließ mich auf den Boden sinken. Die Qualifikation konnten wir abhaken. Davon war ich überzeugt. Mein Koffer drehte einsam seine Runden, bis ich mich wieder beruhigt hatte und nach Hause ging.

Erst im Nachhinein begriff ich die Tragweite der Entscheidung, die Kira für unseren gemeinsamen Traum getroffen hatte. Ungeachtet möglicher Langzeitfolgen ließ sie sich den Meniskus entfernen, denn so konnte sie schnellstmöglich wieder ins Training einsteigen. In meinem Kopf tickte die Uhr für Rio so laut, dass ich nur Erleichterung über ihre Entscheidung fühlte. Was das in 20 Jahren für sie bedeuten würde, darüber dachte ich nicht lange nach. Ich informierte mich nicht einmal darüber, dass die Entfernung langfristig zu chronischen Schmerzen und Arthrose führen kann. Kira wirkte sehr klar in ihrem Entschluss. Für unser Ziel ging sie mehrmals an ihre Grenzen, doch niemals wurde es so deutlich wie in dieser Situation. Gleich nach der Operation wollte sie wieder trainieren. Da war sie wieder, die Kira, die ich so sehr schätzte. Die Kämpferin, die Arbeiterin, die Willenslöwin, das Trainingstier.

Am 3. Mai, kurz nach Mitternacht, erreichte mich eine E-Mail, die es in sich hatte. Hans erklärte mit sofortiger Wirkung seinen Rückzug aus dem Team! Im PS verabschiedete er sich auf eine längere Maiwanderung. Der Schock saß tief. Auch wenn ich Hans' Mails und Bemerkungen oft als verletzend empfunden hatte, schätzte ich die Veränderungen, die er bei mir angestoßen hatte. Ich bewunderte sein enormes Wissen, sein Adlerauge und seine Methodik. Der Abschied passte zu ihm. Auch wenn er das Loben nicht erfunden hatte, zeigte er im persönlichen Kontakt außerhalb des Trainings, das ein warmherziger Mensch hinter der rauen Schale steckte. Während die meisten Menschen Situationen vorsichtiger formulieren, wenn sie sie schreiben (im Vergleich zum Gespräch), schien es bei ihm umgekehrt. Schwarz auf weiß wirkten seine Sätze oft wie kleine Schusssalven. Seine wenigen Zeilen zum Abschied der Zusammenarbeit sah ich ihm nach. Der Zeitpunkt war allerdings etwas kritisch. Gerade erholte sich Kira von ihrer Meniskusoperation und ich spielte mit Victoria Bieneck in Thessaloniki im Continental Cup. Kurz vor dem ersten Spiel sah ich die Nachricht und redete mit Jürgen anstatt über das bevorstehende Match erst einmal darüber, wie es weitergehen würde. Ohne Hans. Hans und ich telefonierten noch einmal, dabei bot er seinen Rat an. Das Angebot nahm ich auch ein- oder zweimal an. Aber abgesehen davon war Hans von jetzt auf gleich aus meinem Leben getreten.

Gemeinsam mussten wir organisieren, wie es ohne ihn weitergehen konnte, schließlich hatten wir bei einigen Turnieren mit ihm als Trainer geplant. Die erste Lücke trat Mitte Juli auf. Helke und Jürgen hatten keine Zeit, nach Japan zum Grand Slam in Yokohama zu fliegen. »Was braucht ihr am meisten?«, fragte Jürgen in die Runde, und ohne abzuwarten, gab er selbst die Antwort: »Emotionale Regulation.« Meine Augen richteten sich sofort auf Anett. »Also muss Anett mitfahren«, schloss er seine Überlegungen. Anett schaute etwas verdutzt. Jürgens Ton klang beiläufig, als er die größte Neuerung meiner Karriere vorschlug – als sei es das Normalste auf der Welt, mit der Psychologin als Coach auf World Tour zu gehen. Aus Anetts Ecke hört ich ein lang gezogenes »Puuuh. Das muss ich mir erst noch einmal überlegen.« Sie fragte mich und Kira, was wir davon halten würden. »Klar, mit wem denn sonst?«, sagte ich. Anett wehrte sich noch ein bisschen, sie hatte schließlich noch andere Klienten und Aufgaben in Hamburg. Dann lenkte sie seufzend ein: »Na gut. Wenn es keine andere Lösung gibt, dann mache ich das eben.«

Es blieb uns nur noch wenig Zeit, denn unser Comeback auf der World Tour in Moskau Ende Mai 2015 stand bevor. Nur knapp einen Monat nach Kiras Verletzung wagten wir uns zurück auf die internationale Bühne. Erfolgreich konnte man den Einstieg nicht nennen: In Moskau und wenig später im kroatischen Poreč waren wir bereits in der ersten K.-o.-Runde ausgeschieden – was uns jeweils Platz 17 einbrachte und kaum Olympiaqualifikationspunkte.

Schon wieder machte ich mir Sorgen. Meine Gedanken rotierten scheinbar unkontrollierbar. Mein kleiner Zweifler war jetzt wieder ganz schön groß. Er war nicht nur in mein Wohnzimmer gekommen, sondern er lag jetzt mit mir im Bett. Und ließ mich nicht mehr schlafen. Nachts wälzte ich mich stundenlang. Ich hatte Angst, mich hinzulegen. »Haben wir genug Zeit? … Können wir unser ehrgeiziges Ziel schaffen? … Bin ich noch gut genug? … Finde ich wieder mit Kira zusammen…?« Und so weiter.

Ich starrte an die Decke und fühlte mich verloren. All die Jahre hatten mich die Trainingseinheiten und Anforderungen außerhalb unseres Sandkastens wie ein Stein ins Bett fallen lassen. Und jetzt hatte ich mich quasi über Nacht selbst meiner wichtigsten Ressource beraubt: der Regeneration. Meine hohen Ansprüche und Erwartungen an mich und unser Projekt, die Rückschläge sowie der Zeitdruck nagten an mir. Ich konnte »nicht mehr sorglos durchs Leben hüpfen«, wie ich es Jürgens Beschreibung nach am Anfang unserer Zusammenarbeit stets getan hatte. Anett kam in mein Zimmer. Sie hatte Stifte, Flipchartpapier, Knautschbälle und Karteikarten, aber vor allem Bücher immer dabei. Hatte ich ein Problem, so öffnete sie entweder ihren Laptop oder eben ihren Bücherkoffer, um mir Übungen vorzuschlagen.

Aus drei Optionen suchte ich die Schlaftier-Wachtier-Übung aus. Ich stellte mir ein Tier vor, das immer wach sein sollte. Ich wählte ein Erdmännchen. Ich mochte die kleinen, schwarzen, wachen Punktaugen, den aufrechten Gang, wenn sie auf ihrem Wachposten standen, um ihre Artgenossen vor Fressfeinden zu warnen. Auch ein Schlaftier wählte ich aus. Es wurde das Faultier. Mir gefiel der Gedanke, mit dem Rücken nach unten in grünen Bäumen zu hängen und lange Pausen zu genießen. Dem Wachtier übergab ich vor dem Einschlafen all die schlafraubenden Gedanken, damit mein Erdmännchen in der Nacht gut darauf aufpassen konnte. Dann legte ich mich zu meinem Faultier an den Ast und schlief ein. Diese Übung sprach mir Anett auch noch auf mein Handy, sodass sie mir immer zur Verfügung stand. Nach drei Wochen hatte ich meine Schlafstörungen im Griff und brauchte Erdmännchen und Faultier nicht mehr.

Getrennt gemeinsam

Den Tiefpunkt auf unserem schwierigen Weg an die Spitze erlebten wir bei der Weltmeisterschaft in den Niederlanden Ende Juni 2015. Unsere Gruppenspiele fanden in Apeldoorn statt, einer grünen Stadt im Herzen der Niederlande. Jürgen, Helke sowie meine und Kiras Eltern sahen vor dem modernen Rathaus auf dem Marktplatz, wie wir in der Gruppenphase gegen die Slowakinnen Natália Dubovcová und Dominika Nestarcová miserabel spielten und verloren. Der Qualifikationsdruck für die Olympischen Spiele lähmte mich.

Dabei hatten wir alles perfekt geplant und konnten auf maximale Unterstützung zählen. Helke, Jürgen, Anett und auch unser Physiotherapeut waren mit uns gekommen. Wir fuhren weiter nach Rotterdam, wo die K.-o.-Runde ausgetragen wurde. Unser erstes Spiel war gleichzeitig unser letztes bei der Weltmeisterschaft. Auf der anderen Seite des Netzes stand das russische Duo Jewgenija Ukolowa und Jekaterina Birlowa. Kira wurde von den beiden enorm unter Druck gesetzt. Damit hatte ich nicht gerechnet. Ich spielte an ihrer Seite, ohne ihr helfen zu können. Mir fehlten die Mittel, denn ich hatte noch nicht das Niveau, meine Taktik anzupassen. In zwei Sätzen verabschiedeten wir uns sang- und klanglos von diesem Turnier. Es spielte keine große Rolle, wer uns gegenüberstand. Wir waren einfach zu unbeweglich im Kopf. In der Nachbesprechung saßen wir mit den Blicken auf den Boden gerichtet. Anett, die noch nicht lange genug dabei war, um einschätzen zu können, dass wir das russische Team hätten schlagen müssen, sah nur, wie viel Arbeit uns bevorstand, um unsere Emotionen auf dem Feld in den Griff zu bekommen. Doch für Jürgen bedeutete das Aus tatsächlich eine Zäsur. Zum ersten Mal, seit wir uns zusammengefunden hatten, stellte er unser Projekt infrage: »Wir müssen uns überlegen, ob das hier der Weg ist, den wir gehen wollen. Macht es noch Sinn, in dieser Konstellation zusammenzuarbeiten? Ist die Philosophie das, was wir brauchen? Überfordert sie uns?«

Jürgen gab uns vier Tage frei, um nachzudenken. Das war dann die längste Pause, seit wir zusammenarbeiteten. Mit meinen Eltern entschied ich, nach Den Haag zu fahren, sodass ich bei Morph übernachten konnte. Die Tage verbrachte ich damit, mit ihnen am Strand spazieren zu gehen. Wir redeten über Belangloses, um mich abzulenken. Dennoch kreisten meine Gedanken nur um Jürgens Worte. Anett hatte angeboten, für Gespräche zur Verfügung zu stehen, doch ich rief sie nicht an, denn ich sah keinen Konflikt. Sehr bald reifte die Erkenntnis: Ich wollte nichts verändern, denn ich liebte sein Training. Seine Philosophie beeindruckte mich und zurück zur Sorglosigkeit hielt ich für keine Option. Im Gegenteil: Ich wollte unbedingt erfahren, wie weit ich meine Technik perfektionieren konnte. Unsere Niederlagen hatten nichts mit der Philosophie zu tun, sondern mit den widrigen Umständen, den Verletzungen, Pausen und dem Trainingsrückstand. Wir würden Erfolge feiern. Nicht jetzt, aber wir hatten noch ein Jahr Zeit.

Vier Tage später traf ich Kira im Beachcenter in Hamburg, wo wir auch immer trainierten. Schnell einigten wir uns: Wir wollten den Weg gemeinsam mit unserem Team weitergehen. Wie viele Krisen sollte auch diese ihre positive Wirkung haben. Wir entschieden uns, Input von einem erfolgreichen Spieler zu holen. Und wenig später gehörte dann Jonas Reckermann zu unserem Team. Jürgen und Jonas bildeten unser neues Kompetenzduo, wenn wir einmal im Monat ins Ruhrgebiet fuhren, um dort zu trainieren. Jonas unterstützte uns im Block-Abwehr-Verhalten, das war seine Spezialität, denn er arbeitete sehr strukturiert auf diesem Gebiet. Wir tauschten uns auch viel über das Thema Nervosität bei Olympia aus. Ich berichtete ihm, wie das Megaereignis mich versteinert hatte. Jonas, der schon viel länger auf Jürgens Handlungsorientierung programmiert worden war, beruhigte mich: »Einmal verinnerlicht, kannst du deinen Fokus halten, auch bei Olympia.«

Kira und ich beschlossen, nicht mehr unser Zimmer zu teilen. Zunächst einmal bedeutete das mehr Ausgaben, denn die Turnierveranstalter stellten immer nur ein Zimmer pro Team zur Verfügung. Das nahmen wir in Kauf, denn wir hofften, dass wir mit dem größeren Freiraum unsere Arbeitsebene voranbringen würden. Zum Image des Beachvolleyballs gehören eben die immer gut gelaunten und gebräunten Menschen, die 24 Stunden an 250 Tagen im Jahr auf fünf Kontinenten in zwölf verschiedenen Ländern und ebenso vielen Turnieren immer lächeln, sich ständig abklatschen und immer im Doppelpack auftreten, auf dem Flughafen, im Hotel, auf dem Platz, beim Training, beim Essen, bei der Besprechung, beim

Physiotherapeuten ... Wer dort arbeitet, wo andere Menschen Urlaub machen, gilt per se als privilegiert. Bei großen Turnieren sind wir Spielerinnen zudem oft in luxuriösen Hotels untergebracht. Dass unser Leben trotz des Umfeldes – Sonne, Strand und Luxus – nicht immer einfach ist, kann ich Außenstehenden schwer vermitteln. Ich fühle, dass ich kein Recht habe zu jammern, denn ich lebe ein Leben, das sich viele erträumen. Nur bei meinen engsten Freunden durfte ich mich ab und zu ein wenig beklagen, öffentlich oder nach außen hin wäre ich mir schäbig vorgekommen.

Mit Paula, meiner ersten Beachvolleyballpartnerin, hatte ich aus einem einzigen Grund zusammen gespielt: Wir waren beste Freundinnen, innerhalb und außerhalb der 128 Quadratmeter Sand. Niemals kamen wir beim Spiel an Grenzen, die unsere Freundschaft auf die Probe stellten, auch weil aus unserem gemeinsamen Spiel nie ein ernsthafter Beruf wurde. Auch die Beachvolleyballbeziehung zu Sara hatte mit einer Freundschaft angefangen. Über unsere Zweierbeziehung hatten wir uns nie große Gedanken gemacht. Wir wurden erwachsen, so wie unsere Freundschaft. Dabei erlebten wir viel, lebten uns auseinander, stritten, versöhnten uns wieder, jubelten oder bissen unseren Frust in unsere Kopfkissen. Da Sara älter und lange auch reifer war, gehörte ihr der Chefposten in unserem Sandkasten. Unsere Freundschaft überdauerte die gemeinsame Zeit, aber wir mussten mehr um sie kämpfen, als ich jemals geahnt hatte.

Das Kapitel Kira hatte mit ganz anderen Vorzeichen begonnen. Wir hatten uns ja vorher gar nicht gekannt. Ich wollte Olympiasiegerin werden. Dafür brauchte ich die beste Blockerin an meiner Seite. Kira träumte ebenfalls von der Goldmedaille. Dieses Ziel schweißte uns über die Jahre zusammen. Es verband uns und motivierte uns, alle Aspekte unseres privaten Lebens unserem Sport unterzuordnen. Ich hatte mir vorher keine Gedanken gemacht, ob wir Freudinnen werden würden.

So wunderbar unsere Aussicht aus dem Zimmerfenster an einem Turnierort auch sein mochte, wir wohnten dort, um Geld zu verdienen. Unser Ziel in Mexiko, Brasilien, Russland, Italien und all den anderen Tourstationen bestand darin, möglichst gut zu spielen, auch aus Verantwortung für die Menschen, die uns unterstützten. Jedes Detail mussten wir überprüfen – brachte es uns unserem Ziel näher oder kostete es nur unnötig Energie? Ein Zimmer zu teilen, gab uns definitiv keine Energie, denn unsere Rhythmen passten einfach nicht zueinander. Gleichzeitig fühlte ich mich von den Normen der Beachvolleyballwelt unter Druck gesetzt, die eben diese Happy Zweisamkeit zu fordern schienen. Und ich sah meinen dreißigsten Geburtstag auf mich zurasen. Meine Beziehung mit Morph sollte fürs Leben sein. Der Zeitpunkt, um den Erwartungen der anderen einen Finger zu zeigen, war gekommen.

Wenn ich auf diese Entscheidung zurückblicke, fühle ich mich dennoch nicht 100 Prozent wohl mit meiner Kommunikation. Ich machte wahrscheinlich nicht klar, was ich brauchte, wenn sich meine Zimmertür schloss. Ich lebte nach außen meine innere Frohnatur aus, die mit jedem quatschte. Mich mit anderen Menschen auszutauschen, gemeinsam zu lachen, meine Energie weiterzugeben, das machte mir Spaß. Doch natürlich gehören auch andere Facetten zu meiner Persönlichkeit. Ich bin wie jeder Mensch manchmal schlecht gelaunt. Außerdem werde ich schnell genervt und ungeduldig, wenn es nicht nach meinem Kopf geht. Mein Zimmer war mein Zufluchtsort in der bunten und lauten Beachvolleyballwelt. Dort suchte ich Ruhe, denn meine Batterie lief nach einem Tag auf Reserve.

Ich sendete gegensätzliche Botschaften. Oft war ich diejenige, die noch in die Hotellobby ging oder länger beim Essen blieb, um noch mit jemandem zu reden. Ich wollte nie etwas verpassen, hatte Mühe, Nein zu sagen. Und genau diese offene Person zog sich dann radikal zurück und war für niemanden mehr ansprechbar, sobald sie die Hotelzimmertür hinter sich schloss. Im Nachhinein verstehe ich, dass das irritierte. Ich erkannte, dass mein Harmoniegefühl genauso viel Gutes hatte, wie es Schaden anrichtete. Oft drückte ich meine Bedürfnisse nicht klar oder erst zu spät aus. Ich dachte lange, jeder müsse an meinem Gesichtsausdruck erkennen, wie es mir ging. Doch sich hinsetzen und Konflikte ausdiskutieren musste ich erst lernen. Inzwischen bin ich darin besser geworden, aber dass ich die Kunst des konstruktiven Diskurses beherrschen würde – davon bin ich weit entfernt. Mir half die Erkenntnis, dass nach einer Auseinandersetzung oft viel Bewegung in verfahrene Situationen kommt.

Mit Anett arbeiteten Kira und ich an unserer Zweierbeziehung. Doch der erste Schritt für mich war zu erkennen: Was brauchte ich, um maximale Leistung zu bringen? Das sollte ich herausfinden. Beispielsweise nützten mir Anfeuerungen nichts, sondern eine Partnerin, die Sicherheit gab. Nur wenn ich das aussprach, konnte Kira darauf reagieren. Umgekehrt konnte Kira nichts damit anfangen, wenn ich nach einem Fehler das Gesicht verzog. Auch wenn wir uns privat mehr Raum gaben, schmälerte das nicht den Respekt, den ich Kiras Leistung entgegenbrachte. Kira auf und an meiner Seite zu wissen, gab mir eine enorme Sicherheit. Ihr Gefühl für Timing, ihren Instinkt bei Spielzügen und vor allem ihren starken Willen besitzen nur sehr wenige Ausnahmeathletinnen. Wenn Kira nicht durch Verletzungen zurückgeworfen wurde – und selbst dann –, blockte niemand auf der Welt so gut wie sie.

Höhenflüge – und Höhenangst

Einen vierten Platz in Stavanger hatten wir als bestes Saisonergebnis im Gepäck, als wir Ende Juli nach Yokohama reisten.

Zum ersten Mal wurden wir nur von Anett bei einem Wettbewerb betreut. Während unsere Psychologin bis zum Flughafen Tokio-Narita flog, den Yokohama-Express nahm, den sie nach 80 Minuten wieder an der Station 133 verließ, trainierten wir schon mit dem deutschen Duo Markus »Böcki« Böckermann und Lars Flüggen.

Die Skyline hinter unserem Trainingsplatz am Beachvolleyballstadion wurde vom offiziellen Spielerhotel dominiert, dem Intercontinental Yokohama. Im Halbkreis erhob sich das Gebäude gen Himmel. Direkt daneben stand ein Riesenrad, das Cosmo Clock 21, doch dazu später. Kira hatte im offiziellen Spielerhotel eingecheckt. Für mich und Anett hatte ich bezahlbare Zimmer etwas entfernt gebucht. Sie waren so klein, dass ich nicht einmal meine Tasche ausklappen konnte. In der Dusche musste ich mich bücken, um mich unter den Duschkopf zu klemmen. Im Bett konnte ich die Beine nicht ausstrecken, sonst wäre ich an die Wand gestoßen.

Die Stimmung im Team hätte besser sein können. Seit knapp zwei Monaten spielten wir wieder zusammen, allerdings: Das Siegerpodest hatten wir nur aus der Ferne gesehen.

Anett riet mir, bei mir zu bleiben, mich selbst wieder ins Lot zu bringen. Ich machte mir viele Gedanken darüber, was andere Leute über mich und diese bislang wenig erfolgreiche Saison ein Jahr vor Rio dachten. Sie schlug vor, die 3-2-1-Übung, die wir im Trainingslager erarbeitet hatten, in meine Turnierroutine einzubauen. Der Weg zum Austragungsort mit der kurzen Zugfahrt schien ideal dafür. Anett erinnerte mich an meine Hausaufgabe. Ziemlich genau ein Jahr vor Rio begann damit auch meine mentale Vorbereitung.

Zunächst mussten wir auf einem Nebenplatz antreten. Wir wussten: Das dritte Spiel der Gruppenphase würde das schwerste werden. Die ersten beiden hatten wir erwartungsgemäß für uns entschieden, doch nun trafen wir mit den Kanadierinnen

Heather Bansley und Sarah Pavan auf ein Topteam. Anett hielt in der Vorbesprechung beide Arme mit geballten Fäusten in die Höhe. Sie öffnete ihre linke Hand: »Wofür entscheidet ihr euch?«, fragte sie ernst. »Links? Dort ist Hektik und Zweifel. Dann spielt ihr eure Lieblingsbälle und macht nur das, was ihr könnt.« Sie öffnete die andere Hand: »Oder wählt ihr rechts? Dort ist Zuversicht. Von Ball zu Ball denken, ohne auf das Resultat zu schauen.« Sie senkte die Arme wieder. »Ich bin gespannt«, sagte sie lächelnd.

Das Spiel fühlte sich an, als ob es in einer Sauna stattfinden würde. Die Hitze stand flirrend über dem Sand, die Luftfeuchtigkeit ließ schon bei der Spielerinnenvorstellung die Schweißperlen tropfen. Wir verloren in drei Sätzen gegen die Kanadierinnen, dennoch hatte ich zum ersten Mal in dieser Saison den Eindruck, dass wir zu den Besten aufgeschlossen hatten. Wir fanden uns wieder auf dem Feld, als Team. Jede machte ihren Job verlässlich auf höchstem Niveau. Doch war der Eindruck viel wert? Vielleicht würden wir in der K.-o.-Runde früh ausscheiden?

Ich nahm mir vor, das nächste Spiel sehr ernst zu nehmen, wobei ich besonders auf die Kommunikation zwischen uns achtete. Es ging gegen Chantal Laboureur und Julia »Juli« Sude. Seit unserer gemeinsamen Zeit hatten wir nicht wieder gegeneinander gespielt. Ein Sieg würde meinem Kopf guttun. Er wäre der Beweis, dass es sich gelohnt hatte, monatelang auf Kira zu warten. Der Sieg gelang leichter als erwartet mit 21 : 13, 21 : 16.

Im Viertelfinale trafen wir auf die Brasilianerinnen Talita Antunes und Larissa Maestrini. Larissa gehörte zu meinen Vorbildern in der Abwehr, zumal sie in dieser Saison überragend spielte. Während ich noch meine Form suchte, hatte sie Moskau, Poreč und Gstaad gewonnen. Ich fand meine Leichtigkeit in der Schwüle von Yokohama wieder. Wir siegten 21 : 18, 21 : 18. Und zum ersten Mal schien auch ein Podestplatz möglich.

In der Nähe unseres Stadions erhob sich wie gesagt majestätisch vor grauen Wolkenkratzern das lange Zeit größte Riesenrad der Welt: das Cosmo Clock 21. Mehr als 100 Meter in der Luft schwebte man in einer der 60 Kabinen. In der Mitte zeigte eine digitale Uhr die Zeit an. Die feinen Verstrebungen, an deren Ende die Kabinen angebracht waren, ließen die Attraktion im Vergnügungspark Cosmo World tatsächlich wie eine gigantische Uhr aussehen. Manchmal funktionierte auch ein Beachvolleyballteam nicht anders als eine Familie mit Kindern. Anett hatte uns eine Fahrt versprochen, falls wir gewinnen würden. Meine leicht diabolische Seite war erwacht. Ich freute mich darauf, mit ihr da oben zu sitzen, denn ich wusste: Sie hatte Höhenangst. Während der Fahrt tat sie mir leid, denn die Arme hielt sich krampfhaft am Geländer fest. Mit einem gequälten Lächeln stieg sie wieder aus, offensichtlich nicht unglücklich darüber, dass die Fahrt zu Ende war.

Das Halbfinale gegen die Amerikanerinnen April Ross und Jennifer Fopma fiel unter die Kategorie »epischer Kampf«. Erst mit 21 : 19, 17 : 21 und 23 : 21 im dritten Satz konnten wir sie nach einer Stunde und neun Minuten niederringen. Mit Larissa und April hatte ich zwei meiner Vorbilder in einem Turnier geschlagen. Ich, die immer gezweifelt hatte, ob ich je zu einer Topspielerin reifen würde, musste nun nur die Ergebnisse anschauen.

Im Finale trafen wir auf die amtierenden Weltmeisterinnen Ágatha Bednarczuk und Bárbara Seixas aus Brasilien. Kaum eine Stunde sollte die Pause zwischen Halbfinale und Finale dauern. Ich ruhte mich auf Kiras Zimmer aus. Anstatt zu schlafen, entschied ich mich für PMR, die progressive Muskelentspannung. Ich hatte die Übung oft genug wiederholt, deshalb vertraute ich darauf, dass sie im Ernstfall funktionieren würde. Wie immer hörte ich sie mir auf meinem Handy an, denn ich mochte es, Anetts vertraute Stimme zu hören. Außerdem fühlte ich, dass ich mich mehr auf meinen Körper konzentrieren konnte, wenn ich nicht nachdenken musste, was als Nächstes bei der Übung zu tun war. Nach zehn Minuten stand ich auf, fühlte mich sehr erholt und sagte: »Hey, lass sie uns jetzt abschießen.«

Wir gewannen gegen die Favoritinnen 21 : 14, 21 : 17. Doch mehr als die Medaille, mehr als das Preisgeld, zählte das Vertrauen, das ich wiedergewonnen hatte. Dazu gehörte auch der Glaube, dass ich mental auf dem richtigen Weg war.

Mit Blick auf den imposanten Osanbashi-Pier im Hafen von Yokohama stürzten wir nach unserem Sieg gemeinsam mit Ron Gödde an der luxuriösen Hotelbar ein großes Bier runter. Er hatte das Turnier als Videoanalyst begleitet. Als er vom Halbfinale an weniger zu tun hatte, half er unserer Psychologin mit Aufschlägen und Warm-up, denn obwohl ich Anett unendlich schätzte – Beachvolleyball spielen konnte sie nicht.

Tokio – Klagenfurt hieß unsere Reiseroute Ende Juli 2015. Kaum angekommen, mussten wir schon am nächsten Tag unser erstes Poolspiel im strömenden Regen bestreiten. Der Kontrast hätte größer nicht sein können: von 40 Grad auf 15 runter. Vom größten Ballungsraum der Welt an den türkisfarbenen Wörthersee in Kärnten, wo sich das höchste Gebäude, das Rathaus, gerade mal 52 Meter in die Luft erhebt. Nur zur Einordnung: ein Drittel der Höhe des Spielerhotels von Yokohama. In Klagenfurt wollte ich zum dritten Mal Europameisterin werden. Dieses Mal mit Kira. Allerdings: Ich war so kaputt wie selten in meinem Leben. Wir hatten nur einen Flug nach Slowenien bekommen, sodass wir von Ljubljana aus mit dem Shuttle gefahren wurden. Trotz Zeitumstellung, langen Flugs und Finale in den Knochen setzte Jürgen die Aktivierung um 7 Uhr morgens an. Es regnete in Strömen. »Ich weiß, ihr seid müde. Ihr müsst heute nur eine Stunde lang eure absolute Leistung bringen«, ermahnte er uns.

Er sollte recht behalten – wir gewannen alle Poolspiele. Bei diesem Turnier entdeckten wir ein wichtiges Puzzleteil für Rio: die Idee, uns gedanklich auf einen Nebencourt zu beamen, um dem Druck, den der Center-Court auslöste, keinen Raum zu geben. Dieses Werkzeug entstand praktisch im Vorbeigehen. Weit entfernt vom Partyepizentrum direkt am Ufer des Wörthersees lagen die Nebencourts. Dorthin verloren sich nur eine Handvoll Zuschauer. Dennoch, wir spielten im gleichen Turnier, auf dem gleichen Sand, nach den gleichen Regeln. Warum sollte ich mich vom frenetischen Gebrüll, den vielen Botschaften der Sponsoren, dem Fahnen und Rassel schwingenden Publikum, der lauten Musik und dem aufpeitschenden DJ beeinflussen lassen? Ich konnte mir einfach vorstellen, wieder auf einem der unbedeutenderen Nebencourts zu spielen.

Auch den Court 2 entdeckten wir als mentales Trainingsgelände. Zunächst nervte uns die Ansetzung auf dem Platz direkt neben dem Center-Court, denn wir wollten im Hexenkessel von Klagenfurt auftreten und das Publikum unterhalten. Doch dann kam mir die Idee, dass das Setting ideal war, um unseren Fokus zu trainieren. Während wir dort spielten, folgte das Publikum lautstark dem Geschehen auf dem Center-Court. So konnte es sein, dass mitten im Aufschlag die Zuschauer mit ohrenbetäubendem Gebrüll eine Rally nebenan feierten. Wir waren gezwungen, die grölenden Fans zu ignorieren, um uns nicht aus dem Spielfluss bringen zu lassen. Also genau das, was wir für Rio üben wollten.

Nur eine Woche nach unserem Sieg in Yokohama durften wir auf dem Center-Court, umgeben von einem Meer aus rot-weiß-roten Fahnen, zeigen, dass wir seit dem unrühmlichen Ausscheiden einen Monat zuvor bei der Weltmeisterschaft Fortschritte gemacht hatten. Im Halbfinale von Klagenfurt bezwangen wir die Slowakinnen Natália Dubovcová und

Dominika Nestarcová, die noch in der Gruppenphase der WM zu gut für uns waren. Mit 2:0 (21:18, 21:18) verabschiedeten wir sie ins Spiel um Bronze.

Auch die Finalpaarung eröffnete uns die Chance, uns für das desolate Ausscheiden in der ersten K.-o.-Runde der WM zu revanchieren: Jewgenija Ukolowa und Jekaterina Birlowa aus Russland standen uns im Endspiel gegenüber. Das Publikum kommentierte gute Rallys, indem aus Tausenden Kehlen »That's the way, aha, aha, I like it« gebrüllt wurde. In Klagenfurt fühlte ich mich wie eine Gladiatorin, angefeuert von frenetischen Fans, die sich von einpeitschenden DJs in Stimmung bringen ließen. Nach zwei Sätzen (21:18, 21:18) hatten wir uns den Platz ganz oben auf dem Siegerpodest gesichert. Ich tanzte mit geschlossenen Augen vor dem begeisterten Publikum. Kira verbeugte sich. Zum dritten Mal in meiner Karriere konnte ich mich die Beste Europas nennen. Nach zweimal Bronze feierten Kira und ich unseren ersten gemeinsamen Titel. Wir duschten uns und unsere Gegnerinnen in Champagner aus einer Magnumflasche.

Meine Partnerin, das unbekannte Wesen

»Was willst du? Wieso hast du aufgehört zu spielen? Was hat dich so genervt?«, fauchte ich Kira nach dem Spiel an. Meine Lunte war kürzer als die von einem Teelicht. Ich steigerte mich in meine Wahrnehmungen hinein, bis wir beide wütend das Weite suchten. Zuvor hatten wir zwar gegen die Amerikanerinnen Lane Carico und Summer Ross 25:23, 21:16 gewonnen, aber ganz schlecht dabei ausgesehen. Wir erreichten uns kaum auf dem Feld, sodass die beiden beinahe zu einem Stolperstein für uns geworden wären.

Helke und Jürgen hatten keine Zeit gehabt, sodass wir mit kleinem Team an die mexikanische Westküste gereist waren. Puerto Vallarta war genau so, wie man sich Mexiko vorstellt. Palmen spendeten Schatten auf der Strandpromenade der Küstenstadt. Auf der einen Seite rauschte das Meer, auf der anderen reihte sich ein kleiner Laden an den nächsten. Am Wochenende bevölkerten Familien mit großen Kühlboxen (darin viel Bier und bunte Limonaden), mitgebrachten Sonnenschirmen und Plastikstühlen die weitläufigen Strände. Die Menschen waren unheimlich freundlich, die Farben grell und die Sonne brannte auf dem Strand von Las Glorias – »die Ruhmreichen« –, wo die Beachvolleyballfelder aufgebaut waren. Morph war auch mit seinem Team angereist. Zwei Wochen hatten wir uns nicht gesehen, weshalb wir unser Wiedersehen etwas feiern wollten. Ich hatte einen Tisch im angeblich besten Restaurant der Stadt bestellt, allerdings hatte ich nicht darauf geachtet, dass es ein Fischrestaurant war (wie gefühlt jedes Lokal in Puerto Vallarta), und Morph mochte keinen Fisch. Wir versuchten also, den am wenigsten nach Fisch schmeckenden Fisch zu bestellen, was ein totaler Reinfall war, aber die Freude über unser Wiedersehen nicht schmälerte.

Cindy, eine Freundin und unsere Ergotherapeutin, hatte sich für das mexikanische Abenteuer gemeldet und war auch mit am Start. Jürgen hatte wieder Anett eingeteilt, vielleicht weil Yokohama so gut gelaufen war. Praktisch, denn nach dem letzten Spiel der Poolphase gegen die Amerikanerinnen konnten wir eine Mediatorin gut gebrauchen. Anett validierte mein Verhalten gegenüber Kira erst einmal: »Gut, dass du Dampf abgelassen hast«, und schickte gleich hinterher: »Ihr müsst aber schon bald wieder miteinander reden.« Damit hatte sie recht, schließlich wollten wir gewinnen, damit sich dieser Trip am Ende der Saison überhaupt lohnen würde.

Kira kam auf mein Zimmer, uns beiden tat es leid. Wir besprachen Spielsituationen und stellten fest, dass wir jeweils die Reaktion der anderen falsch interpretiert hatten. So sehr waren wir miteinander beschäftigt, dass wir unsere Gegnerinnen vernachlässigt hatten. Ich schämte mich, wie kläglich ich meine Emotionen im Griff hatte. Unangenehmes anzusprechen, fiel mir schwer, denn es kollidierte mit meiner selbst gewählten und gesuchten Rolle von Everybody's Darling. Doch es musste sein. Wir erinnerten uns noch einmal, dass unser Ziel das Miteinander und nicht das Gegeneinander blieb. Unser »Hoserunterlassen«-Gespräch führte uns wieder zueinander.

Als hätten wir den Resetknopf gefunden, spielten wir dann wie ausgewechselt. Das mexikanische Publikum unterstützte und jubelte uns zu Punktgewinnen, während wir von Match zu Match besser in Schwung kamen.

Dennoch machte mir etwas Sorgen: Meine Schulter begann plötzlich zu schmerzen. Als würde sich etwas verhaken, fühlte es sich bei der Ausholbewegung an, um sich in einen stechenden Schmerz zu verwandeln, wenn ich danach zum Schlag ansetzte. Zunächst wunderte ich mich, denn die Schmerzen schienen aus dem Nichts zu kommen. Ich konnte im Nachhinein keine Situation ausmachen, in der ich mich hätte verletzt haben können. Ich vermutete Überlastung, denn mit der neuen Philosophie schlug ich öfter hart. Bis London hatte ich viele Situationen mit Shots gelöst. Ich biss die Zähne zusammen und beschloss, möglichst bald Jochen Dirksmeyer aufzusuchen, unseren Physiotherapeuten.

Im Finale hießen die Gegnerinnen Eduarda »Duda« Lisboa und Elize Maia aus Brasilien. Duda galt als Upcoming Star unserer Szene, deshalb hatte ich mir zwei Spiele von ihr angeschaut. Erst 17 Jahre alt und mit 1,82 Metern nicht übermäßig groß, verfügte sie über ein Spielverständnis und einen Spielwitz, der mich schwer beeindruckte. Sie hatte offensichtlich Beachvolleyball in ihrer DNA. Schon als kleines Mädchen hatte Duda ihre Mutter zu Turnieren im Nordosten Brasiliens begleitet. Sie bewegte sich, als sei sie schon Jahrzehnte in der Weltelite unterwegs. »Wow, was für eine coole Spielerin«, dachte ich. »Wenn sie mal erwachsen wird, dann wird sie richtig gut.« Wie schnell sie beides wurde, überraschte mich dann doch. ;)

Im Finale strengte ich mich besonders an, um ihr zu zeigen, dass auch ein deutsches Urgestein etwas von Beachvolleyball versteht. Mitte des ersten Satzes forderten die beiden uns, doch wir konnten noch eine Schippe drauflegen. Ich genoss das beruhigende Gefühl, gegen das Talent 21:18, 21:16 gewonnen zu haben. Ich fiel Kira um den Hals, erleichtert, dass wir uns wieder gefunden hatten. Auf dem Siegerpodest posierten wir mit großen, bestickten Sombreros und danach feierte ich ausgiebig mit Markus »Böcki« Böckermann und Lars Flüggen. Wir schlugen uns mit mexikanischen Bohnen und Tacos die Bäuche voll. Und unter uns: Dazu gönnte ich mir den ein oder anderen Tequila.

Nach Puerto Vallarta begann ich, nicht nur mein Zuspiel, sondern auch meine Kommunikation zu trainieren. Anett gab Kira und mir nach jedem Training einen kurzen Fragebogen: Wie geht es dir gerade? Welche Probleme hast du im Moment? Was war gut? Wir sollten die Fragen beantworten, während die jeweils andere nur zuhörte. Die Empathie Kira gegenüber hatte ich vernachlässigt, denn ich dachte viel darüber nach, ob meine Schulter wohl bis Rio Probleme bereiten würde, und auch Kira quälte sich mit ihrem Körper. Wir zogen unsere Einheiten hart und professionell durch, aber unsere Schwierigkeiten spiegelten sich in der Qualität des Trainings wider. Die einfache Übung brachte uns näher und zwang uns, auf die andere zuzugehen, obwohl wir beide vom Typ her Probleme lieber allein mit uns ausmachten.

Ich freute mich riesig auf meine ballfreie Zeit am Ende der Saison, denn Morph und ich hatten einen Urlaub in Neuseeland geplant. Dort wollten wir vor allem die Südinsel entdecken, denn auf unseren bisherigen Trainingsaufenthalten waren wir immer auf der Nordinsel geblieben. Zunächst aber begannen wir im Norden und besuchten wieder Craig, meinen früheren Trainer, der in Auckland wohnte. Ein wunderbares Wiedersehen und eine Bestätigung, dass aus Arbeitsbeziehungen Freundschaften werden können. Dann flogen wir weiter nach Wellington, um einen kleinen Van zu mieten, der uns auf der Fähre in den Süden bringen sollte. Kaum hatten wir die Hauptstadt verlassen, begann ich nervös zu werden. Ich wollte unbedingt wissen, wo ich wann genau sein würde. Zwei Wochen durfte ich ganz auf Sport verzichten, danach hatte ich jeden Tag entweder Stabilitätstraining, Sprints oder Sprünge verordnet bekommen. Ich machte einen genauen Plan, wie viele Kilometer wir jeden Tag zurücklegen müssten, damit ich auf jeden Fall einen guten Ort zum Trainieren hätte. Morph verstand meinen Stress nicht. Er wollte bleiben, wo es uns gefiel. Das kam für mich nicht infrage, denn erstens wollte ich alle Sehenswürdigkeiten, die ich mir im Internet angeschaut hatte, kennenlernen und zweitens musste ich nach der dritten Woche wieder mit Krafttraining anfangen, dafür brauchte ich unbedingt ein Fitnessstudio. Panik befiel mich schon beim Gedanken, irgendwo in der Pampa ohne Langhantel zu sitzen. Wir diskutierten tagelang, bis Morph meinte: »Wenn mich jemand vorher gefragt hätte, ob ich dich kenne, hätte ich Ja gesagt«, und fügte hinzu: »Aber jetzt bin ich mir nicht mehr so sicher.«

Auf unserer Reise trafen wir Simon, einen früheren Beachvolleyballkollegen von Morph. Er war ein Lebemann, der sich von der Sonne und den Gelegenheiten treiben ließ. »So möchte ich leben«, sagte ich sehnsüchtig zu Morph, der mich verständnislos anschaute. »Aber das ist genau das, was ich in diesem

Urlaub probiere«, verteidigte er sich. Es stimmte, doch die Angst vor meiner Faulheit hatte mir jede Lockerheit genommen. Ich wusste genau, wie schnell ich in meinen früheren Modus des Einheitenweglassens fallen konnte. Mein genauer Urlaubsplan sollte mich davor bewahren. Wir fanden einen Kompromiss, denn im Grunde hatte Morph wie schon immer Verständnis, dass Trainingspläne eingehalten werden müssen. Ich entspannte mich ein wenig, als wir uns darauf geeinigt hatten, die letzten Tage auf der Nordinsel zu verbringen, wo wir aus unseren Trainingslagern einige Fitnessstudios bereits kannten. So konnte ich auch den traumhaften Ort Milford Sound genießen, einen rund 15 Kilometer langen Fjord im Südwesten der Südinsel Neuseelands, den wir mit einem Boot erkundeten. Ich kann diese Ecke der Welt nur wärmstens empfehlen: Die Farben sind wunderschön, dazu die steil aufsteigenden, grünen Berge und die Wasserfälle, die uns über und über mit Gischt bedeckten. Es war ein Ort, den ich trotz meines bevorstehenden Trainingsplanes nur sehr ungern wieder verließ. Als wir auf dem Rückweg waren, kam meine Gelegenheit einzulenken. Eigentlich wollte ich das Landesinnere erkunden, aber wie immer, wenn ich mit Morph im Urlaub war, hatten wir ein Board zum Wellenreiten auf dem Dach. Also fuhren wir an der Küste entlang und Morph surfte auf den Wellen. Nichts für mich übrigens, viel zu kalt.

Nach dem Urlaub begann wieder das Wintertraining und Jürgen verstärkte seinen Fokus auf den Aufschlag. »Der Aufschlag ist der erste Angriff«, bläute er uns ein. Er sorgte auch dafür, dass wir mit diesem Schlag erfolgreich sein konnten. In jeder unserer Einheiten übten wir gefühlt tausend Aufschläge. Um Geschwindigkeit ging es Jürgen weniger. Er predigte Präzision und Technik, um den besten Flatter hinzubekommen. Ich übte vor allem den einfachen Float (Flatteraufschlag), der aus dem

Stand gesprungen wird, und den Long Float, den ich ungefähr drei Meter hinter der Grundlinie beginne und der dadurch eine längere Flugbahn hat. Beide Varianten bedienen sich eines physikalischen Effekts, der die Flugbahn schwer berechenbar macht. Egal ob einfach oder lang – beide sind sehr unangenehm für die Annahme. Vor allem bei den Aufschlägen in die Mitte entschieden Millimeter zwischen einem Ass und einer Einladung für einen Punkt. Von jeder Position der Linie aus musste mein Aufschlag exakt das vorher definierte Ziel treffen. Dabei – man ahnt es schon – übte ich Handlungsorientierung. Ich machte mir bewusst, warum ein Aufschlag funktioniert hatte, welche Vorgaben ich dabei beachtet hatte.

Weil meinem Anwurf Konstanz fehlte, musste ich eine Zeit lang erst zwei bis drei Anwürfe trocken üben, bevor ich draufballern durfte. Dabei sollte ich registrieren, wie ich mich bereit machte, in welcher Position die Arme dabei waren, wie ich sie hob, um auch diese Details zu speichern. Ich hasste das, aber es brachte mir viel. »20+« taufte Jürgen dieses Training. Ein treffender Begriff. Denn nach jeder Einheit trainierten wir noch 20 Minuten Aufschlag on top.

Bald war schon wieder Weihnachten. Während das Gewusel der Welt eine Pause einlegte, die Familien sich vollfutterten, Plätzchen verdrückt und Braten vernichtet wurden, verbrachten wir unsere Tage immer in der Beachvolleyballhalle. Zwischen Weihnachten und Silvester konnte Jürgen fünf zusammenhängende Tage für uns da sein, weshalb ein Minitrainingslager angesetzt wurde. Alle Jahre wieder.

Am 24. Dezember begann Helke um 8 Uhr morgens, mit uns zu trainieren. Bevor wir entlassen wurden, gab es meist eine Lauf-und-Sprung-Einheit. Erst dann eilten wir verschwitzt und erschöpft zu unseren Familien. Am ersten Weihnachtsfeiertag hatten wir frei, um dann am 26. wieder mit einer Einheit Krafttraining zu beginnen. Einen Tag später standen wir wieder in der Beachhalle, um zwei Einheiten pro Tag bis zum Jahresende durchzuziehen.

Dieses Weihnachtsprogramm war ein cleverer Schachzug unseres Trainerfuchses, denn es stärkte meinen Willen. Wollte ich wirklich 100 Prozent geben, wie ich gesagt hatte? Wenn ja, dann sprach nichts dagegen, zwischen den Feiertagen zu trainieren. Nach meiner Karriere würde ich noch jahrzehntelang Zeit haben, um Weihnachten mit meinen Liebsten zu feiern. Noch heute profitiere ich von Jürgens Konsequenz. Auch Motivation funktioniert wie ein Muskel. Sie kann durch Routinen trainiert werden. Wenn ich heute junge Spielerinnen sehe, halte ich ihren Einsatz oft für zu lasch. Dass auch ich lange brauchte, um meine bedingungslose Einstellung zu finden, vergesse ich dabei manchmal …

An Silvester endete das Jahrespensum nach dem Vormittagstraining. Jürgen fuhr dann wieder nach Hause. Auch ich ließ das Jahr gechillt ausklingen, allerdings nicht ganz freiwillig. Meist schaffte ich es nur noch auf das Sofa. Während andere den Countdown bis Mitternacht herunterzählten, schlief ich längst. Das neue Jahr begann, wie das alte aufgehört hatte: mit einer Trainingseinheit. In den vier Jahren kann ich mich außerhalb meines Urlaubs am Saisonende kaum an 48 Stunden ohne Beachvolleyball erinnern.

Mit Jürgen entwickelte ich die Routinen in meinen Schlägen. So bekam ich die Sicherheit, dass meine Basics automatisiert funktionierten, um die freien mentalen Kapazitäten für die Strategie einzusetzen. Mit Anett suchte ich nach Möglichkeiten, schon vor dem Schlag meinen Fokus zu finden. Wenn ich vor der Annahme nach unten schaute und die Sandkörner einzeln wahrnahm, war ich bei mir. Ähnliches gelang mir mit dem Netz, das ich wie durch ein Objektiv scharf oder verschwommen sehen konnte.

Mit diesen Beobachtungen entwickelten wir meine Annahmeroutine, die ich bis heute praktiziere: Ich gehe erst in meine Position, wenn ich im Kopf völlig bereit dazu bin. Vorher glätte ich den Sand. Mit den Händen auf den Knien fixiere ich den Sand zwischen meinen Füßen, bis ich die einzelnen Körner wahrnehme. Im nächsten Schritt schaue ich die untere Netzkante so lange an, bis sie gestochen scharf vor meinen Augen erscheint. Erst dann richte ich meine Augen neben die Aufschlagspielerin, um sie peripher wahrzunehmen. Wir bemerkten, dass ich die Augen zusammenkniff, wenn ich die Aufschlagspielerin direkt anschaute, deshalb entschieden wir uns für peripheres Sehen. Dabei werden die Augen und damit auch der Körper entspannt.

Zunächst übte ich diese Routine im Training. Das hieß konkret: Helke musste ständig auf mich warten. Trainierten wir mit anderen Teams, sah ich meist eine genervte Spielerin auf der anderen Seite, die gerade ihren Aufschlag abbrechen musste, weil ich noch nicht fertig war. Bei meiner Aufschlagroutine fixiere ich genau den Punkt, wohin ich aufschlagen will. Ich lasse mir viel Zeit, damit mein Anwurf so perfekt wie möglich wird.

Mit diesen Routinen wechsele ich zwischen mir und dem Publikum hin und her. Nach dem Punkt erlaube ich mir, die ganze Energie der Zuschauer aufzusaugen, wohl wissend, wie ich wieder in den Fokus für den nächsten Punkt komme.

Die Generalprobe

Die alles entscheidenden elf Tage unseres vierjährigen Projekts würden in meinem Lieblingsland stattfinden. Genau dort sollte unser Schicksalsjahr beginnen. Nach einem Turnier im Nordosten Brasiliens reisten wir nach Rio für ein zweiwöchiges Trainingslager, an dessen Ende wir ein Grand-Slam-Turnier spielten. Das olympische Beachvolleyballstadion an der berühmten Copacabana stand bereits. Wir wollten ein Gefühl für die Wege bekommen, um eine optimale Logistik zu finden. Die meisten olympischen Stätten und das Athletendorf befanden sich in Barra da Tijuca, einem modernen Stadtteil, den ein bergiger, immer grüner Nationalpark von der ikonischen Bucht trennte. Die Bahnlinie 4 sollte Rio mit Barra da Tijuca verbinden. Die Baustelle war allerdings noch nicht sehr weit fortgeschritten, sodass ich mir kaum vorstellen konnte, dass die Bahn bis Sommer fahren würde. Einmal benötigten wir mit einem Taxi im Stop-and-go zwei Stunden für die 24 Kilometer vom Athletendorf an die Copacabana. Die Entscheidung fiel spätestens in diesem Moment: Wir würden uns eine Bleibe in der Nähe des Spielfelds suchen. Ich spürte schon jetzt ein intensives Kribbeln in der Magengegend. Bei unserer Generalprobe kämpften wir um Punkte für die Olympiaqualifikation, um insgesamt 400 000 Dollar Preisgeld und natürlich um das Kräftemessen für den Saisonhöhepunkt. Schon in der

Poolphase erlaubten wir uns eine Schwäche. Gegen die Finninnen Taru Lahti und Riikka Lehtonen gaben wir einen Satz ab, bevor wir 2:1 siegten. Die anderen Matches gewannen wir ohne Satzverlust.

Im Viertelfinale trafen wir auf Kerri Walsh Jennings und April Ross. Die beiden hatten eine ähnliche Berg-und-Tal-Fahrt hinter sich wie wir. Kerri hatte sich im Sommer 2015 an der Schulter verletzt. Während sie pausiert hatte, schlug April mit einer anderen Partnerin auf. Wer würde mit den Rückschlägen besser zurechtkommen? Wir gingen schnell in Führung und gaben sie den ganzen ersten Satz nicht mehr ab. Auch im zweiten Satz führten wir 18:15. Die Amerikanerinnen glichen aus. Viermal kündete der Schiedsrichter unseren Matchball an, dennoch verloren wir den Satz. Im Tiebreak kamen wir nicht mehr in unser Spiel. Nach dem Endstand 1:2 (21:16, 27:29 und 6:15) war ich angefressen, obwohl wir mit diesem Ergebnis die Qualifikation für Rio fast erfüllt hatten.

Das Reflexionsgespräch mit Helke und Anett verlief schleppend. Enttäuscht, verärgert und frustriert schwiegen wir. Wir fühlten, dass wir weit hinter unseren Möglichkeiten zurückgeblieben waren. Anett und Helke verabschiedeten sich, damit Kira und ich allein reden konnten. Wir blieben noch lange zu zweit neben dem Center-Court bei der Außendusche sitzen. Es begann ein Gespräch, ohne das wir vielleicht nicht die Olympischen Spiele mit Gold verlassen hätten. Ich sagte Kira sehr deutlich, dass ich mehr Unterstützung von ihr brauchte, wenn die Spielzüge über mich liefen. Wir schafften es, ehrlich zueinander zu sein, genau zu sagen, was wir auf dem Feld von der jeweils anderen wollten. Besonders wenn eine von uns unter Druck gesetzt wurde.

Wieder einmal waren wir in die Falle einer Zweierbeziehung getappt: Das Training, die Leistung und die Organisation hatten im Vordergrund gestanden. Wir hatten vergessen, uns mit

Empathie in die Situation der Partnerin zu versetzen. Das Zuhören hatten wir vernachlässigt und waren nicht achtsam miteinander umgegangen. Die Körpersprache interpretierten wir, ohne zu hinterfragen, ob unsere Einschätzung richtig war. Wir hatten den Schuss gehört. Eine Stunde später saßen wir in einem Strandkiosk auf weißen Plastikstühlen. Nachdem wir einen Caipirinha und Pommes bestellt hatten, war unsere Welt wieder in Ordnung.

Mein Kerri-Komplex

Anett meinte genau zu wissen, warum wir in der Generalprobe nicht auf dem Podest standen: Sie machte meinen Kerri-Komplex für die Niederlage mitverantwortlich. Als hätte ich gedacht: »Oh Gott, oh Gott, ich kann doch nicht wirklich gegen Kerri Walsh Jennings gewinnen?« Anetts Standardsatz zu Kerri fiel mir wieder ein: »Die Königin ist nur die Königin, weil alle sie dafür halten.« Und ja, Kerri hatte ich auf meinen Beachvolleyballthron gesetzt. Ich bewunderte sie, weil ihr das gelungen war, woran ich täglich arbeitete: am Höhepunkt die beste Leistung abzurufen. Kerri hatte bereits dreimal Gold bei Olympischen Spielen gewonnen. Zwischen Peking und London bekam sie zwei Kinder, um dann mit kurzer Vorbereitung in London wieder Gold zu gewinnen – schwanger in der fünften Woche mit ihrem dritten Kind.

Seit sie sich für den Sand entschieden hatte, bildete sie mit ihrer kongenialen Partnerin Misty May das erfolgreichste Frauenduo der Beachvolleyballgeschichte. In den ersten Jahren auf der Tour schaute ich mir immer ihre Matches an. Misty begeisterte mich mit ihren Abwehraktionen. Auf meiner Position war sie mein Vorbild. Kerri hatte etwas Spinnenartiges in ihrem Spiel, als würden die Bälle in ihrem imaginären Netz hängen bleiben. Trotz ihrer 1,88 Meter bewegte sie sich außergewöhnlich elegant.

Sie hatte schon konsequent mit Krafttraining gearbeitet, als ich mich noch zweimal die Woche auf der Tanzfläche ausgetobt hatte. Proteinshakes und Supplements gehörten bei ihr zum Speiseplan, als ich noch ständig Pizza aß. Viele Jahre lang verkörperte Kerri die Spielerin, die ich gerne sein wollte, ohne die notwendige Konsequenz dafür aufzubringen. Kerris Habitus faszinierte mich. Ich bewunderte ihre Unbesiegbarhaltung, mit der sie das Feld betrat. Sie pflegte ihr Image als Löwin, als Kämpferin. Kein noch so kleiner Zweifler schien auf ihrer Schulter zu sitzen. Den amerikanischen Spirit kultivierte sie, indem sie jeden, inklusive aller Ballkinder, abklatschte. Auf dem Feld ballte sie die Faust. Laut rief sie »Come on!« zu ihrer Partnerin. Sie demonstrierte mit zahlreichen Gesten, dass sie auf das Feld gekommen war, um es als Siegerin wieder zu verlassen. Das waren Glanz und Gloria von Kerri.

Kerri kannte ich auch von gemeinsamen Trainingslagern. Hautnah hatte ich erlebt, wie hart sie an sich arbeitete. Sie kannte nur 100 Prozent im Training, im Spiel sowieso. Was mich, schon lange bevor ich selbst Mutter wurde, begeisterte: Sie reiste mit ihren kleinen Kindern um die Welt. Einmal flogen wir von Brasilien nach China. Ich fühlte mich nach der Reise komplett gerädert, obwohl ich mich nur darum kümmern musste, genug Schlaf zu bekommen. Kerri hatte ihre beiden kleinen Kinder, Joey und Sundance, an ihrer Seite. Am Gepäckband, einen übermüdeten Jungen auf dem Arm, den anderen an der Hand, fragte ich sie, wie sie das geschafft hatte. »Das ist schon in Ordnung«, sagte sie nur lächelnd. Auch das bewunderte ich an ihr. Nie, wirklich nie, erlebte ich, dass Kerri sich auch nur im Ansatz beklagte.

Anett startete eine Demystifizierungskampagne von Kerri. Immer wieder fragte sie mich, was Kerri und ihre Partnerin eigentlich besser konnten als wir. Ich sollte ihr erklären, warum ich unbewusst nicht gegen Kerri gewinnen wollte. Wir analysierten, wie hoch Kerri sprang, wie sie spielte, wo ihre größten Stärken lagen. Dabei bemerkte ich immerhin, dass ihr Aufschlag nach vielen Schulterproblemen nicht mehr die Kraft von einst hatte.

Zwei Monate vor den Olympischen Spielen freute ich mich auf das erste Majorturnier auf deutschem Boden. Warum? Ich konnte arbeiten gehen und dabei zu Hause übernachten. Natürlich wollte ich auch vor dem Publikum meiner Heimatstadt Hamburg glänzen. Meine Familie und Freunde hatten sich Tickets gekauft. Der Rummel zog Energie, deshalb versuchte ich, so wenig Zeit wie möglich im Stadion zu verbringen. Ein Selfie hier, eine Frage dort – so sympathisch das war, mich kostete es Kraft. Um dem Druck standzuhalten, versuchte ich eine Egalhaltung: »Scheiß drauf, wir holen uns das Ding«, sagte ich mir. Mit dieser Einstellung hatten wir es bis ins Halbfinale geschafft. Dort trafen wir wieder auf unsere Angstgegnerinnen: April Ross – und Kerri Walsh Jennings. Wir hatten noch nie gegen sie gewonnen. Die zwei setzten mich unter Druck, mehrmals lagen wir zurück. Kira zeigte 100 Prozent. Meiner Meinung nach machte sie das Spiel ihres Lebens. Sie boxte uns ins Finale. Ganz cool reagierte sie, wenn ich im Side-Out zwei Fehler nacheinander machte. Im dritten Satz drehten wir das Spiel noch, obwohl die Amerikanerinnen 14 : 13 führten und Matchball hatten. Wenige Minuten später verwandelte ich mit einem Ass in die Mitte zum 2 : 1 (21 : 16, 19 : 21 und 16 : 14). Kira ließ sich in den Sand sinken, die Arme jubelnd gen Himmel gestreckt. Ich gab den Beifall an dieses wunderbare Publikum zurück, das uns zum Sieg geschrien hatte. Ein Erfolg, der in meiner persönlichen Rangliste weit oben stand, denn der Mythos Kerri war mit ihm bezwungen.

Im Gänsehautfinale vor dem Hamburger Publikum mussten wir gegen die brasilianischen Weltmeisterinnen Ágatha

Bednarczuk und Bárbara Seixas ran. Wir spielten immer sehr gerne gegen sie, denn sie lagen uns, obwohl wir nicht immer gewonnen hatten. Unsere intensive Arbeit an unseren Routinen zahlte sich aus. Wir blieben handlungsorientiert, auch unter Druck. Die Fans feierten uns. Aus den riesigen Lautsprecherboxen schallte *An Tagen wie diesen* von den Toten Hosen. Ich wünschte, dass dieser Tag nie vorübergehen würde. Unter dem Jubel der Hamburger Crowd verwandelte ich den zweiten Matchball zum 2:1 (21:19, 19:21 und 15:12). Dieses Turnier war tatsächlich ein Wendepunkt, denn von nun an fühlte ich mich unbesiegbar.

Die Fernbedienung gegen Krisen

Morph feierte am Tag vor der Europameisterschaft in Biel seinen 40. Geburtstag. Am Flughafen kaufte ich noch schnell ein Hemd als Geschenk, beim Bäcker einen Kuchen mit Kerzen. Er dachte, das wars gewesen. Weit gefehlt. Ich hatte vorher seine drei besten Freunde kontaktiert, die er aus seiner Volleyballmannschaft in Sheffield kannte. Für die drei hatte ich VIP-Karten für das Turnier besorgt. »Chicken«, der eigentlich Brian hieß, hat den trockensten englischen Humor, den ich je erlebt habe. »Lobby«, getauft auf Joe, war später Morphs Trauzeuge. Als Morph mit 19 Jahren zum ersten Mal von zu Hause weg in England spielte, nahm ihn Lobby auf wie ein Bruder. Andy komplettierte das Freundestrio. Morph schaute sich auf der Tribüne unser Viertelfinale gegen die Französinnen Laura Longuet und Alexandra Jupiter an. Wir kannten die beiden bis dato nicht, waren aber gewarnt: Alexandra hatte einen schnellen Arm. Wenn sie durchlud, wollte ich nicht im Weg stehen. Hinzu kamen extrem gefährliche Aufschläge.

Chicken textete Morph, er solle kurz in den VIP-Bereich schauen. Abgelenkt von meinem engen zweiten Satz, blickte er in Richtung der VIPs, sah nichts Auffälliges und konzentrierte sich wieder auf mich. Andy, Chicken und Lobby blieb nichts anderes übrig, als sich hinter ihm auf die Tribüne zu setzen, um ihm auf die Schulter zu tippen. Er freute sich wahnsinnig über meine Geburtstagsüberraschung. Allerdings zahlte ich kurz darauf dafür.

Wenn Morph Party machte, dann wie ein richtiger Brite. Am Sonntagmorgen um 5 Uhr gelang es ihm nur ansatzweise, leise ins Bett zu kommen. Ich war sauer, schließlich stand ich vor einem wichtigen Finale gegen die Tschechinnen Markéta »Maki« Sluková und Barbora Hermannová. Ich wollte unbedingt den Titel holen, denn in Deutschland hatte noch niemand so oft in Europa triumphiert. Nach dem Spiel konnte ich von Morph außer einem Kuss keine Entschädigung verlangen, denn wir hatten ganz souverän mit 21 : 14, 21 : 15 gesiegt.

Der kleine Zweifler hatte zwar einen Namen und ich lernte, mit ihm umzugehen, aber er verschwand nicht. Je näher Olympia rückte, desto stärker kam er zurück. Ich hatte Angst, er würde mit mir aufs Feld in Rio kommen. Damit ich ihn auch dort beherrschen konnte, hatten wir ein weiteres Werkzeug für meinen Mentalkasten entwickelt: die Fernbedienung. Vor meinem geistigen Auge stellte ich mir eine Spielszene vor, in der ich nicht optimal agierte. Klein in einer Ecke des Bildschirms eingeklinkt lief eine andere Rally, in der ich mich gut bewegte und großartig fühlte. Dann ließ ich das kleine Bild immer größer werden, bis es den Schirm komplett ausfüllte. Ein Jahr lang hatte ich nach dem Training meine Leistung reflektiert. Die Übungen und Schläge, mit denen ich nicht zufrieden war, tauschte ich in meinem imaginären Fernseher gegen bessere aus. Für Matches hatte ich eine Variante der Übung parat: Ich stellte mir eine Fernbedienung vor, die neben mir auf der Bank lag. Mit ihr konnte ich das schlechte Spiel abschalten und einfach auf das gute umschalten.

Ich hatte Jahre darunter gelitten, dass großer Stress die Bewegungen beeinträchtigt und die Fähigkeit, Probleme zu lösen, vermindert. Unser Vierjahresprojekt bog in die Zielgerade ein und nun wollten wir diesen Mechanismus für uns nutzen. Jürgen und Helke legten oft Nachtschichten ein, um die Konkurrentinnen zu studieren. Sie analysierten deren Laufwege, ihre Schläge und zu welchen Taktiken sie wann griffen. Wir waren uns bewusst, dass uns Weltklassespielerinnen immer überraschen konnten, doch in Stresssituationen überwogen oft alte Muster. Unser Ziel: Unsere Gegnerinnen maximal unter Druck zu setzen, damit wir mit großer Wahrscheinlichkeit ihre Entscheidungen voraussagen konnten. Im Rückblick gelang uns das im Jahr 2016 perfekt. Wir gewannen alle wichtigen Titel, die kleinen Rückschläge gerieten schnell in Vergessenheit. So wie das Halbfinale in Gstaad, das vorletzte Turnier vor Olympia. Es war wieder einmal so weit: Wir arbeiteten uns am Kerri-Mythos ab. Den ersten Satz hatten wir gewonnen, im zweiten führten wir mit 20 : 17. Als ob wir die vermeintlich Unbezwingbare einfach nicht besiegen *wollten*, reihte sich Fehler an Fehler. 20 : 20. Die Stunde von Kerri war gekommen. Fast im Alleingang bezwang sie uns, sodass wir nach dem 21 : 23 in den Tiebreak mussten. Vier Matchbälle hatten die Amerikanerinnen abgewehrt. Vier! Auch der Entscheidungssatz ging mit 15 : 11 an Kerri und April. Die Revanche von Hamburg war geglückt und ich fand mich wieder mitten in meinem Kerri-Trauma. Kerri sagte danach: »Laura und Kira haben dazu beigetragen, dass ich mich als Spielerin weiterentwickelte.« Ich war mir in diesem Moment noch nicht sicher, ob ich das Gleiche sagen konnte. Unseren Frust tobten wir beim Spiel um Platz drei aus. Es war wichtig für uns, dass wir die Niederlage abhaken konnten, als wäre nichts gewesen. Morph war nicht so begeistert, dass ich so viel Wut und

Energie für das Spiel gegen seine Mannschaft aufs Feld brachte. Die Niederländerinnen Madelein Meppelink und Marleen van Iersel verkloppten wir regelrecht – mit 21 : 13 und 21 : 16.

1 + 1 = 3

Zwei Wochen vor unserem ersten Spiel in Rio organisierten wir einen Teamtag zur Einstimmung. Ich mochte solche Veranstaltungen erst, wenn sie vorbei waren. Vorher stöhnte ich innerlich, denn es fiel mir schwer, mich zu öffnen. Schwächen und Stärken mit allen aus dem Team auszutauschen, gehörte nicht gerade zu meinen Lieblingsbeschäftigungen. Anett, Helke, Kira und ich begannen damit, uns in einen Kreis zu setzen. Jürgen schaltete sich per Telefon zu. Ein bisschen fühlte es sich nach Grundschule an. Jeder sollte drei Dinge aufschreiben, die er am jeweils anderen schätzte. Das war die erste von vielen Übungen an diesem Tag mit dem einen Ziel: uns als Team den letzten Schliff zu geben.

Anett holte danach ein langes Seil hervor und drückte uns vier Pappschilder mit den Jahreszahlen unserer gemeinsamen Zusammenarbeit in die Hand. Nun sollten wir jedes Jahr in das Seil formen, Knäuel entwerfen, Knoten machen, Schlangen oder gerade Linien legen – je nachdem wie wir ein Ereignis bewerteten. Waren wir uns über die Bedeutung einer Sache einig, heftete Anett einen Zettel an unser Seilkonstrukt.

Als wir fertig waren, gingen wir am Seil entlang und ließen noch einmal die letzten vier Jahre Revue passieren. Wir entschieden, was wir beibehalten wollten, was noch zu ändern war. Der letzte halbe Meter Seil blieb ohne Zettel am Boden liegen. Er symbolisierte die Zukunft.

Noch einmal arbeiteten wir mit einem von Anetts Mantras: »Ein Court ist nur ein Court, überall auf der Welt.« Ich sollte mir den Sand, die Luft, das Netz, den Platz um mich herum bewusst einprägen und im Kopf die Bilder nach Rio übertragen. Denn auch dort hatte der Platz ja die gleichen Maße. Selbst der Sand würde sich identisch anfühlen, denn an unserem Olympiastützpunkt Dulsberg im Osten Hamburgs war extra Sand mit Copacabanakonsistenz angefertigt worden. Für die nächste praktische Übung hatte Anett Pappschilder unserer möglichen Kontrahentinnen gebastelt und sie auf Stöcken vor uns in den Sand gesteckt. Darauf die Namen der Brasilianerinnen, der Kanadierinnen und natürlich auch von April Ross und … Trommelwirbel für die große – Kerri Walsh Jennings.

Ich war mir sicher: Wenn uns jemand die Goldmedaille wegschnappen konnte, dann sie. Irgendwann würden wir auf sie treffen. Jetzt stand das Schild mit Kerris Namen vor mir – bereit, von mir abgeschossen zu werden. Ich legte alle Energie in meinen Wurf und Kerri lag vor mir im Sand. Weil Anett wusste, dass sie uns am besten spielerisch überzeugen konnte, drückte sie gegen Ende des Tages jedem von uns die Enden eines kurzen Seiles in die Hand. So miteinander verbunden durften wir gegen Helke und Anett spielen. Auch oder weil wir die ganze Zeit kommunizieren mussten, um in die gleiche Richtung zu laufen, machte die Übung riesigen Spaß. Nebenbei bemerkt: Wir gewannen gegen die beiden.

Bevor wir auseinandergingen, zeigten wir unsere gegenseitige Wertschätzung. »Danke, dass du nie aufgegeben hast«, sagte ich. Kira erwiderte: »Danke, dass du so lange auf mich gewartet hast.« Ich ging mit einem guten Gefühl nach Hause. Wir waren bereit für Rio, als Team und auch jede Einzelne von uns im Kopf. Stolz und voller Vorfreude betrachtete ich das kleine Souvenir dieses Tages: einen Schlüsselanhänger in Knallgrün, darauf in weißer Farbe unser Motto: 1 + 1 = 3. Wir hatten uns dieses Motto ausgesucht. Dabei ging es nicht nur um die naheliegende Interpretation, dass ein Team mehr sein kann als die

Summe der Einzelnen. Wir wollten vor allem nicht vergessen, dass wir nur über uns hinauswachsen konnten, weil auch Jürgen, Helke, Anett und unser Physiotherapeut Jochen hervorragende Arbeit für uns leisteten. Mit Schlüsseln macht man Türen auf und man trägt sie immer bei sich. Mein Schüsselanhänger würde mich noch jahrelang begleiten. Meine Eltern hatten ihn anfertigen lassen und bedruckt. Das bedeutete mir viel, denn auch sie gehörten selbstverständlich zu meinem Team.

Ich habe immer wieder nach Meilensteinen in meinem Kopf geforscht. Woran lag es, dass wir in Rio so viel Vertrauen in den Prozess und in unser Team hatten? Meine persönliche Antwort heißt Klagenfurt, eine Woche vor Rio. Ich wollte dieses Turnier auf keinen Fall spielen. In normalen Jahren liebte ich die Partystimmung am Wörthersee. Ich fühlte aber, dass die olympische Anspannung bereits in meinen Kopf gekrochen war. Lieber wollte ich noch einmal mein System herunterfahren, regenerieren, Kraft tanken und auch Zeit für mich haben. Jürgen bestand darauf, dass wir dort antraten. Er glaubte, dass wir die enormen mentalen Belastungen der Spiele in Rio am besten bewältigen konnten, wenn wir im Spielrhythmus blieben. Kurz vor dem Höhepunkt die Anspannung zu mildern, hielt er für einen Fehler. Sonst würden wir lange Zeit brauchen, um unser Niveau und unsere Energie bei Olympia zu finden, argumentierte er. Wir packten also unsere Taschen.

Weil wir uns so kurzfristig entschieden hatten, waren bereits alle Zimmer ausgebucht. Ich musste mit Anett ein Zimmer teilen, obwohl ich unbedingt Raum für mich brauchte, denn ich hatte Respekt vor den kommenden Wochen ohne viel Alleinsein. Das erste Match gegen die Amerikanerinnen Kelly Claes und Sara Hughes verloren wir. Sie waren ein aufstrebendes Team aus den USA, gegen das wir bereits bei einem

Einladungsturnier verloren hatten. Kiras Schulter schmerzte sehr, sodass sie kaum schlagen konnte. In meinem Kopf kreisten noch die Gedanken, dass ich lieber zu Hause geblieben wäre. Nach dem Spiel redeten wir nur kurz, vielleicht drei Minuten. Unser Physiotherapeut Jochen nahm Kira mit, um ihre Schulter zu behandeln. Ich wandte mich an Anett, um meine Gedanken zu fokussieren. Was sollte ich tun? Nach Hause fahren war keine Option. Auch nicht für Kira, die wie immer gewinnen wollte. Ich erarbeitete die Haltung, dass ich dieses Turnier als Worst-Case-Training für Rio sehen konnte. Da ich schon einmal hier war, beschloss ich, unserem erfahrenen Trainerguru zu vertrauen: Er würde schon wissen, was er tat. Ich bemerkte dennoch, dass mich Kleinigkeiten aus dem Konzept brachten. Obwohl ich zu jedem freundlich sein wollte, fiel es mir schwer. Ich bat Anett, ständig an meiner Seite zu sein. Wenn andere Spieler oder Turnierfunktionäre mit mir über Rio reden wollten, gab ich vor, unbedingt ein Gespräch mit meiner Psychologin führen zu müssen. Bis in die Haarspitzen fühlte ich den Druck.

Jochen machte einen großartigen Job. Er behandelte Kira mehrmals am Tag. Ich glaubte ihm, als er sagte, dass sie keine schwere Verletzung riskierte. Ich spürte, wie mein Vertrauen wuchs, dass wir uns auf uns und die Entscheidungen des Teams verlassen konnten. Mit der Sicherheit konnte ich auch meine Emotionen kontrollieren, sodass wir uns Schritt für Schritt in Richtung Endspiel kämpften. Im Finale gelang uns die perfekte Generalprobe, als wir gegen Joana Heidrich und Nadine Zumkehr aus der Schweiz in drei Sätzen gewannen. Wichtig war, dass wir eine Schwächeperiode im zweiten Satz abschütteln konnten, indem wir uns auf unsere Routinen konzentrierten. Nach dem Spiel stimmten alle zu, dass es richtig gewesen war, in Klagenfurt zu spielen. Für einen Olympiasieg muss man bereit sein. Mehr noch im Kopf als im Körper. Klagenfurt mit seinen mentalen Herausforderungen gab mir das letzte Prozent, das mir noch gefehlt hatte. Ich wusste nun: Egal was kommen würde, ich würde damit umgehen können. Ich hatte gelernt, die Anspannung, die Nervosität, die Erschöpfung und auch die Verletzungssorgen auf dem Feld abzuschütteln. Mit dem Wissen, alle wichtigen Tools erarbeitet zu haben, packte ich meine Tasche.

Endlich. Rio 2016

Nachdem wir gelandet waren, fuhren wir ins olympische Dorf, wo wir bald die erste Nacht verbringen würden. Es sollte ein kurzer Aufenthalt werden, gedacht, um olympische Atmosphäre zu schnuppern. Jürgen war von dieser Idee nicht begeistert gewesen. »Das Dorf ist ein Aufmerksamkeitskiller«, meinte er. Er kannte den Einfluss Olympischer Spiele auf die Leistung von Athleten, überließ uns aber dennoch die Entscheidung. Das Dorf der Athleten lag in Barra da Tijuca, einem Stadtteil im Westen Rios. Barra wirkte im Gegensatz zum traditionellen Teil Rios wie eine amerikanische Stadt mit breiten, mehrspurigen Einfallstraßen, zahlreichen Fast-Food-Restaurants und mehrstöckigen Apartmentblocks.

Zwischen Athletendorf und Olympic Parc, wo die meisten Wettkämpfe stattfanden, lagen nur drei Kilometer. Auf einer großflächigen Anlage waren 31 Hochhäuser mit jeweils 18 Stockwerken erbaut worden. Unser Beachvolleyballstadion, eine monströse Stahlkonstruktion, erhob sich allerdings am berühmten Copacabanastrand gen Himmel. Aus zwei Gründen hatten wir entschieden, nur kurz im Dorf zu bleiben: Zum einen hätten wir jedes Mal mindestens 40 Minuten zum Training und zu unseren Matches fahren müssen. Der Verkehr in Rio war – milde gesagt – unberechenbar. Zwar hatten die Organisatoren versprochen, dass die Busse der Sportler nicht im Stau stecken bleiben würden, aber wir trauten dieser Ansage nur bedingt. Zum anderen wollten wir möglichst wenig olympisches Flair mitbekommen. Das Turnier angehen, als wäre es nicht bedeutender als andere Wettkämpfe, die wir an der Copacabana schon bestritten hatten – so lautete unsere Devise.

Als wir in der Wohnung der Beachvolleyballer im olympischen Dorf ankamen, stapelten sich bereits die Taschen im Flur. Britta Büthe, Karla Borger, Lars Flüggen und Markus »Böcki« Böckermann waren vor uns angekommen. Die Zimmer waren klein, sehr einfach eingerichtet und boten wenig Platz für Stauraum, sodass das Gepäck dort nicht untergebracht werden konnte. Wir besuchten die riesige Mensa mit dem geschwungenen Dach, mein All-Time-Lieblingsort in jedem olympischen Dorf. Ich liebte es, dort essen zu gehen, andere Athleten zu beobachten und dieses bunte Treiben von sportbegeisterten Menschen aus der ganzen Welt zu erleben. Wir hatten die Vereinbarung mit Jürgen, dass Kira bestimmen konnte, wann wir ausziehen sollten, um unsere dauerhafte Bleibe außerhalb der Bubble zu beziehen. Und schon nach zwei Tagen wollte Kira dem dörfischen Trubel entfliehen. Ich verbrachte noch eine Nacht länger in unserer Beachvolleyball-WG, dann folgte ich ihr auf die östliche Seite Rios. Morph allerdings blieb im Athletendorf, denn es war klar, dass er sich 100 Prozent um sein Team kümmern würde.

Der Deutsche Volleyball-Verband hatte ein großes Apartment in Ipanema gemietet, dem berühmten Strand südlich der Copacabana. Ein Felsvorsprung mit dem Namen Arpoador, auf dem eine Festung liegt, trennt die beiden ikonischen Strände. Von diesem Abschnitt handelt auch Rios Hymne *Garota de Ipanema* (Das Mädchen von Ipanema). Ein Bossa-Nova-Lied, das auch heute noch das Lebensgefühl hier perfekt einfängt, obwohl der Song schon vor sechs Jahrzehnten geschrieben wurde. Am einfachsten kann man Ipanema und die Copacabana an den unterschiedlichen Kopfsteinpflastern unterscheiden: An der Copacabana verlaufen die berühmten Wellen. In Ipanema fügen sich die Steine zu einer Art Tropfenkette.

Wir wohnten in der gleichen Gegend, in der wir auch während Trainingslagern oder anderen Turnieren untergekommen waren. Das taten wir, um alle Faktoren zu vermeiden, die zusätzlich Energie kosteten und uns abgelenkt hätten. Ich hatte ein kleines, aber gemütliches Apartment in der Nähe von Kiras Unterkunft gebucht. Unsere Adresse lautete Rua Visconde de Pirajá, zwei Parallelstraßen vom Strand entfernt. Ursprünglich sollte ich dort nur mit Jochen wohnen, unserem Physiotherapeuten. Jürgen aber empfand die Pendelei aus dem olympischen Dorf bald als mühsam, sodass er bei uns einzog. Das Zimmer mit dem Kingsizebett überließen die beiden Männer mir, während sie sich den zweiten, kleineren Raum teilten. Dabei litten sie gewaltig. Die Matratzen hatten schon bessere Zeiten gesehen, weshalb die beiden wenig Schlaf fanden.

Ich fühlte mich wohl in unserer Ecke des hippen Stadtteils. Mehrere brasilianische Restaurants waren nur einen Steinwurf entfernt, dazu Cafés und kleine, traditionelle Läden, oft direkt neben einem schicken Designerladen. Hatte ich frei, ließ ich mich ein wenig treiben und fühlte mich ein klitzekleines bisschen wie eine »Carioca«, eine Bewohnerin Rios.

In der kleinen Küche unserer Wohnung bereitete Jochen uns morgens das Frühstück. Auf dem Tisch fehlte nie mein brasilianischer Lieblingskäse: der Queijo Minas, weiß, etwas würziger als Quark, aber immer noch sehr mild. Ich fühlte mich geborgen. Jochen entdeckte seine väterliche Seite, während ich es genoss, verwöhnt zu werden. Zu sagen, was ich brauchte, fiel mir sogar beim Turnier meines Lebens nicht leicht. Ich empfand es als unangenehm, Jochen zu bitten, die Orangensaftpresse erst anzuwerfen, wenn ich schon wach war. Äußerte ich Sonderwünsche, hatte ich Bedenken, dass Jochen mich als »divenhaft« empfinden würde. Doch weit gefehlt. Jochen verstand nur zu gut, dass ich meinen Schlaf brauchte, und wartete gerne, bis ich meinen Kopf durch die Zimmertür steckte. Im Badezimmer und in meinem Schlafzimmer hing ich unsere Team-Illustration auf, die Anett bei einem befreundeten Grafiker in Auftrag gegeben hatte. In Brasiliengrün hatte er mich als Mischwesen gezeichnet: breites Lachen, eine wallende Mähne, die sich kaum vom Stirnband zähmen ließ, dazu der Körper eines Pumas. In einem anderen Teil der Grafik ritten Kira und ich gemeinsam die Stufen unserer Erfolgstreppe auf einem Pferd hinauf. Oben wartete ein strahlendes Rio auf uns. Auch unsere Hommage an unser gesamtes Team hatte der Künstler eingebaut: 1 + 1 = 3.

Wir hatten ein optimales Team zusammengestellt, in dem jeder wusste, wie er den anderen unterstützen konnte. 2016 hatten wir ein Niveau erreicht, das es uns ermöglichte, jedes Beachvolleyballduo der Welt zu schlagen. Fünf Turniersiege hatten wir auf unserem Konto. Dazu ein Titel: Europameisterinnen. In unzähligen Gesprächen hatten wir unbedingtes Vertrauen und Nähe zueinander aufgebaut. Ich wusste, dass ich jeden Gedanken aussprechen konnte, authentisch sein durfte – auf dem Feld und außerhalb. Kira würde mir sagen, wie ich sie unterstützen konnte, und umgekehrt. Darauf vertraute ich. Die Spiele konnten beginnen.

Training bei Pelé

Jürgen hatte es uns überlassen, ob wir an der Eröffnungsfeier teilnehmen wollten. Ich verzichtete in Rio darauf. So schön und emotional ich den Einlauf mit dem deutschen Team in Peking und London in Erinnerung hatte, das stundenlange Warten

1993 am Schwarzen Meer bei Sosopol, Bulgarien.

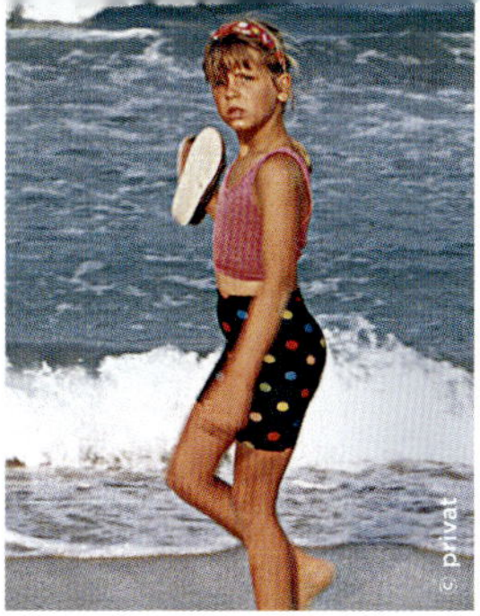

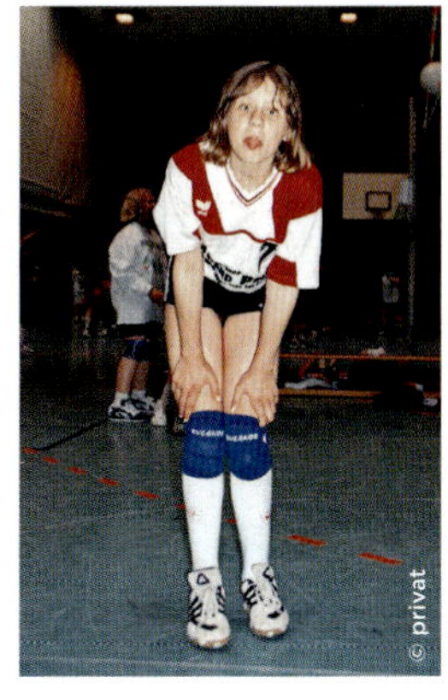

Schon früh fing ich mit dem Volleyballtraining in der Halle an.

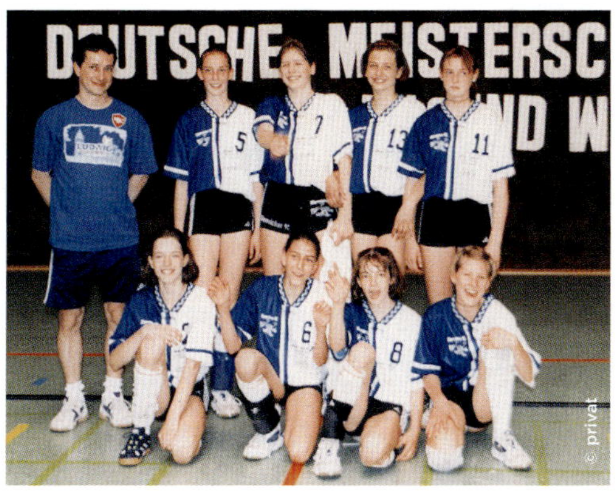

1999 bei den Deutschen Jugendmeisterschaften (ich bin die Nummer 7).

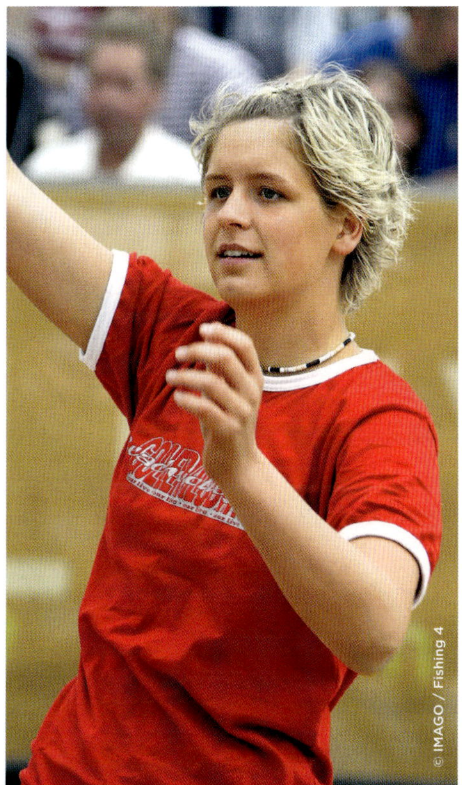

2004 beim Beachvolleyball während meiner Zeit mit Sara Goller. Ich habe damals noch in Leverkusen gewohnt, meine Schule beendet und im Winter Bundesliga gespielt.

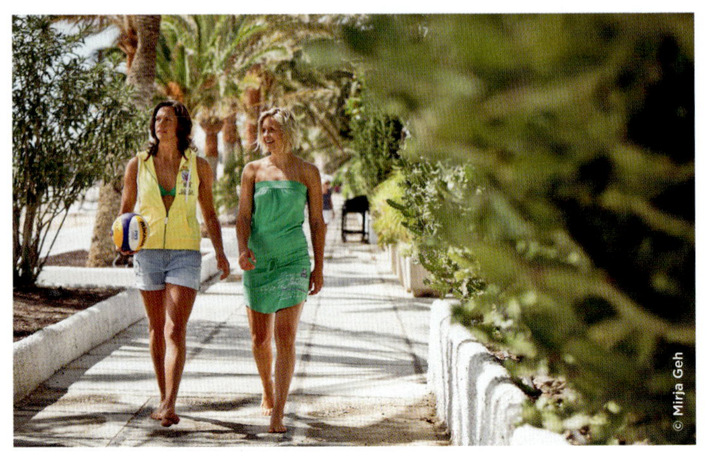

© Mirja Geh

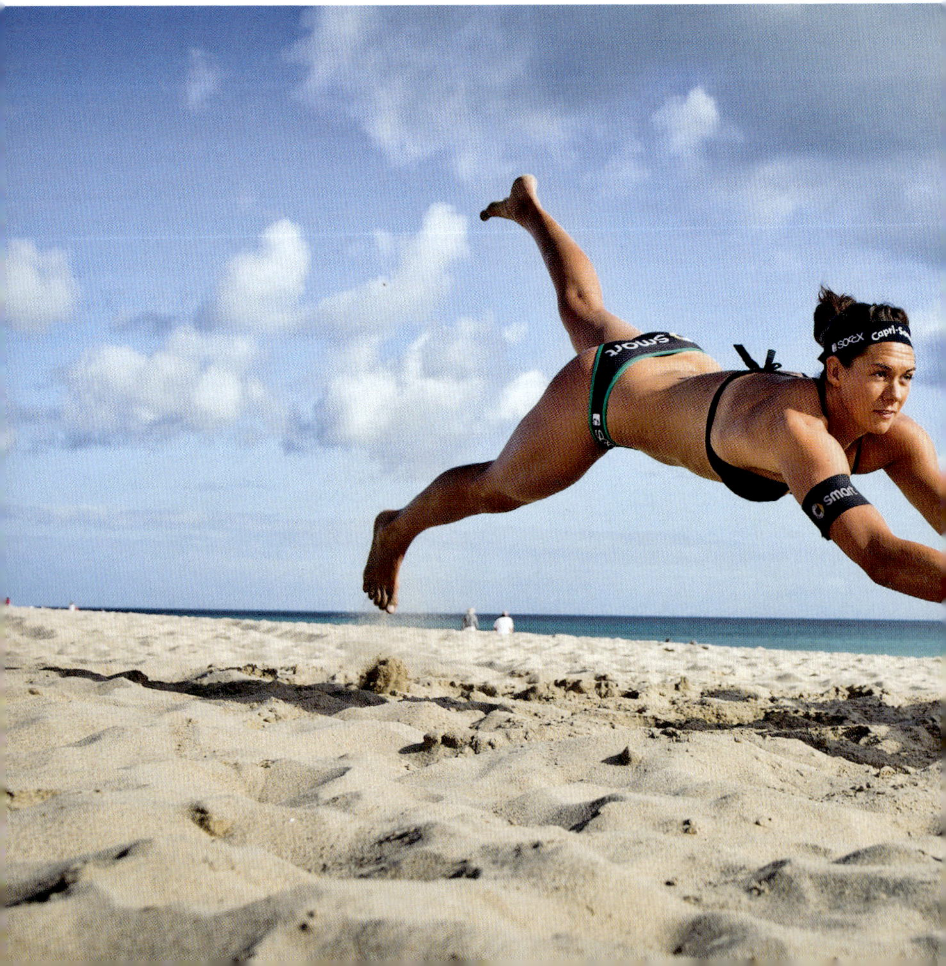

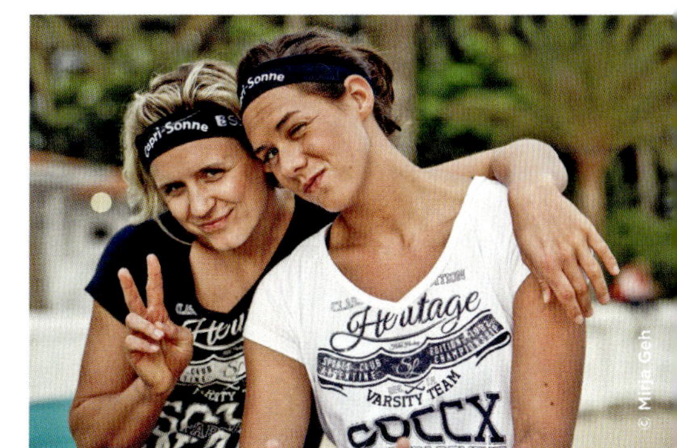

Kira und ich waren ein Wahnsinns-Team. Hier 2014 auf Fuerteventura im Beachvolleyball-Camp.

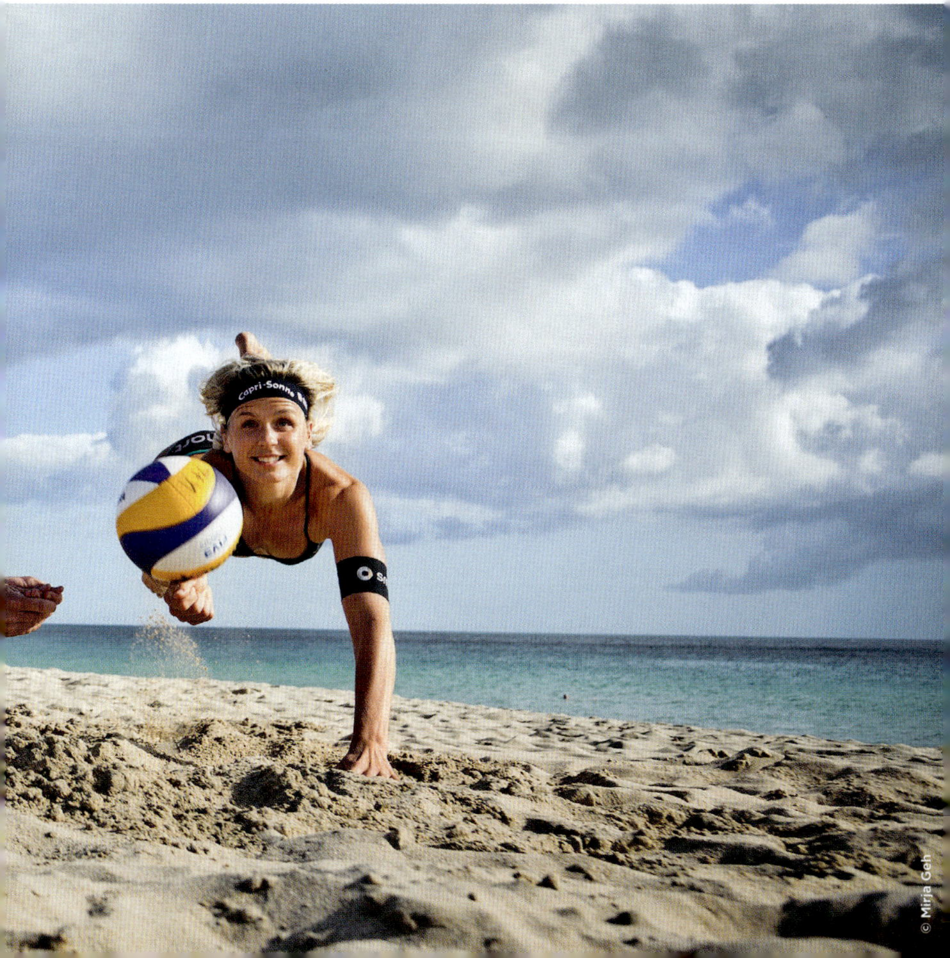

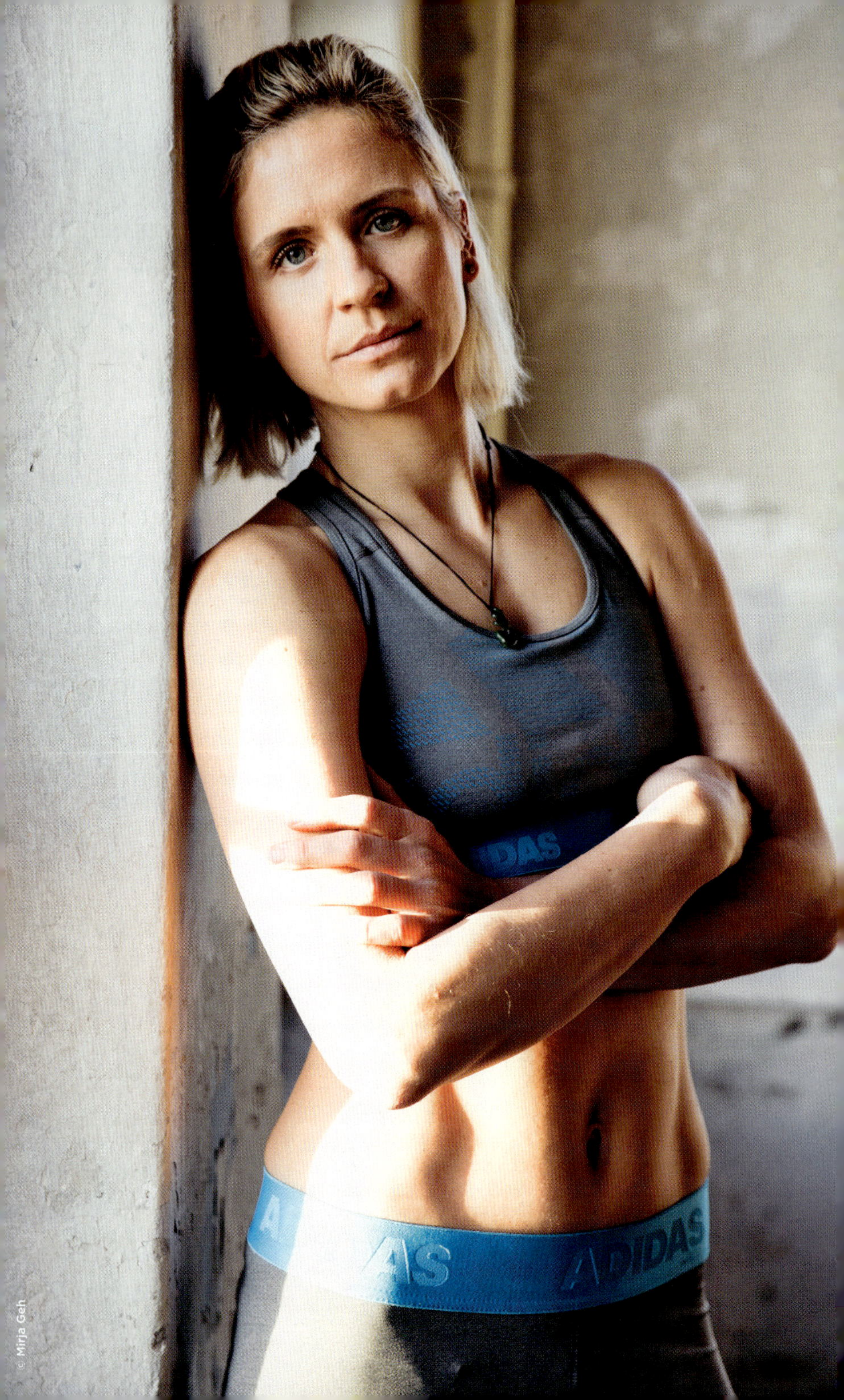
ADIDAS

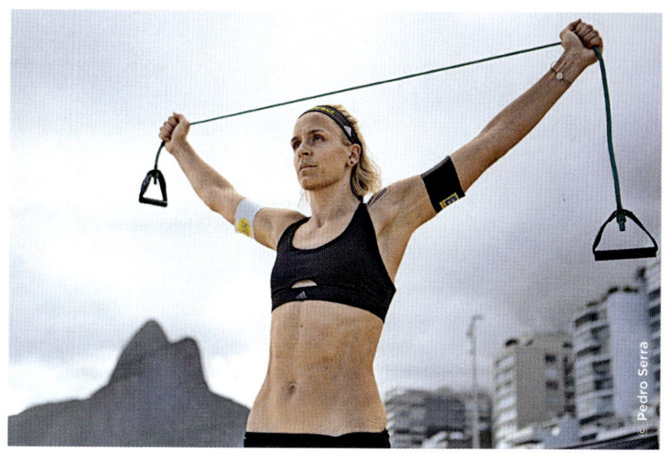

Während meiner Karriere hatte ich mit einigen Tiefpunkten zu kämpfen und habe erkannt: Mentale Stärke ist alles! Und ich bin stark!

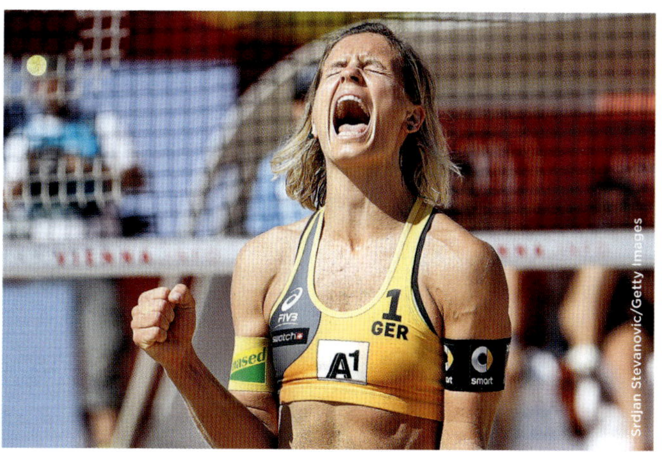

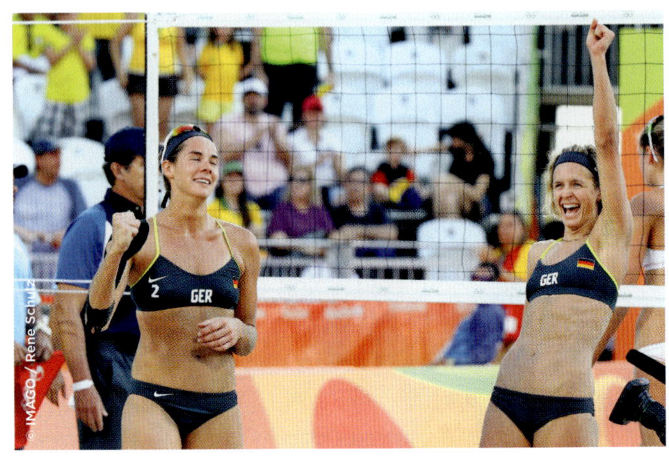

2016 gewannen Kira und ich in Brasilien Olympia-Gold.
Ein Lebenstraum wurde wahr!

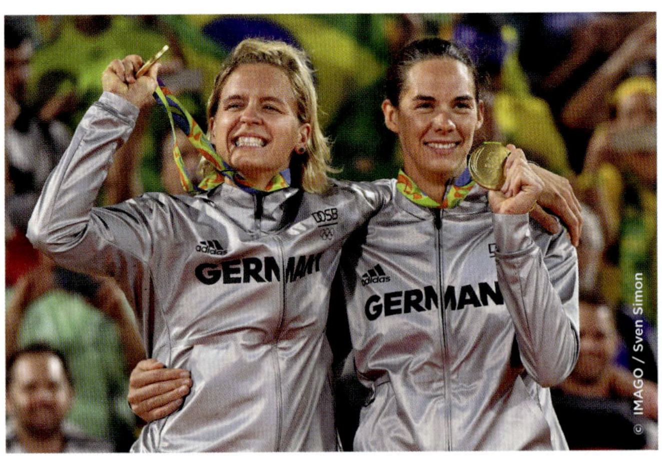

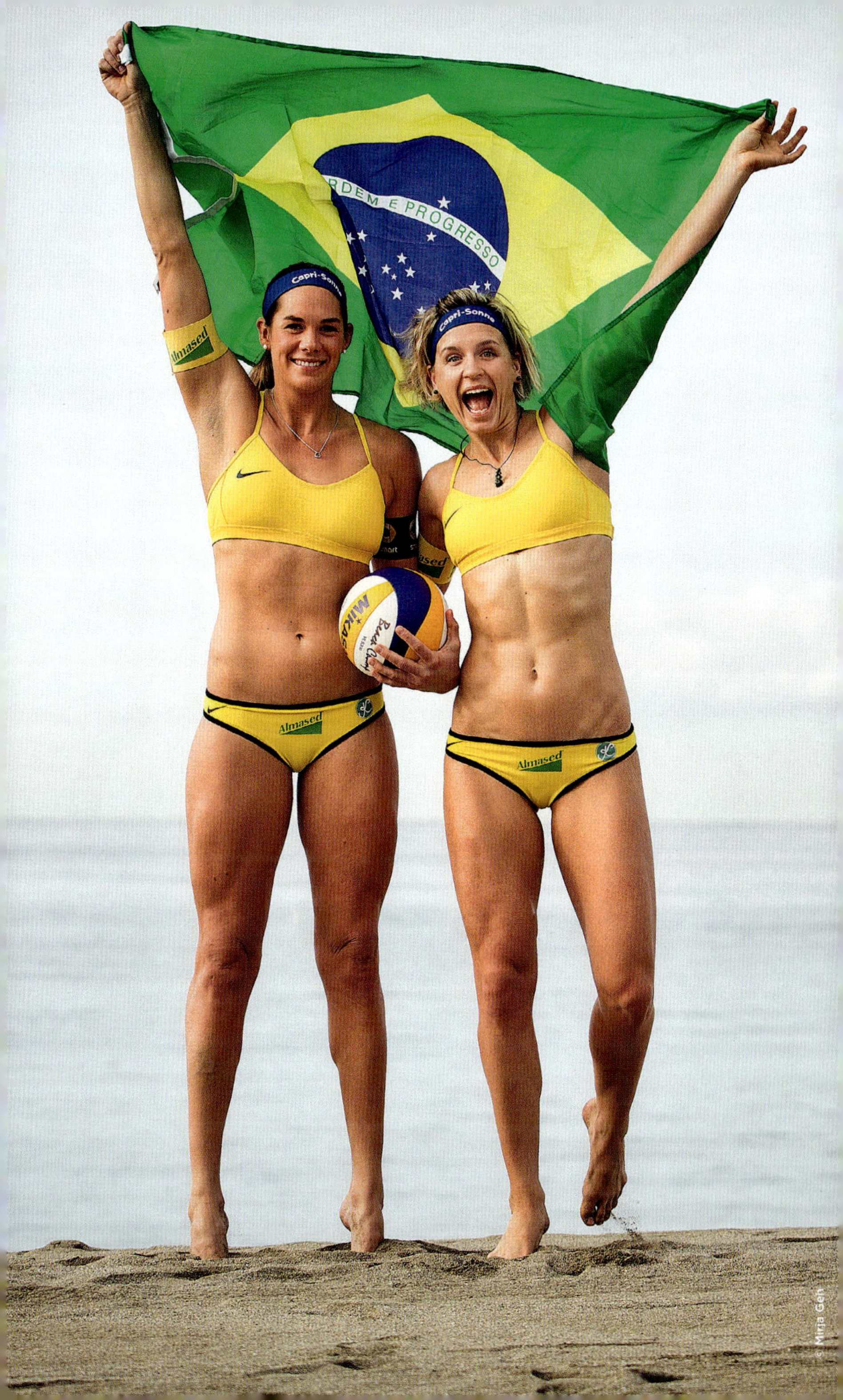
RDEM E PROGRESSO
Capri-Sonne
Capri-Sonne
Almased
Almased
Almased
MIKASA

© Mirja Geh

Im gleichen Jahr wurden Kira und ich als Sportlerinnen des Jahres ausgezeichnet, genau wie Tennisstar Angelique Kerber und Geräteturner Fabian Hambüchen.

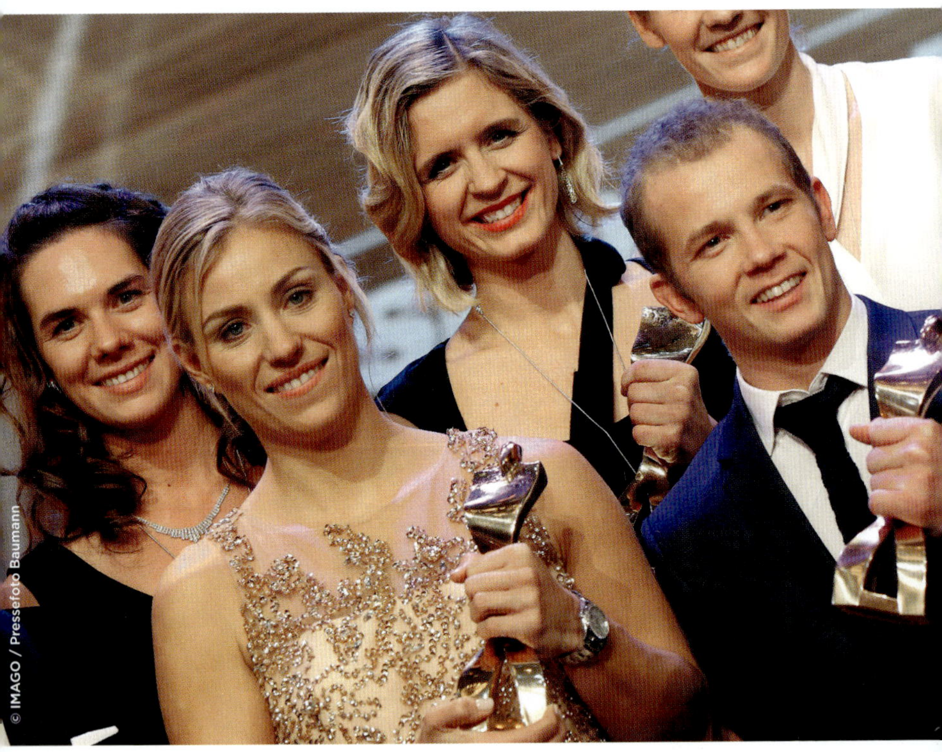

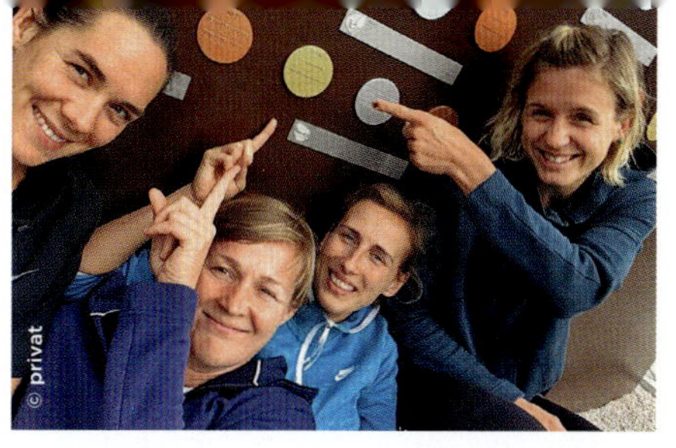
© privat

Auf einem Turnier 2017 in Rio haben wir uns auf der Andenkenplatte wiedergefunden. In der Mitte (l.) unsere Trainerin Helke Claasen und unsere Sportpsychologin Anett Szigeti.

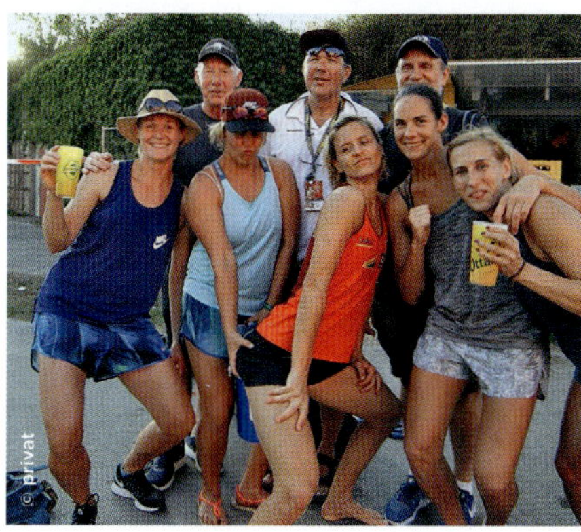
© privat

Nachdem wir das Halbfinale bei der WM 2017 gewonnen haben, war das ganze Team glücklich. Unten (v. l.): Trainerin Helke Claasen, Physio Katharina Hubert, ich, Kira und Psychologin Anett Szigeti. Oben (v. l.): Trainer Jürgen Wagner, Verbandsarzt Michael Tank und Physiogott Jochen Dirksmeyer.

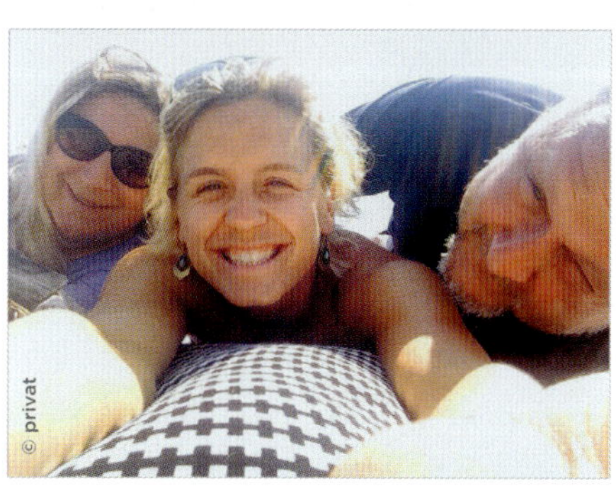
© privat

In Den Haag regeneriere ich 2015 nach dem Ausscheiden bei der WM mit meinen Eltern.

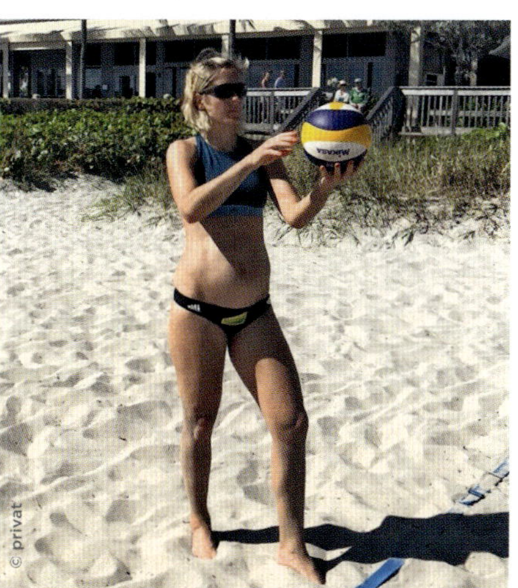

© privat

2018 während meiner ersten Schwangerschaft im sechsten Monat im Trainingscamp in Fort Lauderdale.

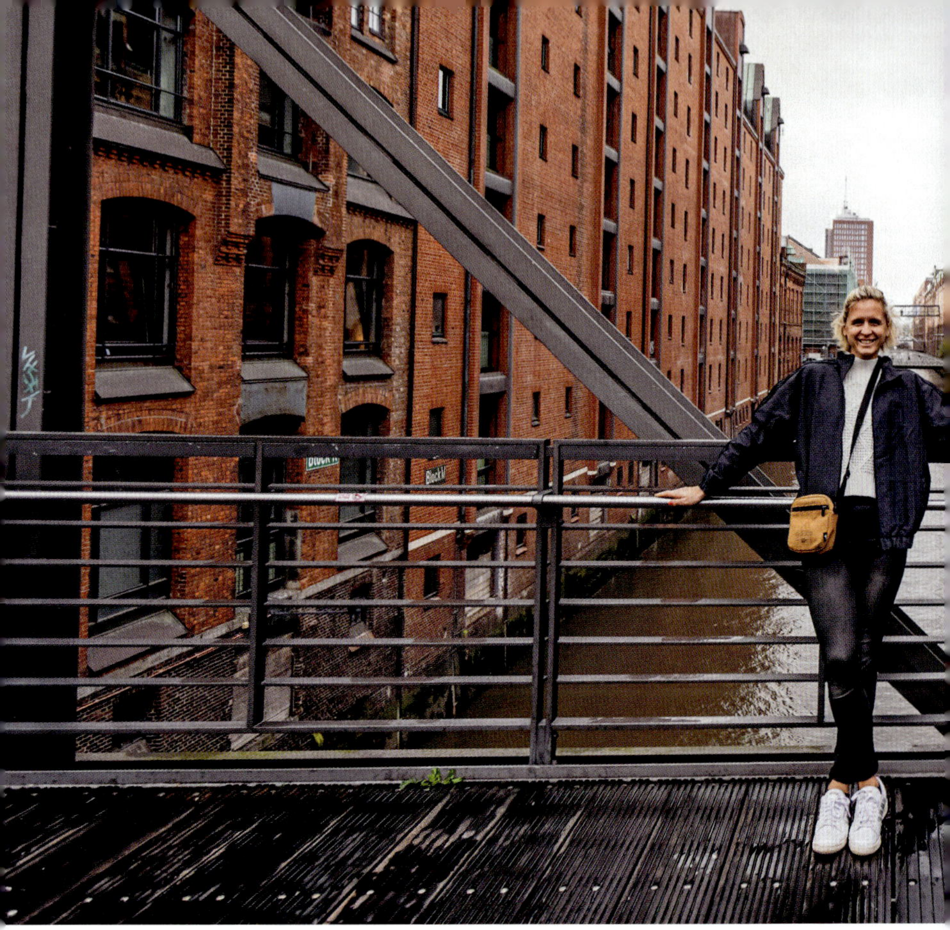

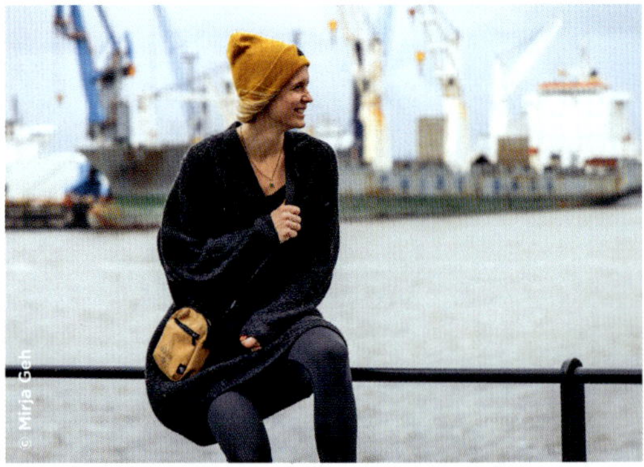

Hamburg.
Mein Zuhause.

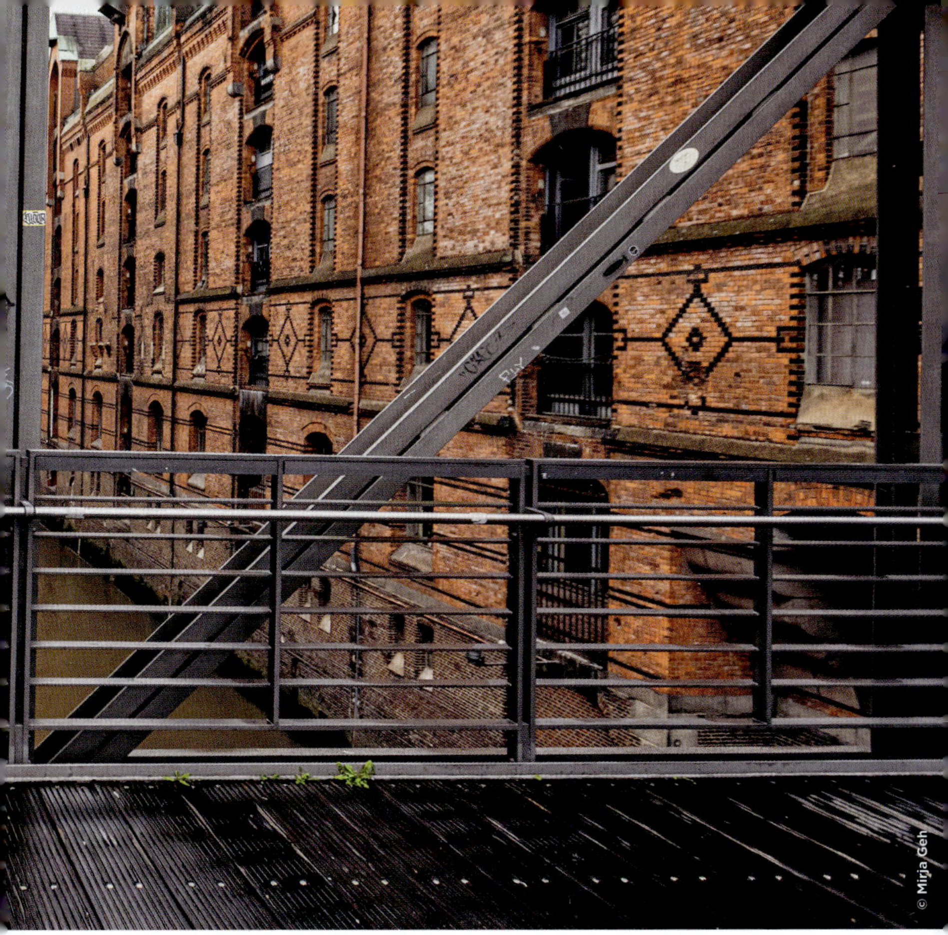

© Mirja Geh

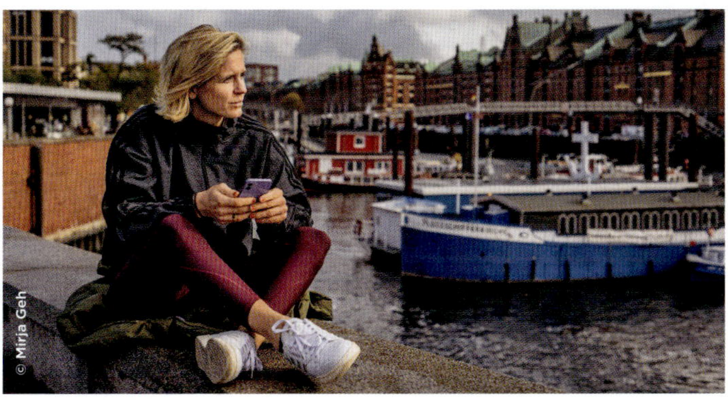

© Mirja Geh

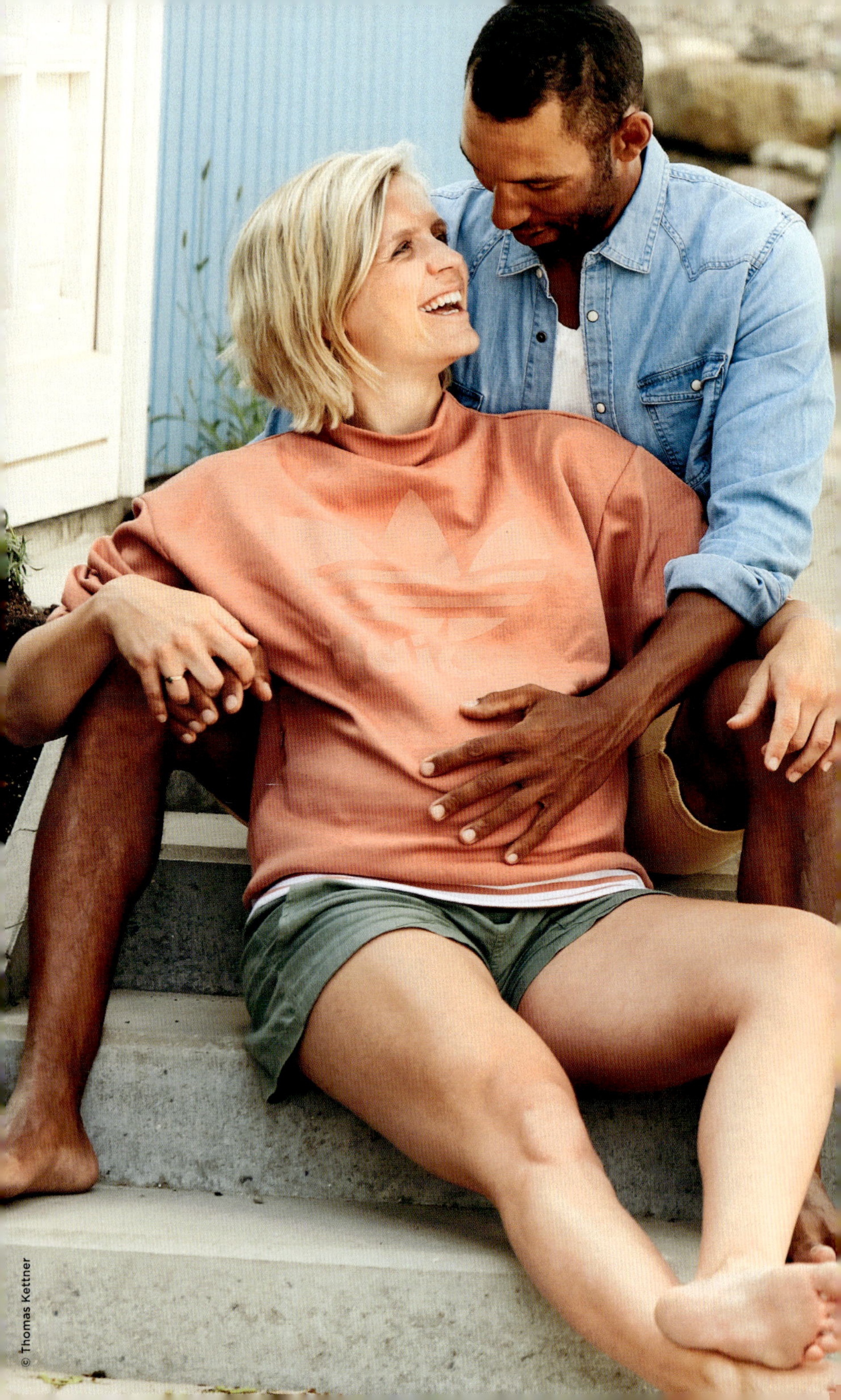

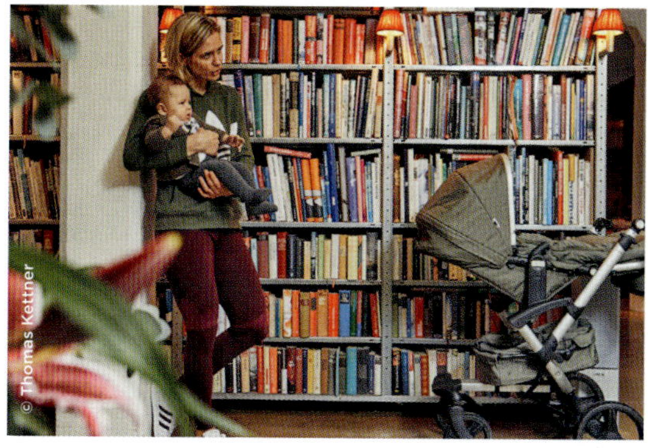

Familienliebe. 2009 lernten Morph und ich uns kennen, seit 2013 sind wir zusammen, 2022 haben wir geheiratet. Er ist die Liebe meines Lebens. 2018 kam unser Teo zur Welt und 2022 unser Lenny.

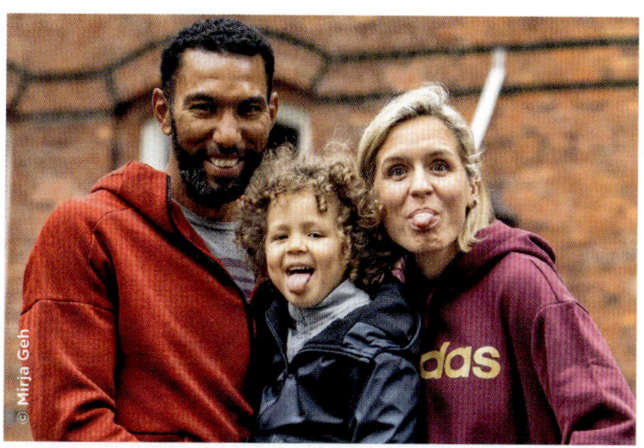

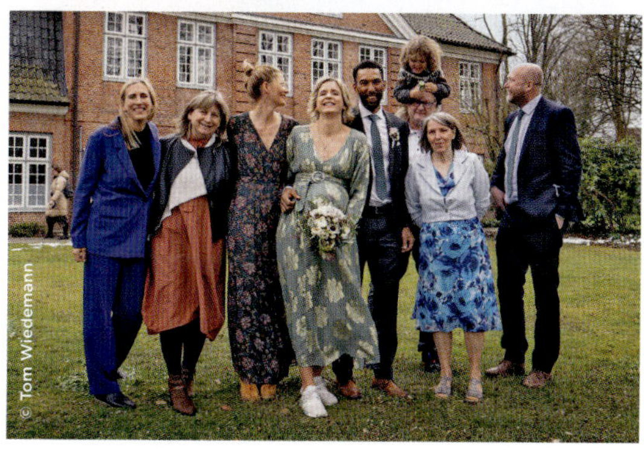

Von 2018 bis 2021 habe ich mit Margareta „Kusia“ Kozuch gespielt. Eine herausfordernde, aber am Ende erfolgreiche Zeit.

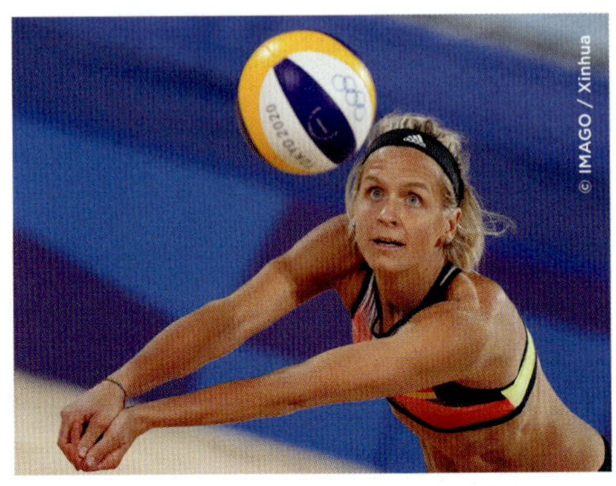

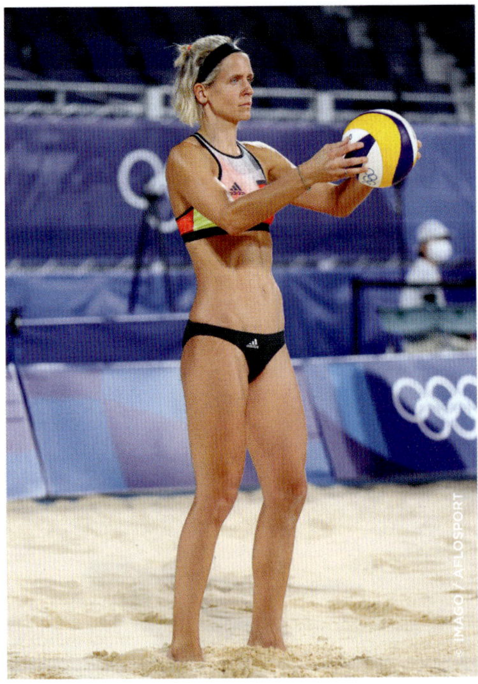

Konzentration ist alles. Hier bei den Olympischen Sommerspielen 2021 in Tokio.

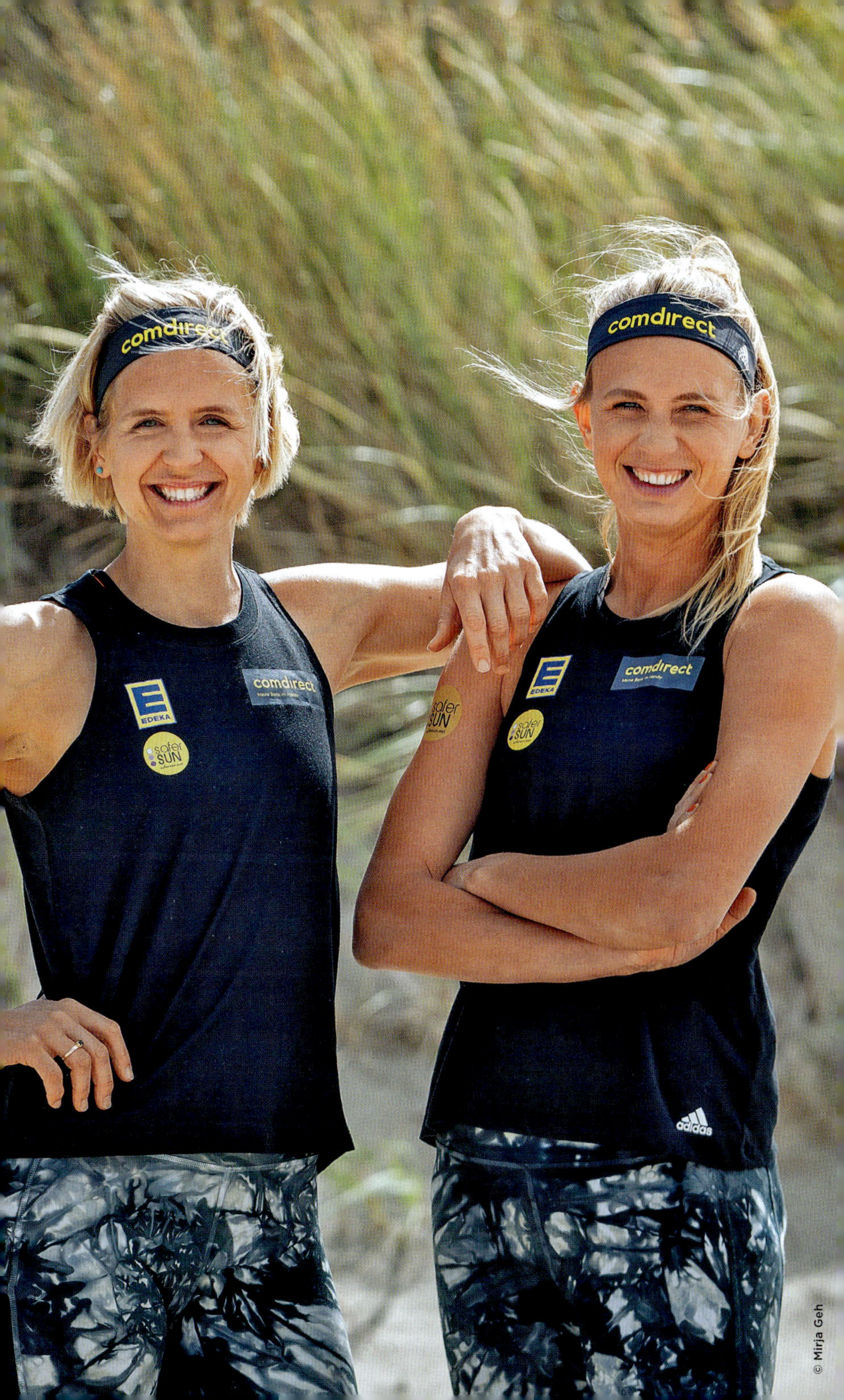
comdirect
comdirect
EDEKA
comdirect
safer SUN
EDEKA
comdirect
safer SUN
adidas

© Mirja Geh

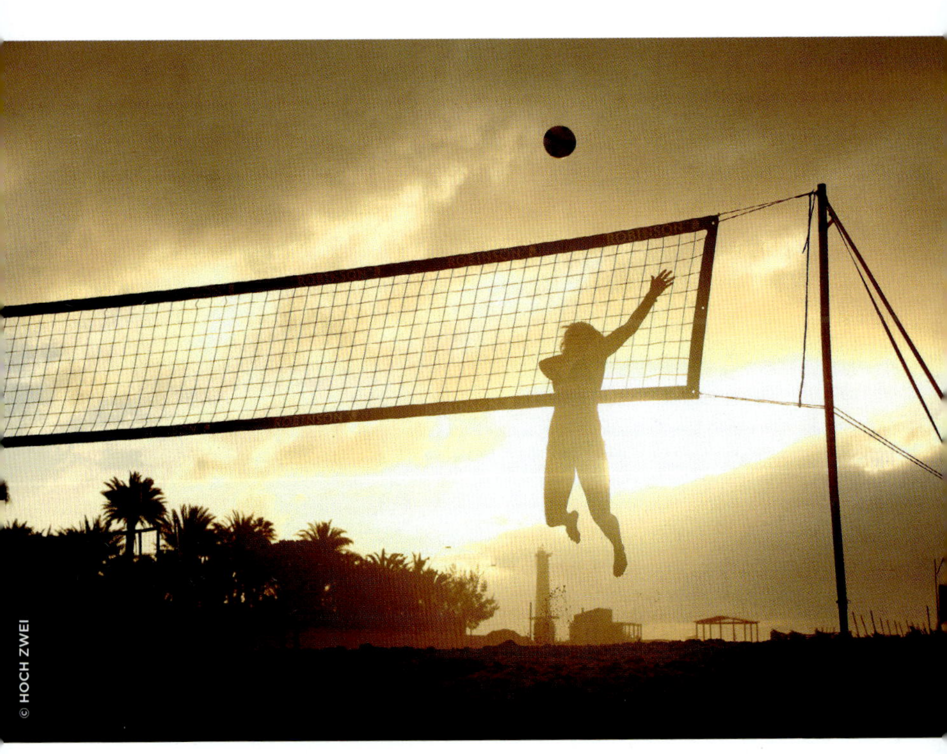

Beachvolleyball. Für immer ein wichtiger Teil meines Lebens.

und Stehen ging in die Beine. Bei diesen Spielen wollte ich nichts riskieren, das meine Leistung hätte beeinträchtigen können. Zu viel hatte ich investiert, um jetzt nicht auf jedes Detail zu achten. Kira folgte meinen Argumenten. Um etwas Stimmung zu schnuppern, zogen wir unsere Zeremonienoutfits an. In grauen Röcken, dunkelroten T-Shirts und Leggings machten wir es uns im deutschen Haus gemütlich, während unsere Mannschaft auf den TV-Bildschirmen hinter der Tischtennislegende Timo Boll ins Maracanã-Stadion einmarschierte. Das deutsche Haus ist traditionell ein Ort, an dem sich Athleten mit Medienvertretern und ausgewählten Gästen treffen. Wir Sportler verbanden es vor allem mit den wilden Partys der Medaillengewinner. Ich fühlte mich im Reinen mit meiner Entscheidung – auch weil das deutsche Haus ein ziemlich guter Ersatz für das stimmungsvolle Stadion war. Der Strand lag nur eine Straße entfernt. Die offene Holzkonstruktion mit spitzen Strohdächern erlaubte mir, die Meeresbrise zu genießen, die sanft durch das Haus wehte. Auf mehreren Terrassen konnte man sich zurückziehen oder an einem kleinen Pool einen Drink zu sich nehmen. Zur Wahl stand die Sicht auf das Meer oder nach hinten der Blick auf eine ruhige Lagune. Kurz vor Mitternacht entzündete der brasilianische Marathonläufer Vanderlei de Lima die olympische Flamme. Zu dieser Zeit lag ich allerdings schon wieder brav in meinem Bett.

Wir trainierten, wie auch während unserer Trainingslager, bei Pelé am Posto 9. Rios Strand ist aufgeteilt in Abschnitte, die durch Postos markiert sind. Das sind halbrunde weiße Stahlkonstruktionen, in denen die Bademeister Dienst schieben und Toiletten sowie Duschen untergebracht sind. Dort, hinter dem Posto 9, baute Pelé jeden Tag um 6 Uhr früh seine acht Beachvolleyballfelder auf. Ich mochte den Afrobrasilianer. Sein richtiger Name ist Robenildo Quintino Alves. Weil er als Kind gut mit dem Fußball umgehen konnte, bekam er den Spitznamen des berühmten brasilianischen Idols. Beachvolleyball brachte er sich selbst bei, als Adriana Samuel und Mônica Rodrigues, Silbermedaillengewinnerinnen 1996 in Atlanta, auf seinen Feldern trainierten.

Pelé kam, egal ob es windete, regnete oder die Sonne schien. Immer begrüßte er uns mit einem breiten Lächeln. Er freute sich über mein schlechtes Portugiesisch, während es mir peinlich war, dass ich nicht besser sprechen konnte. Am Tag vor unserem Auftaktmatch trainierten wir dort mit Britta und Karla. Plötzlich kamen immer mehr Menschen, um uns zuzusehen. Der Platz war umringt von Schaulustigen. Zum ersten Mal fühlte ich auch in meiner Wohlfühlzone Ipanema, dass in diesen Tagen etwas anders war. Die Fieberkurve stieg.

Nur wenige Minuten mit dem Taxi entfernt erhob sich das beeindruckende Beachvolleyballstadion an der Copacabana gen Himmel. Für mich schlug dort das Herz der Olympischen Spiele. Fußball lebten die Brasilianer das ganze Jahr über als Religion, doch ihre olympischen Herzen schlugen für Beachvolleyball. Sie erwarteten nicht ohne Grund zwei Goldmedaillen. Wir allerdings hatten dafür gearbeitet, diesen nationalen Traum zu vereiteln. In Rio heißt es, dass diese vier Kilometer am berühmtesten Strand der Welt den demokratischsten Ort Brasiliens ausmachen, denn in Badehosen und Flipflops sehen alle gleich aus. In Rio wohnen reiche Menschen hinter großen Toren mit Wächtern am Eingang. Wohlhabende meiden Favelas in der Regel, denn sie haben Angst, überfallen zu werden. Doch im Sand treffen Millionäre auf Favelabewohner, um Beachsoccer oder eben auf einem der vielen Felder Beachvolleyball zu spielen. Direkt neben dem Stadion verlief die breite Straße Avenida Atlântica mit ihrem Seitenstreifen für Radfahrer und Jogger. Zu jeder Tages- und Nachtzeit läuft oder radelt dort jemand.

Das Stadion erhob sich direkt neben der Strandstraße in den Himmel. Die Tribünen der Stahlkonstruktion stiegen so hoch auf, dass wir die Zuschauer auf den oberen Sitzen kaum erkennen konnten. Wer auf der Haupttribüne saß, hatte einen wunderschönen Ausblick auf den Atlantik. Schon bei unserem ersten Match waren die Ränge gut gefüllt. Unsere olympische Premiere fiel unter die Kategorie »Pflichtsieg«. Nada Meawad und Doaa El-Ghobashy aus Ägypten waren jung, 18 und 19 Jahre alt. Sie hatten sich über den Continental Cup qualifiziert. Unter den Top 100 der Weltrangliste fanden wir sie nicht. Für mich war es eine ungewohnte Situation, auf Spielerinnen zu treffen, die ich nicht kannte, deren Bewegungen ich nicht schon in meinem Gehirn abgespeichert hatte. Ich fragte mich, ob sie mich mit ihren Spielzügen überraschen würden. Könnte mich das versteinern? Auf dem Papier hatten sie keine Chance. Ungewohnt war auch, dass wir noch nie gegen ein Team angetreten waren, das aus religiösen Gründen im Ganzkörperanzug spielte. Im Spielertunnel ließen die beiden jungen Frauen uns den Stoff fühlen. Er war sehr dick, obwohl die Temperaturen immer noch bei fast 30 Grad lagen und die Luftfeuchtigkeit hoch war. Das verdiente meinen Respekt.

Schon zu diesem Spiel nahm ich die imaginäre Fernbedienung mit, die Anett mit mir entwickelt hatte. Ich legte sie neben mich auf die Bank. Sie sollte mir erlauben, mein Spiel an- und wieder auszuschalten, falls ich schlecht agieren würde. In den Spielpausen donnerte ein Mix aus den riesigen Lautsprechern. Fetzen der Lieder *You Can Leave Your Hat On* und *Seven Nation Army*. Gegen Ägypten lief sogar zeitweise Sido. Die Brasilianer hatten eine ihrer Sambaschulen geschickt, die hinter dem Schiedsrichter mit ihren Trommeln für zusätzliche Stimmung sorgte. Wir wussten, dass mit 70 oder 80 Prozent unserer Leistungsfähigkeit ein Sieg möglich sein sollte.

Ab und zu suchten meine Blicke Jürgen, Helke und Anett, die auf der Tribüne saßen. Ich spielte auch für sie, denn ohne sie wären wir nie zu Olympia gekommen. Die ersten Punkte brauchten wir, um unseren Rhythmus zu finden, während die jungen Ägypterinnen einige knifflige Situationen sehr gut lösten. Besonders Doaa El-Ghobashy beeindruckte mich. Der Hijab lenkte den Fokus auf ihr Gesicht. Sie wirkte richtig tiefenentspannt. »Wie kannst du nur so cool bei deinen ersten Olympischen Spielen sein?«, fragte ich mich. »Weißt du nicht, wie viele Menschen dir zusehen?« Wie selbstverständlich sie gegen mich agierte, verdiente Respekt. Am Ende ärgerte ich mich noch einmal über mich, als ich beim ersten Matchball meinen Aufschlag ins Netz feuerte. Den zweiten verwandelte Kira mit einem Block. Der Anfang war geschafft: Wir siegten 2 : 0 (21 : 12, 21 : 15).

Wir identifizierten vor unserem zweiten Match gegen die Kanadierinnen Jamie Lynn Broder und Kristina Valjas einige Details, die wir verbessern mussten. Wir besprachen, dass wir klug spielen wollten. Anett erinnerte mich noch einmal an meine Achtsamkeitsübung. Außerdem trainierten wir den Umgang mit meiner imaginären Fernbedienung. Es galt, Zuversicht zu erarbeiten, die ich für Spiele gegen starke Gegnerinnen brauchen würde. Im ersten Match hatte ich mich noch von der Atmosphäre ablenken lassen. Dieses Mal versuchte ich, mich nur auf mich zu konzentrieren. Die anderen Gedanken wollte ich aus meinem Kopf werfen. Alles, was meiner Leistung nicht half, musste raus.

Gleich zu Anfang zogen wir davon, erst 4 : 1, dann 8 : 2. Die Führung gaben wir nicht mehr aus der Hand, auch wenn der Abstand geringer wurde. Kira beeindruckte mich wieder einmal sehr, denn sie agierte stark im Block. Was ich bisher nie geschafft hatte, zeigte sie bereits im zweiten Spiel: ihr hohes Niveau bei Olympia. Nach dem Sieg gegen Kanada mit 21 : 17

und 21 : 11 ging es gegen Italien um den Gruppensieg. Später in der Zeitung las ich, dass sogar der Hollywoodstar Matthew McConaughey im Publikum gesessen hatte. Von den Zuschauern hatte ich allerdings nur unsere kleine, deutsche Gruppe wahrgenommen.

Wie immer besprach ich vor dem Match gegen Italien meinen mentalen Spielplan: Körpersprache beibehalten und noch einmal die Fernbedienung üben, denn ich hatte Angst, dass plötzlich in einem Spiel nichts mehr gehen würde.

Ich hatte in der Euphorie zu oft zu hart geschlagen: Mit stechenden Schmerzen meldete sich wieder meine Schulter, wenn ich den Arm zum Schlag durchzog. Auch für diesen Fall hatten wir meinen Kopf trainiert. Ich ließ den Schmerz in imaginären Wellen aus meinem Körper fließen, was einigermaßen funktionierte. Wie vor allen Matches fuhr ich mit Anett im Taxi ins Stadion. Mein »kleiner Zweifler« hatte sich dieses Mal ins Auto geschlichen. Anett vereinbarte mit mir, dass mein Zweifler während des Matches bei ihr bleiben würde. »Mit dem Zweifler kann man essen gehen, man sollte ihn aber nicht heiraten«, gab sie mir mit. Oder anders ausgedrückt: Meine zweifelnde Stimme hatte in manchen Situationen ihre Berechtigung, aber ich sollte sie nicht zu sehr in mein Leben lassen.

Als wir ankamen, pfiff ein rauer Atlantikwind durch die Stahlkonstruktion. Wir mussten in einer Nightsession gegen Marta Menegatti und Laura Giombini antreten. In diesem Spiel wurde mein Albtraum wahr: Wir standen uns selbst im Weg. Eigentlich hatten wir den Gruppensieg schon in der Tasche, da verloren wir unsere Selbstsicherheit und mussten in den dritten Satz. Am Ende konnten wir sie 21 : 18, 18 : 21 und 15 : 9 niederringen. Gut, dass wir unsere Schwächephase schon in den Gruppenspielen erlebt hatten. Das war ein Aufrüttler, der uns motivierte, uns von nun an mental besser einzustellen.

Wir versuchten, an unserem spielfreien Tag wieder bei Pelé zu trainieren. Doch dieses Mal peitschte der Wind über den Strand. Es stürmte so sehr, dass wir nicht arbeiten konnten. Nach ein paar Bewegungsübungen im Sand gingen wir in einen Kraftraum, den wir von unseren Trainingscamps kannten. Dort traf ich die Trainerlegende der französischen Hallenvolleyballmänner, Laurent Tillie. Ich traute mich, auf ihn zuzugehen und ihm zu sagen, wie sehr ich seine Arbeit bewunderte. Seitdem grüßt er mich. Das sind olympische Momente, für die ich diesen Wettbewerb liebe, denn die meiste Zeit des Jahres leben wir in unserer Beachvolleyballbubble, die vorrangig aus Training, Schlafen und den immer gleichen Beachvolleyballern besteht – Glamour oder aufregende Begegnungen mit Idolen gehören nicht zu unserem Alltag.

Jochen, unser Physiotherapeut, zauberte mit seinen magischen Händen. Täglich legte ich mich zwei Stunden auf seine Liege, die er in unserem Wohnzimmer aufgebaut hatte. Bisher hatte er meine Schulter schmerzfrei massiert, Verklebungen gelöst, sodass ich mich in den ersten Begegnungen viel zu wohl gefühlt hatte und zu oft zu hart geschlagen hatte. Nun musste er das wieder hinbekommen, trug ich ihm auf, denn im Achtelfinale trafen wir auf die Schweizerinnen Isabelle Forrer und Anouk Vergé-Dépré. Im Olympiaranking lagen die beiden auf Rang 12, formell das beste Schweizer Team. Im Viertelfinale von Klagenfurt hatten wir sie geschlagen, allerdings in drei Sätzen und nach fünf abgewehrten Matchbällen. Obwohl unsere Bilanz gegen die beiden positiv ausfiel – die Spiele waren immer sehr umkämpft gewesen. Wir wussten also um ihre Stärke.

Vielleicht starteten wir deshalb so schlecht? Erst beim 7:6 gingen wir in Führung. Uns abzusetzen, gelang uns im ersten Durchgang nie. Ich hatte eine Phase, in der ich nicht gut spielte. Gerade dann gab Kira mir Sicherheit, mich wieder zu fangen.

Das Vertrauen, das wir über die Jahre aufgebaut hatten, zahlte sich aus. Ende des ersten Satzes lagen wir sogar 18 : 19 zurück, konnten aber drei Punkte nacheinander verbuchen zum 21 : 19-Satzgewinn.

Die deutschen Fans sorgten mit ihren »Deutschland, Deutschland«-Chören für Gänsehautstimmung im Stadion. Im zweiten Satz spielten wir eine Klasse besser und Kira sensationell. Drei Asse nacheinander gelangen ihr. Ich kann mich nicht daran erinnern, wann sie das zuletzt gegen ein Topteam geschafft hatte. Wir achteten aufeinander und unterstützten uns. Das machte den entscheidenden Unterschied aus, um ein Match auf diesem Niveau zu gewinnen. Kira spielte befreit auf. Für mich war es beeindruckend zu erleben, wie sie sich als Olympiarookie von Spiel zu Spiel steigerte. Im zweiten Satz spielten wir fast perfekt mit dem Ergebnis 21 : 10. Uns fiel ein Stein vom Herzen, denn Platz fünf – und damit unser Minimalziel – hatten wir in den Büchern.

Morph, mein Halt

In der ersten Woche sah ich meinen Freund kaum, denn er kümmerte sich ausschließlich um sein niederländisches Team. Dennoch wusste ich, dass er sich immer über meine Ergebnisse informiert hatte. Er vertraute darauf, dass ich in unserem Betreuerteam mit Jürgen, Helke, Anett und Jochen gut aufgehoben war, dass es mir an nichts fehlte – aber ich vermisste ihn. Im Achtelfinale verloren seine Frauen, dennoch blieb er im olympischen Dorf wohnen, um mir genügend Raum und Ruhe zu geben. Er kam, wenn ich mich nach ihm sehnte, und blieb im Dorf, wenn ich mit meinem Team beschäftigt war. »Was kann ich dir geben?«, fragte er mich jeden Tag aufs Neue. Meine Antworten waren unterschiedlich. Manchmal wollte ich, dass er bei mir übernachtete, ein anderes Mal bat ich ihn um ein gemeinsames Frühstück. Er war da, wenn ich ihn brauchte. Perfekt gelang es ihm, sich an der imaginären Grenze unseres Teams zu bewegen. Dort wartete er verständnisvoll, bis ich ihn in unseren inneren Kreis hineinließ.

Vor meinen Matches gab es zwischen dem Warm-up-Platz und dem Gang ins Stadion noch einen Bereich, zu dem er mit seiner Akkreditierung Zugang hatte. Dort wartete er auf mich, um mich ein letztes Mal aufzumuntern. Wenn ich vom Warm-up-Platz ging, suchte ich ihn bereits mit meinen Blicken. Wenn sie seine trafen, war es jedes Mal wie ein kleines Ankommen. Meistens bat ich ihn um eine Umarmung. »Ich liebe dich«, sagte er dann. Worte, die mir unendlich viel Kraft gaben. Ich spürte, dass er an mich glaubte. Er hatte mir so oft gesagt, dass ich als Mensch und als Spielerin bereit sei, um bei Olympia mein bestes Beachvolleyball zu zeigen. In diesen kurzen Momenten vor meinen Spielen glaubte ich ihm. Wir hatten noch ein kleines Ritual, das auf Außenstehende vielleicht komisch wirkte, doch für mich funktionierte es: Bevor ich mich ins Stadion aufmachte, hielt er seine Fäuste an meinen Kopf, um mir Energie zu geben. Danach fühlte ich mich stärker.

Meine Liebe begleitete mich ins Finale – als mein Mann und nicht als mein Trainer. Bei den Spielen saß er bei Helke oder Anett auf der Tribüne. Ich spürte, wo er saß. Das genügte mir, um Ruhe zu finden.

Am Tag vor dem Viertelfinale gegen Kanada rief Anett uns nach dem Training zusammen. Von unserem Court aus konnten wir das Stadion in der Ferne sehen. Auf der anderen Seite sahen wir die markanten Umrisse des Zuckerhuts aus dem Dunst hervorscheinen. Das Meer rauschte. Hinter der Avenida Atlântica reihten sich die Hotels aneinander. Wir sollten zum Stadion blicken. Anett zog mit ihrem Fuß einen Kreis in den Sand. Sie bat uns, Arm in Arm im Zentrum zu stehen und uns abzuklatschen.

Ich mochte solche Übungen eigentlich nicht, doch in diesem Moment fühlte ich, dass die Nähe guttun würde. Anett machte uns auf die Nuancen unserer Körpersprache aufmerksam: Wenn es gut lief, klatschten wir uns ab, wenn nicht, blieb jede für sich, ohne dass uns unser Verhalten bewusst war.

Wir sollten uns erinnern, dass Körperkontakt ein Weg ist, wieder Verbindung herzustellen, wenn wir uns verloren hatten. Anett las uns die Schlagworte vor, die wir in den vergangenen vier Jahren erarbeitet hatten: »Selbstbewusst. Zusammenhalt. Wir gegen den Gegner. Automatisierte Handlung. Allein und als Team. Ruhe. Offen. Fokussieren. In der Handlung bleiben. Von Ball zu Ball mit vier Schritten der Regulation. Freude zu spielen. Kommunikation und Körpersprache. Tanzen mit Leichtigkeit. Zuversicht. Schlau spielen.« Während dieser Aufzählung fühlte ich Gänsehaut ohne Ende am ganzen Körper. Das Stadion leuchtete in Silbergrau auf dem beigen Sand, vor uns glitzerte das Meer. Mir kamen fast die Tränen und gleichzeitig stieg eine starke Gewissheit in mir auf: Ich war den kommenden Aufgaben gewachsen.

Das Viertelfinale empfand ich als das schwierigste Match für den Kopf. In die Runde der letzten acht schafften es nur die starken Teams. Würden wir verlieren, hätten vier Jahre harte Arbeit mit einem Eintrag in die Ergebnislisten anstatt mit Edelmetall geendet. Wenn wir es ins Halbfinale schaffen würden, dann standen uns zwei Medaillenchancen offen. Kanada war uns zugelost worden. Kein Lottogewinn, denn das Duo hatte ein klares Etikett in unserer Welt: ganz unangenehmer Gegner. Davor hatten wir schon fünfmal gegen Sarah Pavan und Heather Bansley gespielt – und viermal verloren.

Vor diesem wichtigen Spiel erdete ich meine Gedanken. Jedes Match folgte einer sehr simplen Logik: Wenn ich immer meinen besten Ball spiele, habe ich die größte Chance, den Punkt zu machen. So weit die Theorie. Die Praxis, wenn Sarah mit ihren 1,96 Metern auf der anderen Seite des Netzes meinen Ball abzuwehren versuchte, sah anders aus. Ich wusste: Wenn ich eine Millisekunde zu lang nachdachte, verlor sogar mein bester Ball an Durchschlagskraft. Ihre Partnerin Heather Bansley verdiente den Titel »Abwehrkünstlerin«. Sie bewegte sich wie eine Katze und antizipierte sehr gut.

Zu unserer Routine gehörte auch, einen Tag vor dem Match eine Stunde lang Videos unserer Gegner anzusehen, um die Taktik zu besprechen. Jürgen hatte in Rio viele Nachtschichten eingelegt, um das Material der Scouts auszuwerten. Die Scouts des Deutschen Volleyball-Verbandes nahmen schon seit Jahren jedes wichtige Spiel auf. In einem Programm konnten die Trainer einzelne Bewegungen, Schläge oder Taktiken unserer Gegnerinnen auswerten. Von dem vielen Material wurde uns immer nur ein Bruchteil gezeigt. Vor diesem wichtigen Match hatte Jürgen sich noch mehr reingehängt. Oft sahen wir uns nur Ausschnitte aus Spielen an, doch jetzt spielte er uns die gesamte letzte Begegnung gegen die beiden vor. Ich überprüfte genau, wie sie meine Schläge abwehrten. Die Erkenntnis durchfuhr mich wie ein Blitz. »Ist ja glasklar«, dachte ich. »Wenn ich innen anlaufe, blockt sie immer so, und wenn ich außen anlaufe, dann macht sie Variante B.« Mir erschien das Schema so offensichtlich, dass ich nicht einmal meine Beobachtung mit Jürgen teilte. In diesem Moment wusste ich, wie wir sie schlagen konnten. Auch Jürgen hatte geglaubt, beim Videostudium den Schlüssel zum Sieg erkannt zu haben. Mit einer Aufschlagvariante sollten wir Heather zwingen, ihren Anlauf anzupassen, sodass sie durch die neue Bewegung an Präzision verlieren würde. Ich war extrem klar im Kopf. Jürgen hatte oft davon gesprochen, dass alles, was im Kopf nicht klar sei, im Unterbewusstsein arbeitete und Energien kostete. Obwohl ich bisher großen Respekt vor Sarahs Blockqualitäten hatte: Ich fühlte mich bereit. Noch nie in meiner Karriere hatte ich eine so gute taktische Vorbereitung. Am nächsten Tag sollte sie sich im Sand auszahlen.

Zum Abschluss unserer Vorbesprechung riefen wir uns wieder das Bild vom Tanzen ins Gedächtnis. Eine Analogie, die beschrieb, wie wir gemeinsam am besten funktionierten. Jeder Tanzpartner konzentrierte sich auf seine Schritte, hatte eine andere Abfolge, und dennoch griffen die Bewegungen ineinander. Jeder für sich und harmonisch in der Zweisamkeit. Beim Tanzen konnte es vorkommen, dass man sich auf den Fuß trat, um sich Momente später wieder perfekt zum Rhythmus zu bewegen. Selbst wenn man den gleichen Tanz tanzte, hatte doch jeder seinen eigenen Stil. So wollten wir spielen, jeder bei sich und dennoch gemeinsam, perfekt im Takt. Und natürlich nicht zu vergessen: immer handlungsorientiert.

Dieses Match, das wir 2:0 (21:14, 21:14) gewannen, wird mir immer in Erinnerung bleiben. Schon in meinem ersten Side-Out gelang mir ein Shot über Sarah die Linie entlang. Darauf folgte ein fast perfekter Tanz. Jede erfüllte ihre Aufgabe mit Präzision. Wir wurden in unserer sehr harmonischen Choreografie fast zu einer Einheit, in der alles aufeinander abgestimmt war.

Die deutsche Zuschauergruppe feuerte uns wieder mit ihren Sprechchören an. Vor dem Matchball forderte der Moderator das Publikum auf, aufzustehen und rhythmisch zu klatschen. Vielleicht fühlte ich mich in diesem Moment übermotiviert durch die fantastische Kulisse – den Aufschlag feuerte ich bestimmt einen Meter neben die Außenlinie. Doch den zweiten Matchball verwandelte ich: Side-Out, Annahme, Pass nach vorne, Zuspiel von Kira, dann zauberte ich den Ball über Sarahs Block diagonal in die Ecke. Ich drehte mich zu Kira um und war komplett sprachlos. Ich konnte nur denken: »Alter, habt ihr das gesehen? Wir sind im Halbfinale!« Danach fiel ich Kira in die Arme.

Jürgen traf nach dem Spiel Sarah, die anerkennend zu ihm sagte: »Deine Mädels waren heute einfach das bessere Team. Sie haben perfekt gespielt.« Helke weinte hemmungslos, dabei zitterte sie am ganzen Körper. Alle dachten wir das Gleiche (aber niemand sprach es aus): Nach diesem fast perfekten Spiel schien alles möglich. Ich bekomme immer noch Gänsehaut, wenn ich daran denke.

Die letzten vier

Kurz vor dem Halbfinale wies uns ein Reporter darauf hin, dass wir das erste europäische Team in der Geschichte der Olympischen Spiele seien, das den Einzug ins Halbfinale geschafft hatte. Abstrakt und unwirklich fühlte es sich an, wieder an die Größe des Ereignisses erinnert zu werden, während wir alles taten, um uns ausschließlich auf Court und Gegner zu konzentrieren. Nun stand uns die Feuerprobe bevor. Unsere Gegnerinnen Larissa França Maestrini und Talita Antunes da Rocha kamen erstens aus Brasilien und zweitens standen sie ganz oben auf der olympischen Setzliste. Die Zuschauer würden wie eine Wand hinter ihnen stehen. Gegen Larissa spielte niemand gerne. Sie galt als Abwehrkatze Nummer eins, denn sie las ihre Gegenspielerinnen unheimlich gut, dabei agierte sie extrem variabel in ihren Shots. Ich bewunderte Larissa, denn bei ihr sah das Schwierige so leicht aus. Oft schon hatte ich mir sehr aufmerksam ihre Spiele angesehen, um von ihr zu lernen.

Unsere Taktik lautete: Larissa zu ignorieren. Das galt vor allem für mich, denn sie ist eine Meisterin im Blickkontakt. Wenn Blicke beim Seitenwechsel töten könnten, wäre Larissa eine Serienkillerin. Mein Plan bestand darin, sie dieses Mal ins Leere laufen zu lassen. Ich würde bei mir bleiben. »Stellt euch darauf ein, ein paar Punkte wird sie machen«, schärfte Jürgen uns ein. Er überzeugte uns, dass Talita dem konstanten Druck nicht standhalten würde.

Ich stellte mich auf Aufschläge in die Mitte ein, sodass wir viel kommunizieren mussten.

Jürgen bestand darauf, dass wir die Favoritenrolle annahmen. Es fühlte sich für mich unwirklich an, gerade bei Olympischen Spielen in dieses Klischee gesteckt zu werden, auch wenn die Statistik für diese Rolle sprach. Bei drei von vier Duellen gegen Larissa/Talita waren wir als Siegerinnen vom Platz gegangen. Allerdings: Keines davon hatte vor ihrem frenetischen Publikum stattgefunden, und Olympia konnte man mit nichts vergleichen, was unsere Beachvolleyballwelt zu bieten hatte. Unser härtester Gegner würden unsere Gefühle werden. Wir wussten, dass die Brasilianer uns ausbuhen, schreien und unsere Fehler bejubeln würden. Jürgen schickte mich zu einer Begegnung eines brasilianischen Männerteams, um zu erleben, wie laut die Fans auf der Tribüne sein konnten. Helke und ich schauten uns an: »Krass!«, schrie ich – und wusste nicht einmal, ob sie mich verstehen konnte.

Mit Anett arbeiteten wir an unserem Mindset. Die brasilianischen Fans würden nicht gegen uns pfeifen, sondern für ihr Team. Wir sollten das Ausbuhen nicht persönlich nehmen. Anett gab mir noch ein Werkzeug an die Hand, das mir unglaublich half: »Du kannst nicht alle fünf Sinne gleichzeitig nutzen. Also konzentriere dich verstärkt auf deine Füße im Sand und den Ball in deinen Händen«, wohl wissend, dass auf diese Weise die Wahrnehmung der Umgebung nachlassen würde. Auch die Nebencourtübung, die wir seit Klagenfurt trainiert hatten, hatte nun ihren Einsatz im Ernstfall. »Es ist Sand, ein Netz und ein Ball. Und wir sind alle da«, beruhigte Anett mich vor dem Spiel.

Beim ersten Aufschlag dachte ich noch: »Oweiowei, ist das laut …«, obwohl das Stadion zu Beginn noch nicht einmal ganz gefüllt war. Dann fühlte ich die Hände am Ball und scharrte mit den Zehen im Sand. Ab diesem Moment war es mir egal, wie sehr die Zuschauer ihr Team nach vorne schrien und uns ausbuhten. Ich konnte den Wind für den Aufschlag gut nutzen und Kira blockte einen Schlag nach dem anderen. Mitte des ersten Satzes mussten wir die einzige schwierige Situation in diesem Match bewältigen: Wir lagen 11 : 14 hinten, schafften es danach jedoch, in Führung zu gehen. Ich spürte unsere Präsenz mit jedem Schlag deutlicher. Es gelang uns, unser Spiel durchzusetzen. Ich erreichte den Flow, auf den ich eine Ewigkeit hingearbeitet hatte. Wenn ich in diesen Zustand kam, fühlte es sich an, als würden die Ballwechsel in Zeitlupe vor meinem geistigen Auge ablaufen. Dann hatte ich das Gefühl, nie zu spät zu sein, denn das Tempo war genau so, wie ich es brauchte. Ich nahm nur noch meine Bewegungen wahr. Das Publikum verschwand in meinem Kopf wie hinter einer dicken, schalldichten Mauer. Nicht einen Moment dachte ich daran, dass das Spiel noch kippen könnte. Je mehr die Zuschauer brüllten und klatschten, wenn wir einen Fehler machten, desto fokussierter wurde ich. Bei Larissa und Talita ging nicht mehr viel. Und die Zuschauer … die wurden immer leiser.

Nach knapp einer halben Stunde zeigte die Anzeigetafel den ersten Matchball für uns an. Kira gelang ein Rainbow, also ein Ball diagonal in die Ecke über Larissa.

Wir hatten es geschafft und das Finale erreicht. Wahnsinn! Ich war fassungslos. Larissa und Talita behandelten uns sehr fair nach dem Spiel. Auch ihre Trainer gratulierten, während wir uns umarmten. Sie zeigten Respekt vor unserer Leistung. In Zahlen: 21 : 18, 21 : 12.

Wir ließen uns von der deutschen Gruppe feiern, die aus zwei Dutzend Fans bestand. Viele Freunde waren extra nach

Rio gereist. Ich schrie meine Erleichterung so laut in den blauen Himmel, dass ich heiser wurde. Wir spürten, dass wir athletisch und technisch eine neue Dimension erreicht hatten. Jeden Schlag hatten wir in den vier Jahren der Zusammenarbeit weiterentwickelt. Mit dem Aufschlag konnten wir ungeahnten Druck ausüben. Die Detailversessenheit von Jürgen tat mir so gut, dass ich endlich Anetts Worte aussprechen und sie auch glauben konnte: Ich bin die beste Abwehrspielerin der Welt (immer noch hätte ich das niemals nach außen so formuliert). Ich wusste, wohin ich mich bewegen musste. Mein Timing erlaubte mir, an viele Bälle zu kommen, die ich noch in London für unerreichbar gehalten hätte.

Ich spürte, dass die mentale Arbeit mit Anett funktionierte. Im Halbfinale hatte ich es geschafft, trotz Tausender pfeifender brasilianischer Fans, bei mir zu bleiben. Vom ersten Spiel an hatte ich meine Aufregung komplett im Griff (was mich selbst überrascht hatte).

Doch würde ich auch vor dem Finale ruhig bleiben können?

Nach unserer Pressekonferenz gingen wir noch in den kleinen Strandkiosk. Dort hatten Freunde aus Hamburg sowie Anett, Morph und Helke unsere Medaille schon ausgiebig gefeiert. Erst setzten wir uns friedlich dazu, bis eine der Straßenbands, die von Kiosk zu Kiosk zogen, mit Mandoline, Rassel und einem Sänger vorbeikam. Meine Lebensgeister erwachten wieder, ich tanze ja eh für mein Leben gerne. Leider konnte ich nicht lange bleiben, denn ich musste noch zur Behandlung mit Jochen.

Das zweite Halbfinale begann erst spät, sodass ich ins Bett ging, ohne zu wissen, wer uns im Finale gegenüberstehen würde. Um 1 Uhr morgens wachte ich auf und hielt es nicht mehr aus: Ich schaltete mein Smartphone an, um mich über das Ergebnis zu informieren. Das zweite brasilianische Team hatte gewonnen. Mir fiel ein Stein vom Herzen, also nicht Kerri Walsh Jennings und April Ross, sondern Ágatha Bednarczuk und Bárbara Seixas. Gegen die beiden hatten wir eine positive Bilanz. Auch waren wir körperlich leicht überlegen: Ágatha, die Blockerin, maß 1,82 Meter und Bárbara 1,78 Meter. Ich schlief beruhigt wieder ein.

Finale! Oder das wichtigste Spiel meines Lebens

Der Showdown um die olympische Goldmedaille begann um Mitternacht am 18. August 2016. Mir stand ein ganzer Tag zur Verfügung, um mich vorzubereiten. Ein Luxus, der zum Problem werden konnte: Ich musste den Fokus bewahren und nicht das Steuer meinen Emotionen überlassen. Zum ersten Mal spürte ich Nervosität in meinem Kopf, in meinem Körper. Ich flatterte, fand keine Ruhe, mein Herz schlug schneller als sonst, meine Hände waren verkrampft.

Am Nachmittag hatte Jürgen eine Trainingseinheit angesetzt. Danach legte ich mich noch einmal auf die Liege für die letzte Behandlung bei Jochen. Ich genoss seine goldenen Hände. Ihm hatte ich es zu verdanken, dass ich mich am Ende dieses langen Turniers so gut und locker fühlte wie noch nie. Nur ein einziges Mal musste er während der zwei Wochen meine Schulter mit Tape-Streifen behandeln. Darauf war er ziemlich stolz. In einer Videobesprechung führten wir uns vor Augen, welche Muster die Brasilianerinnen gegen uns anwandten. Wir würden versuchen, viel über Ágatha zu spielen. Uns war bewusst, dass auch die beiden gute Analysten und Statistiken zur Verfügung hatten. Ihr Trainer Rico de Freitas würde bestimmt noch ein Ass aus dem Ärmel ziehen. Wir waren also auf der Hut, uns nicht zu sehr auf unsere Ideen zu versteifen. Jürgen erinnerte uns daran, dass wir genug Energie zur Verfügung hatten: »Ihr müsst sie nur noch abrufen.«

Anett bestärkte mich, dass jetzt die Zeit gekommen sei zu genießen. Mit einer Mischung aus Überzeugung und Leichtigkeit sollte ich das Spiel meines Lebens angehen.

Am Abend fuhr ich, wie an allen Spieltagen, mit Anett im Taxi zum Stadion. Anett gestand ich, wie unruhig ich mich fühlte. Zum ersten Mal. Sie leitete mich an, die 3-2-1-Achtsamkeitsübung zu machen. Das erdete mich, dennoch musste diese unbändige Nervosität raus. Ich drückte Anetts Hand so fest ich konnte und schrie dabei. »Wir haben alles erarbeitet«, beruhigte sie mich. »Wir machen jetzt einfach, was wir immer vor einem Spiel machen«, fügte sie hinzu. Ich kam langsam ein wenig runter. Wie immer mussten wir 90 Minuten vor dem Spiel am Stadion sein. Ab diesem Moment hatten wir für jede Station bis zum Einlaufen auf das Feld eine gewisse Zeit zur Verfügung. Über Monate hinweg hatten wir diesen Prozess einstudiert. Einschreiben, danach in einer mobilen Kabine in der Nähe des Stadions umziehen. Dort besprachen wir ein letztes Mal unsere Taktik und reflektierten unsere Emotionen. Michi Tank, der Verbandsarzt, testete uns mit seinen einfühlsamen Händen aus, damit wir keine Blockaden im Körper mit aufs Feld nahmen.

Jedem Team war ein eigenes Feld zum Aufwärmen zugewiesen worden. Kein Lüftchen wehte dort. Mein Warm-up-Programm machte ich seit zwei Jahren in der exakt gleichen Reihenfolge: Erst joggte ich zwei Runden um das Feld, um den Kreislauf in Schwung zu bringen. Ganz bewusst nahm ich dabei die Dimensionen meines Arbeitsplatzes wahr. Danach machte ich Mobilisierungs- und Stabilitätsübungen, denn besonders der untere Bauch musste angetriggert werden, um Ober- und Unterkörper optimal miteinander zu verbinden. Die Übungen für die Schultern führte ich langsam aus und überprüfte, dass ich sie nach unten und hinten drückte. Mit verschiedenen Übungen bereitete ich alle Sehnen, Muskeln und Bänder in der Schulter auf die bevorstehende Aufgabe vor. Dann kamen die sogenannten Bären-, Frosch- und Käferübungen, die Jochen entwickelt hatte, um alle Ketten im Körper zu aktivieren. Bei der Bärenübung beispielsweise hob ich im Vierfüßlerstand jeweils den gegenüberliegenden Arm und Fuß gleichzeitig. Beim Frosch aktivierte ich auf dem Rücken liegend die Bauchmuskeln und ihre Verbindungen zu den anderen Muskelgruppen. Nach ungefähr 25 Minuten absolvierte ich noch ein paar Sprints. Der Startschuss für meinen Körper, dass es bald losgehen würde.

Bei den ersten Aufwärmschlägen breitete sich Panik in mir aus: Ich traf den Ball nicht mehr richtig! Meine Bewegungen kamen zu hektisch, zu schnell, als würden Kopf und Körper in zwei unterschiedlichen Tonlagen spielen. Ich blickte Hilfe suchend zu Jürgen. Er tat etwas, was er sonst nie gemacht hatte: Er holte mich an den Rand des Feldes. Eindringlich sprach er mit seiner tiefen Stimme auf mich ein: »Langsam, ruhig, atmen.« Ich folgte seinen Anweisungen und beruhigte mich tatsächlich etwas.

Zehn Minuten vor Beginn wurden wir ins Stadion geholt. Wie schon in den vorigen Spielen wartete Morph zwischen Aufwärmcourt und Stadion auf mich. So sehnsüchtig wie noch nie suchte ich seine Nähe. »Ich bin so nervös«, gestand ich ihm. Er drückte mich noch fester. »Das ist okay. Du bist bereit«, sagte er. Ich wollte noch einen Moment länger die Sicherheit seiner starken Arme genießen. Er flüsterte mir ins Ohr: »Ich liebe dich.« Ich löste mich von ihm. Während ich zum Rand des Tunnels ging, der ins Stadion führte, nahm ich den hellen Mond am Himmel wahr. Reflektiert vom Meer schien er noch intensiver als sonst. Es fehlte nur eine Nacht zum Vollmond. Irgendwie faszinierte und beruhigte es mich, dass er in dieser für mich so wichtigen Nacht bei mir sein würde. Ich konzentrierte mich auf meine Sinne, so wie ich es tausendfach trainiert hatte. Ich fühlte den Sand unter meinen Füßen, spürte die kleinen Körner zwischen meinen Zehen, nahm alle Empfindungen in meinen Füßen wahr, die Hitze des Untergrunds und jede noch so kleine Bewegung.

Unter der stählernen Tribüne trafen wir Ágatha und Bárbara. Ich konnte sehen, dass auch sie extrem mit ihrer Nervosität zu kämpfen hatten. Wir hatten über Jahre eine enge Verbindung aufgebaut, doch in dieser Situation: kein Wort, kein Blickkontakt und schon gar kein Lächeln. Normalerweise machten wir immer noch ein paar Sprüche, bevor es losging. Sie schienen in ihrem Film gefangen. Ich wusste, wie sehr diese stolze Nation einen Sieg von ihren Beachvolleyball-Ikonen erwartete – entweder sie krönten sich zu Legenden oder wurden Verliererinnen. Ich wusste sofort, dass so viel Anspannung auf Kosten der Bewegungen und Entscheidungen ging. »Man ist fest«, hieß dieser Zustand bei uns. Mir fiel noch auf, dass Ágatha müde aussah. Dass auch sie Druck spürte, beruhigte mich. Ich machte dann doch noch einen Spruch zur Musik, die aus dem Stadion zu uns drang. Ich dachte, meine Bemerkung sei lustig und würde uns alle etwas auflockern, doch niemand reagierte. »Wow, ihr seid ja noch schlimmer dran als ich. Eigentlich gut«, fuhr es mir durch den Kopf.

Die Party hatte bereits begonnen. Aus den riesigen Lautsprechern ertönte die Beachvolleyballhymne: »Here comes the boom, here comes the boom, here comes the boom, boom, boom!« – und bei jedem »boom« rissen die Menschen im Publikum ihre Arme in die Höhe.

Die Schiedsrichter aus Spanien und Russland baten die Kapitäninnen zur Auslosung. Noch immer hatten wir das Stadion nicht betreten. Ich vergewisserte mich noch einmal, dass kein Wind wehte. »Seite«, sagte ich bestimmt. Ich wählte die Hälfte, die ich immer genommen hatte. Dort, wo wir auch als Zuschauerinnen gesessen hatten.

Der Stadionsprecher schrie ins Mikrofon: »Die beste deutsche Spielerin, dreifache Olympionikin, vierfache Europameisterin – nun ist sie bereit für das Finale: Laura Ludwig!« Als ich durch den Tunnel ins Stadion trat, empfing mich ohrenbetäubender Lärm von Tausenden brasilianischen Fans. Sie waren gekommen, um ihr Team zur Goldmedaille zu brüllen. Ich suchte sofort mit Blicken nach meinem Team. Ich wusste ungefähr, in welchem Sektor sie sitzen würden. Sie winkten wild, damit ich sie aus den Augenwinkeln erkennen konnte. Ich glaubte, sie trotz der Lärmlawine zu hören.

Die Zuschauer sprangen auf, um Ágatha Bednarczuk und Bárbara Seixas beim Einlauf aufs Feld frenetisch zu unterstützen. Die Stimme des Sprechers überschlug sich fast. Er schrie so laut, schließlich musste auch er sich gegen den Jubel der Fans durchsetzen: »Bárbara, Bárbara!«, und noch einmal lang gezogen wie das »Ready to rumble!« beim Boxen: »Bááárbaaaaraaaa!« In diesem Moment schrien die Zuschauer im vollbesetzten Center-Court so laut, dass Kira und ich – obwohl wir nebeneinanderstanden – uns nicht mehr verständigen konnten.

Die Nationalhymnen erklangen. Ich kannte den Text noch und wusste auch, was er bedeutete, denn schon als Jugendliche sollten wir bei internationalen Wettkämpfen mitsingen. Während ich die Lippen bewegte, ertappte ich mich beim Gedanken: »Kann sie nicht vorgespult werden, damit wir endlich anfangen können?« Mit einem Intro, das an einen militärischen Aufgalopp erinnerte, begann die brasilianische Nationalhymne. Die 12 000 Zuschauer sangen inbrünstig mit. Jeder kannte den Text, denn in brasilianischen Schulen gehört es zum Pflichtprogramm, den Text zu lernen. Einmal in der Woche wurde das im Unterricht geübt. Die emotionalen Strophen – »Brasilien, wenn an deinem schönen Himmel, lächelnd und klar, das

Bild des Kreuzes des Südens alles überstrahlt, fährt ein intensiver Traum, ein leuchtender Blitz der Liebe und der Hoffnung zur Erde nieder« – hallten klar aus Tausenden Kehlen durch das Stadion.

Der Stolz auf ihr Land und ihre Athleten schien in diesem Moment greifbar. Die Atmosphäre bewegte mich. Nachdem der letzte Takt verklungen war, jubelten die Zuschauer euphorisch. Viele hatten bestimmt noch das legendäre 7:1 der deutschen Fußballnationalmannschaft von 2014 im WM-Halbfinale gegen Brasilien im Kopf und wünschten sich, dass die Deutschen zumindest im Beachvolleyball eine Revanche erleben würden. »Jetzt geht es also los«, dachte ich, während ich Gänsehaut am ganzen Körper spürte.

Wir übten die letzten Aufschläge, plötzlich blieb mir fast das Herz stehen. Ein böiger Wind wehte durchs Stadion, als ob das Schicksal die Brasilianerinnen siegen sehen wollte. Die Bälle wurden meterweit fortgetragen. Obwohl mir nachgesagt wurde, dass ich eine gute Windspielerin sei, mochte ich ihn gar nicht. Mein Anspruch war immer das perfekte Zuspiel für Kira. Diese Bedingungen verlangten viel mehr Können, um den Ball so zu spielen, dass er eine steile Kurve hinlegte, am Höhepunkt für einen winzigen Moment verharrte, sodass Kira ihren Schlag ausrichten konnte, um danach steil abzufallen.

Jürgen hatte uns eine Strategie empfohlen, die uns sicher zum Sieg führen sollte. In diesem Moment wurde seine Taktik vom Winde verweht. Eigentlich glaubte er uns bei Wind aufgrund Kiras Größe und meiner Koordination im Vorteil. Auch hatte er uns immer eingebläut, dass der Wind auf beiden Seiten blies. Aber diese Atlantikböen gehörten ja zu den ständigen Trainingsbegleitern der Brasilianerinnen. Wir dagegen schufteten monatelang in einer Halle in Hamburg. Kira und ich tauschten Blicke aus. Wir wussten genau, was wir jetzt zu tun hatten. Die Zuspiele möglichst nah an das Netz platzieren, um die Bälle so hart wie möglich nach unten ins gegnerische Feld zu schlagen. Wenige Shots, denn die Gefahr bestand, dass sie vom Wind weggetragen würden. Zunächst aber mussten wir diese sieben Punkte bis zum Seitenwechsel überleben, die wir auf der schlechteren Seite standen.

In Gedanken redete ich fest auf mich ein: »Bleib cool, werd nicht nervös. Wir bekommen das hin.«

Ich schaute Kira an, als ob mich der Wind gar nicht stören würde. »Wir sind auf dieser Seite und schlagen auf«, mehr sagte ich nicht. Innerlich dachte ich natürlich: »Sch…, die ersten sieben Punkte im Olympiafinale und wir sind auf der falschen Seite.« Dieser Moment blieb auch bei Morph im Gedächtnis, wie er mir später erzählte. Er machte sich große Sorgen, als er den Wind bemerkte: »Shit, shit, shit«, fuhr es ihm durch den Kopf. Beschwörend murmelte er mehrmals den Satz: »Bewegt eure Beine. Macht Beinarbeit, bewegt eure Beine«, als ob er seine Gedanken zu uns transportieren könnte.

Im Sand strengt die Beinarbeit auch unter normalen Bedingungen sehr an. Wegen des Windes mussten wir noch mehr arbeiten, um uns im letzten Moment noch an die vom Wind geänderte Flugkurve anzupassen. Ich schlug mit einem Topspin-Aufschlag auf. Ich hatte mir keine Gedanken darüber gemacht, dass wir diese Variante nicht oft geübt hatten. Doch der Wind wehte so heftig, dass ich wusste, dagegen konnte ich anprügeln. Vielleicht hatte ich das Urvertrauen in diesen Aufschlag schon 2007 mit Sara in Espinho gewonnen. Damals lagen wir gegen ein favorisiertes brasilianisches Team 15:20 zurück, als ich meine Topspin-Aufschläge auspackte. Wir drehten das Spiel zum Sieg und erreichten das erste Mal in unserer Karriere ein Finale. Mit diesem Turnier begann unsere Erfolgsserie.

Den ersten Aufschlag hatte ich noch direkt auf Bárbara gespielt. Beim zweiten rechnete ich mir aus, dass der Ball direkt auf die Linie kommen müsste, wenn ich einen Schritt zur Seite ging. Ich probierte es aus, denn es war besser, jetzt ein Risiko einzugehen und das Verhalten des Windes zu erspüren, als den Mut zu verlieren. Ich fühlte unendliche Erleichterung, als die ersten Punkte gut liefen. Wir konnten mit einem 3:4-Rückstand wechseln. Das war unter diesen Bedingungen fast optimal und das Vertrauen wuchs. Kira merkte, dass sie sich auch bei diesem Wind auf meine Zuspiele verlassen konnte. Nicht alle konnte ich perfekt platzieren, aber unter den Umständen gingen sie noch als brauchbar durch. Ich spürte, wie ich meinen Kopf immer besser unter Kontrolle bekam, die Geduld fand, mich in das Finale hineinzuarbeiten. Kira schien nicht nervös, im Gegensatz zu den Spielen bis zum Finale. Sie machte schon beim Aufwärmen einen ruhigen Eindruck, zeigte sich absolut fokussiert, was mir sehr viel Sicherheit gab (wissend, dass ich am Schwimmen war). Für sie war der Moment gekommen, ab dem es nur in Richtung Sieg ging. Sie stand bei ihren ersten Olympischen Spielen im Finale, hatte mehr erreicht, als viele von ihr erwartet hatten. Jetzt spielte sie an meiner Seite, als ob sie schon viele Male um Gold gekämpft hätte. Selbst nach Fehlern reagierte sie völlig entspannt. Kira half mir enorm. Riesenrespekt – auch heute noch.

Nach dem ersten Seitenwechsel spürte ich, dass meine Routinen funktionierten. In der technischen Auszeit redete ich auf sie ein, dass wir Ruhe bewahren mussten, mutig anlaufen und hart schlagen sollten. Wir hatten uns vorgenommen, viel über Ágatha zu spielen, denn Bárbara hatte eine fantastische Spielübersicht, zudem beherrschte sie sehr viele Varianten in ihren Schlägen. Allerdings bemerkten wir, dass Bárbara ihre Qualität nicht ausspielen konnte, weil die Zuspiele unter dem Wind litten. So zeigte ich an, die Taktik anzupassen. Offensichtlich agierten die Brasilianerinnen anders als sonst. Ihre Mienen schienen versteinert. Ich versuchte, den Ausdruck zu interpretieren. Verbissenheit glaubte ich zu erkennen. Ihren

Bewegungen fehlte das Spielerische. Ich fühlte, dass wir authentischer unser Spiel durchzogen. Beim Stand von 13:13 packte Kira ihren »Monsterblock« aus. 17:13. Die in leuchtendem Gelb und Regenwaldgrün gekleideten Fans wurden merklich stiller. Den ersten von drei Satzbällen verschenkten wir noch. Dann gelang mir ein gefühlvoller Ball diagonal ins linke Halbfeld der Gegnerinnen. Satz eins entschieden wir 21:18 für uns.

Im zweiten Satz erreichten wir, was uns noch im ersten Durchgang gefehlt hatte: die letzte Konsequenz. Wir waren so sicher in unserem Zuspiel, während die Brasilianerinnen angesichts der drohenden Niederlage ihre Genauigkeit verloren. Ich schaffte es, von Punkt zu Punkt zu denken. Den Spielstand nahm ich erst gegen Ende wahr, als wir bereits eine 18:12-Führung erspielt hatten.

Es war unfassbar. Das ganze Finale über war ich so konzentriert gewesen, dass ich gar nicht an den Sieg gedacht hatte, sondern mich nur auf meine Bewegungen und die aktuelle Spielsituation fokussiert hatte. Mir schoss es plötzlich durch den Kopf: »F***, f***, f***! Wir können es schaffen!«

Obwohl ich versucht hatte, nicht auf die Tafel zu schauen, hatte ich dennoch die Zahl 20 wahrgenommen: erster Matchball. Den vergaben wir noch. Dann der zweite. Bárbara würde auf mich aufschlagen. Das war mir klar. »Bleib bei deinen Routinen, bleib bei deinen Routinen …«, redete ich mir ein. Würde ich nur ein wenig meine Konzentration verlieren, hätte das Auswirkungen auf meine Bewegung. Dazu kam der böige Wind, der es erschwerte, den Ball in den Sand zu drücken. Der Aufschlag flog an mir vorbei, ins Aus. »Das ist jetzt nicht ihr Ernst«, dachte ich.

Um 00:42 Uhr brasilianischer Zeit waren wir Olympiasiegerinnen. Kira ging auf die Knie, schrie so laut sie konnte: »Jaaa!«

Die nächsten Momente waren unglaublich, unwirklich, unvergesslich. Ich hörte mich schreien, sah Kira an, die mich genauso ungläubig anschaute. Dann fielen wir uns in die Arme. Ein unbeschreibliches Gefühl von Freude erfüllte mich. Gleichzeitig empfand ich Staunen, dass das hier wirklich passiert war. Wir hatten unseren Traum verwirklicht. Wir waren Olympiasiegerinnen. Der Arzt und die Physiotherapeuten vom Deutschen Volleyball-Verband umarmten wir als Erste, denn sie waren die Einzigen, die mit uns auf den Platz kommen durften. Jemand drückte uns eine Fahne in die Hand. Wir rannten entfesselt zu unseren etwa zwei Dutzend Anhängern, die extra aus Deutschland gekommen waren. Darunter war auch Vale, mein absolut bester Freund, der die vergangenen sechs Jahre nicht nur Mitbewohner, sondern auch Seelentröster und Aushilfsphysiotherapeut gewesen war, dann andere Freunde und viele Fans. Das Foto, das in diesem Moment entstand, auf dem ich sie mit großen Augen anschaute und die Gruppe uns zujubelte, hängt bei mir zu Hause. Für mich blieb dieser Moment nicht nur mein Highlight der Spiele, sondern ein unvergesslicher Moment in meinem Leben.

Wir sollten uns beeilen. In den Katakomben zogen wir uns so schnell es ging um. Erst später bemerkten wir, dass wir nicht das richtige Podiumoutfit anhatten, doch weil wir beide die falsche Hose eingepackt hatten, hat es, glaube ich, niemand bemerkt. Auf dem Weg zum Siegerpodest lief es mir eiskalt den Rücken hinunter. Das war vielleicht das erste Mal, dass ich realisierte: »Ich bekomme eine Goldmedaille, für mich wird die Hymne gespielt.« Tränen liefen mir übers Gesicht, als die Musik das Stadion erfüllte. Vor meinen Augen lief ein Film im Schnelldurchlauf ab: In zahllosen Bildern tauchten die Menschen auf, die mich unterstützt hatten, die mir den Weg zur Medaille ermöglicht hatten. Auf dem Podest stand Kerri, mein großes Vorbild, neben mir, denn sie hatte ihre vierte olympische Medaille gewonnen, dieses Mal in Bronze. Wie sie sich über meine Goldmedaille freute, zeigte mir noch einmal, dass sie nicht nur als Spielerin, sondern auch als Mensch zu den größten Athletinnen unseres Jahrzehnts gehört. Um mich abzulenken und ein Ventil für all meine Aufregung zu finden, fragte ich sie, was ich noch alles machen müsse. Auch Ágatha und Bárbara zeigten Größe. Als die Zeremonie vorbei war, kletterten die Teams der USA und Brasiliens zu uns auf die oberste Stufe, von der wir gemeinsam und laut jubelnd hinuntersprangen.

Ich rannte auf meine Leute zu. Cindy, die Freundin, die uns nach Puerto Vallarta begleitet hatte, schrie mir entgegen: »Du hast es geschafft!« Vale brüllte: »Ihr habt es geschafft!« An seiner Seite sein Bruder Johann. Markus »Böcki« Böckermann mit Freundin Julia und Lars Flüggen mit seiner Jenni schrien sich ebenfalls die Seele aus dem Leib. Ich streckte ihnen die Goldmedaille entgegen und wir jubelten gemeinsam. Ich fühlte große Dankbarkeit, dass so viele Herzensmenschen die weite und teure Reise auf sich genommen hatten. Von manchen, wie Katha, die uns auch oft als Physiotherapeutin begleitet hatte, wusste ich, dass das nicht einfach für sie war. Unglaublich, dass wir diesen Moment gemeinsam feiern konnten.

Jürgen beugte sich über die Absperrung, um sich die festeste Umarmung in vier Jahren abzuholen. Dahinter stand Helke mit Tränen in den Augen, so aufgewühlt hatte ich sie noch nie gesehen. Ich hätte ewig bei meinen Freunden bleiben können, doch Pressemitarbeiter drängten uns zu den Interviews.

Dort brach ich in Tränen aus: »Wir haben so hart gearbeitet. Es hat sich ausgezahlt«, stammelte ich in die Kameras. »Wir hatten auch einige Tiefs, haben uns aber immer wieder hochgearbeitet. Und dass wir jetzt ganz oben stehen, ist einfach unglaublich«, fügte ich hinzu. Die Interviews genoss ich, aber gleichzeitig zogen sie sich quälend lange hin. Ich wollte zu meinen Liebsten.

In der Nacht rief in meine Eltern an. Ich schrie, lachte und weinte gleichzeitig. In diesem Moment vermisste ich die beiden sehr. Sie waren nicht mitgekommen, denn ich wusste, das hätte mich zu sehr abgelenkt. Obwohl meine Eltern der Meinung waren, sie kämen auch ohne Englisch in jedem Land zurecht, hätte ich mir Sorgen gemacht. Meine Mutter und mein Vater hatten unser Match im Fernsehen verfolgt. Kurz nach Ende des Spiels klingelte es an ihrer Tür. Ein Nachbar aus einem anderen Stock stand mit einer Flasche Champagner in der Hand vor der Tür und wollte feiern. Meine Eltern waren perplex, denn sie hatten vorher kaum Kontakt gehabt.

Jürgen saß mit Jonas Reckermann beim Dosenbier im Cesar's Palace. Auch für ihn schloss sich an diesem historischen Abend an der Copacabana ein Kreis. Er hatte Unfassbares geleistet: bei zwei Olympischen Spielen ein deutsches Team zum Olympiasieg geführt. Erst die Männer, dann Kira und mich. Für einen Moment vergaß er seine sonst so gepflegte Sprache und meinte lachend: »Es ist einfach geil, zum zweiten Mal Gold zu holen! Die beiden Mädels haben es sich verdient.«

Erst morgens um 4 Uhr begann für mich die eigentliche Feier auf der Dachterrasse an der Copacabana. Ich erblickte Morph, der mit seinem T-Shirt der niederländischen Olympiadelegation auf mich gewartet hatte. Mit letzter Kraft ließ ich mich in seine Arme fallen. Erst in diesem Moment fielen die Anspannung, der Erwartungsdruck und die Zweifel ab. Es war eine der emotionalsten Umarmungen, an die ich mich erinnern kann. »Ich bin unendlich stolz auf dich«, sagte er mir ins Ohr. Und ich … sagte nichts … ich war einfach nur glücklich und erleichtert.

Eigentlich wollten wir im österreichischen Haus feiern. Doch der Volleyball-Verband hatte diese Idee abgelehnt. Da standen wir also strahlend mit unseren Goldmedaillen, während der Vizepräsident Andreas Künkler eine Rede hielt, an deren Inhalt ich mich nicht erinnern kann.

Schon wenig später, gegen 5 Uhr, neigte sich unsere Party dem Ende entgegen, denn die Kellner machten das Licht an und beendeten den Service. Ich entschied, ins Apartment zurückzugehen. Von dort schickte ich noch ein Foto nach Berlin: »Ich und meine beiden Lieblinge«, schrieb ich dazu. Zu sehen waren Morph, die Goldmedaille und … ich natürlich. Kleiner Nachtrag: Wenig später kam die Rechnung. Der Verband und wir sollten die Kosten teilen, sozusagen als Buddys.

Nachspiel

Der Wecker klingelte nur wenige Stunden später. Schon am Vorabend hatten wir ein Live-Interview im olympischen Dorf mit dem deutschen Fernsehen zugesagt. Ich quälte mich aus dem Bett, völlig verkatert und übermüdet. Auch Kira mussten wir aus dem Bett klingeln. Unsere Journalistentour endete mit einer Pressekonferenz im deutschen Haus. Wir präsentierten unsere Medaillen und reflektierten zum ersten Mal unseren Weg. Es war tatsächlich so gekommen, wie Jürgen und damals noch Hans es vorausgesagt hatten: Am Ende von vier Jahren, in denen ich gefühlt nur wenige Tage trainingsfrei hatte, hing die schwere, glänzende Medaille mit dem grün-blauen Band um meinen Hals. Immer noch blickte ich sie an, ungläubig, denn die letzten 24 Stunden kamen mir einfach nur surreal vor. Meine Reise hatte ein goldenes Ende genommen. Mein Vorsatz, den ich auf der Tribüne von London formuliert hatte, hatte sich erfüllt.

Endlich war die Pressekonferenz zu Ende und ich freute mich auf die erste lange Feier, da wandte sich Jürgen an uns. »Wir müssen reden«, sagte er und schob vier Stühle in einer Ecke des deutschen Hauses zusammen. Unser Manager Andreas Scheuerpflug von unserer Agentur Vitesse Kärcher nahm auch Platz. Ich glaube, in diesem Moment rollte ich mit den Augen. Das konnte doch nicht wahr sein? Schon wieder reden? »Wollt ihr noch die letzten beiden Turniere gewinnen?«, fragte unser Coach. Zum Ende der Saison fehlten noch die deutschen Meisterschaften und das World Final in Toronto. »Dann«, schloss Jürgen, »müssen wir alle Einladungen zu Interviews und Feiern absagen.« Nun rollte auch Andreas mit den Augen. In diesem Moment wollte ich mich eigentlich nicht entscheiden, aber gewinnen hörte sich wie immer gut an. Wir sagten zu. Zwei Turniere hörten sich nicht nach viel an, außerdem wollte ich unbedingt dieses Gespräch beenden, um endlich, endlich, endlich zu feiern. Jürgen fasste unsere Entscheidung gekonnt kurz zusammen: »Okay, dann treffen wir uns übermorgen im Kraftraum.«

Aller Müdigkeit zum Trotz war ich wild entschlossen, es am Abend richtig krachen zu lassen. Der Kreis schloss sich, denn die Party sollte dort stattfinden, wo wir die Spiele offiziell eröffnet hatten: im deutschen Haus. Nur schienen auf einmal alle krank zu sein. Helke fühlte sich nicht wohl, Vale wollte absagen, Anett schwächelte. Ich ließ keine Ausreden gelten. Diesmal zitierte, schleppte und zwang ich alle zur Party.

Ich tanzte ausgelassen, trank zu viele Caipirinhas, zeigte jedem meine Medaille, die um meinen Hals baumelte, und genoss unsere Zeit mit den anderen Athleten. Die Hockeyfrauen und -männer hatten sich Bronze erspielt. Die Tanzfläche bebte im Takt der ausgelassen tanzenden Athleten. Wenn ich mir einen Drink holte, hatte sich die Hälfte des Inhalts bereits nach wenigen Metern in die dicht gedrängte Menge verabschiedet. Die Beachvolleyballkollegen Lars Flüggen und Markus »Böcki« Böckermann begleiteten mich in meiner Euphorie. Einfach wunderbar und ein toller Sportsgeist, wie sehr sie sich für uns freuten, obwohl sie bereits in der Vorrunde ausgeschieden waren. Helke und Vale verabschiedeten sich irgendwann mit triefenden Nasen und nervigem Husten. Anett stand neben ihnen. Es schien, als wollte sie sich auch davonmachen. »Anett

Szigeti!« – Kira, die mir unterstützend zur Seite stand, und ich blickten sie ernst an. »Wenn du jetzt gehst, dann reden wir nie wieder ein Wort mit dir.« Ich meinte es genau so, wie ich es gesagt hatte. Sie blieb. Irgendwann registrierte mein Kopf, dass mein Körper drüber war. Kurze Zeit später folgte mein Kopf in den Nebel. Vor dem Blackout dachte ich noch: »Gut, dass ich Anett überredet habe mitzukommen.« Morph hatte zuerst mit den Niederländern gefeiert. Glücklicherweise war auch er inzwischen im deutschen Haus angekommen. Die beiden steckten mich in ein Taxi. Leider musste ich auf halbem Weg bitten anzuhalten. Hätte ich einen Arzt gebraucht, wäre das kein Problem gewesen, der medizinische Betreuer der Hockeymannschaft saß mit uns im Taxi. Die zweite Hälfte überstanden wir ohne weiteren Zwischenstopp. Allerdings mussten wir noch Aspirin in einer Apotheke kaufen, bevor ich meinen Rausch ausschlief.

Am nächsten Morgen frühstückte ich mit Jürgen, als jemand anrief, ob wir zum Halbfinale der deutschen Handballer kommen wollten, sie hätten noch zwei Karten. Natürlich wollten wir. Zum ersten Mal genoss ich Rio 2016 als Fan. Ich schrie so laut ich konnte, leider ohne Erfolg. Die Deutschen verloren 28 : 29 gegen Frankreich.

Mafuxinha und die Helden von Janeiro

Ich räumte das Apartment in Ipanema, damit ich die letzten Tage im Athletendorf verbringen konnte. Überraschend stand Mafuxinha vor der Tür. Die junge Brasilianerin ist mein größter Fan. Ich hatte sie 2009 bei einem Turnier in Brasilia kennengelernt, der brasilianischen Hauptstadt. Sie sprach mich an: »I … happy … you … win.« Sie war offensichtlich nervös, aber ich mochte es, wie sehr sie sich Mühe gab, mit mir zu reden. Mir tat es leid, dass mein Englisch nicht besser war, also setzten wir uns auf den Boden und ich sagte ihr, sie könnte sich Zeit lassen. Sie erklärte mir mit ein paar Worten und Zeichensprache, dass sie meine Art zu spielen mochte. Danach posierten wir für ein gemeinsames Foto. Ein Jahr später beim gleichen Turnier traf ich sie wieder. Dieses Mal hatten wir beide an unserem Englisch gearbeitet. Sie sagte mir, wie sehr sie es schätze, dass ich sie wiedererkannt und mir Zeit für sie genommen hatte. Von nun an reiste sie immer zu uns, wenn sie konnte. Sie besuchte mich in London bei den Olympischen Spielen, feierte gemeinsam mit Sara und mir unser letztes gemeinsames Turnier 2012 in Timmendorf. 2013 beim Grand Slam in der brasilianischen Geschäftsmetropole São Paulo hatte sie wieder ein Ticket gekauft.

Im Viertelfinale von Rio hatte sie einen Platz direkt am Court ergattert. Dort schwenkte sie ein großes quietschgelbes, selbst gemaltes Plakat mit der Aufschrift »My love is Ludwig«. (Ich bin fast sicher, die Zuschauer hinter ihr konnten nicht viel sehen.) Nach dem Match war ich zu ihr gegangen, um mit ihr zu feiern; dabei hängte sie mir eine überdimensionale, selbst gebastelte Goldmedaille um den Hals. Auf ihrem Instagram-Account bezeichnete sie sich als mein Fan Nummer eins. Den Titel hatte sie sich verdient. Niemand investierte so viel Energie, Zeit und Kosten, um mich anzufeuern.

Nun stand sie also in Ipanema, in einem T-Shirt, auf dem ein großes Foto unseres ersten Treffens gedruckt war. In ihren Zopf hatte sie ein Haarband in den deutschen Farben geflochten, in der Hand eine Trophäe mit der Gravur »Laura, jogadora de ouro« (Laura, die Goldspielerin), dazu verwöhnte sie mich noch mit brasilianischer Schokolade. Doch das Größte war ein etwa 1,20 Meter mal 1 Meter großes Bild. Aus Tausenden Fotos hatte sie ein Porträt von mir anfertigen lassen! Ich war gerührt – und gleichzeitig ein bisschen besorgt. Wie sollte ich dieses riesige Bild unbeschadet nach Deutschland transportieren?

Ich zog also mit einem großen Paket, einigen Taschen und meiner Goldmedaille ins olympische Dorf. Dort ließ ich die letzten Tage ruhig ausklingen. Endlich konnte ich lange in der Mensa sitzen und mit anderen Sportlern reden. In der Etage der deutschen Delegation feierten wir eine kleine Party, während ich mein Dauergrinsen nicht aus dem Gesicht bekam. Als wir abreisten, sollten wir alle unser Gepäck in einem Keller des Athletendorfs abgeben. Es war ein riesiges Durcheinander. Hunderte Athleten, Berge voller Taschen, ein einziges Chaos, aus dem überraschenderweise alles seinen Weg nach Hause fand. Übrigens auch die große Fotomontage von Mafuxinha, die ich mit meinen Taschen abgegeben hatte.

Das Flugzeug, das uns von Rio nach Frankfurt brachte, war mit großen Lettern »Siegerflieger« getauft worden und wurde unsere nächste Partylocation. Der Kanute Max Rendschmidt, der zwei Goldmedaillen im Gepäck hatte, saß zu meiner Linken, Thomas Röhler, der Speerwurf-Olympiasieger, zu meiner Rechten, und hinter uns hatten die Handballer Platz genommen. Ich lernte auch den Wasserspringer Patrick Hausding kennen, der in Tokio eine ganz besondere Rolle für mich spielen würde. Wir bestellten so lange Rotwein, bis es keinen mehr gab und die Flugbegleiter uns aufforderten, endlich ruhig zu sein. Thomas Röhler hatte die ganze Zeit mehr oder weniger erfolgreich versucht zu schlafen, denn er musste gleich weiter zu einem Meeting. Das relativierte wieder mein Programm, das ich eigentlich als stressig empfand, aber eben im Vergleich zu manchen Leichtathleten entspannt war.

In Frankfurt wurden wir zum Römer gefahren, dem Frankfurter Rathaus, um uns ins Goldene Buch der Stadt einzutragen. Auf dem Römerberg jubelten uns Tausende Fans zu, als wir uns auf dem Balkon des Rathauses zeigten. Auf der Balustrade hing ein Banner mit der Aufschrift »Heroes de Janeiro«. Eigentlich war ich todmüde, doch die Euphorie der Menschen, die uns zujubelten, setzte so viel Adrenalin in meinem Körper frei, dass ich mich voller Energie fühlte und jede Sekunde genoss. Auch in Hamburg warteten Freunde und Journalisten auf mich und die anderen erfolgreichen Rio-Athleten. Erst als ich die Tür meiner Wohnung in Hamburg schloss, war die Party endgültig vorbei.

Am ersten Tag nachdem wir wieder in Hamburg angekommen waren, kehrte der Alltag zurück und wir standen wieder auf dem Beachvolleyballplatz. Ich änderte nichts an meinem Leben, aber viele Menschen sahen mich nun mit anderen Augen: Beim Friseur oder an der Kasse im Supermarkt wurde ich angesprochen. Viele Menschen hatten den Wecker gestellt, um mitzufiebern. Ich spürte, dass wir Beachvolleyball von den Freibädern in die Wohnzimmer gebracht hatten.

Meine erste Reise im Anschluss an Rio führte mich nach Berlin zu meinen Eltern. Im Garten bei Oma Hilde wurden Würstchen auf den Grill gelegt. Im engsten Familienkreis feierten wir meine olympische Goldmedaille. Meine Oma interessierte sich mehr für die Aufbewahrungsbox als für die Medaille selbst. Aus welchem Holz sie war, wollte sie unbedingt wissen. Leider konnte ich ihren Wissensdurst nicht befriedigen.

Die Sonne brannte auf Omas Obstgarten. Spontan spannten wir eine Plastikfolie um die Ladefläche des Pick-ups meines Bruders, füllten sie mit Wasser und improvisierten eine Planschparty.

In meinem Posteingang stapelten sich die exklusiven Mail-Einladungen zu großartigen Veranstaltungen. War es die richtige Entscheidung, die Saison fortzuführen? Würde ich nicht bald aus dem Gedächtnis der Leute verschwinden, weil Fußball wieder die sportliche Dauerbeschallung der Nation übernehmen würde? Obwohl wir wieder normal trainierten, genehmigte Jürgen uns wenige, ausgewählte Events. *Lanz*, *Kerner*, *Sportstudio* und *Sport-Bild*-Award in Hamburg. Auf dem roten

Teppich kamen wir nicht voran, so viele Fotografen wollten ein Foto schießen oder eine Frage loswerden. Beim Sommerfest der *Bild*-Zeitung lächelten wir an der Seite von Angela Merkel und Thomas Gottschalk. Dort trafen wir auch Fabian Hambüchen. Nur Tage vor uns hatte er in Rio am Reck Gold gewonnen. Ich hatte mit ihm mitgefiebert. Fabian hatte ich 2008 im Internetraum des Pekinger Athletendorfs kennengelernt. Da ich weiß, wie hart es ist, sich über einen so langen Zeitraum an der Weltspitze zu behaupten, bewundere ich seine olympische Medaillensammlung in allen Farben. Außerdem verbanden uns auch unsere Schulterprobleme. Immer ein nettes Thema zwischen Leistungssportlern. Am Ende des Events bekam ich Wangenmuskelkater von den vielen Selfies.

Auch sportlich ging es weiter. Drei Wochen hatten wir Zeit bis zu den deutschen Meisterschaften am Timmendorfer Strand. Wir reisten als Nummer eins der Welt an. Mit diesem Titel klangen nationale Titelkämpfe nach einer einfachen Aufgabe mit Kaffeefahrtcharakter. Das Gegenteil war der Fall: Mit uns spielten vier der fünf weltbesten Teams an der Ostsee. Chantal Laboureur und Julia Sude waren inzwischen auf Platz drei der Welt geklettert. Karla Borger und Britta Büthe sowie Katrin Holtwick und Ilka Semmler teilten sich Platz vier. Und alle wollten uns schlagen.

Es war schwierig, die Spannung zu halten, dennoch gaben wir bis ins Finale keinen Satz ab. Gegen Chantal Laboureur und Julia »Juli« Sude erlebte ich, dass ich die wichtigen Punkte machen konnte, so wie ich es damals bei Brink/Reckermann im Finale von London bewundert hatte. Chantal und Juli waren im zweiten Satz 21:20 in Führung gegangen. Auszeit. In diesen 30 Sekunden beschloss ich, einen harten Schlag auf die Linie zu wagen. Ich war mir sicher, dass Juli damit nicht rechnete. Boom. 21:21. Wir wechselten die Seite. Mit zwei harten, platzierten Aufschlägen holte ich meinen siebten deutschen Meistertitel. Ich konnte nicht lange feiern, denn schon am selben Abend fuhr ich mit Morph zurück. Bereits am Montag hob der Flieger nach Toronto ab.

Siegen ... und Kinder kriegen?

Schon allein das Setting machte die Reise in die größte Stadt Kanadas zum Ereignis: Vom Polson Pier aus hatten wir den perfekten Blick auf die Skyline Torontos mit dem alles überragenden CN Tower. 553 Meter erhebt sich der schlanke Turm in die Höhe. 32 Jahre lang hielt er den Titel des höchsten frei stehenden Gebäudes der Welt. Ich war begeistert, denn dieser Meltingpot aus vielen Nationen schien genau der Ort für Herzlichkeit und gute Laune zu sein. Unser Apartment lag nur zehn Minuten zu Fuß vom Stadion entfernt, sodass ich leider nur diesen Teil der Stadt richtig gut kennenlernte. Die Anlage eignete sich perfekt für das letzte Spektakel der Saison, denn qualifiziert hatten sich nur die besten zwölf Duos der Saison – vergleichbar mit dem Tennismasters.

In der Poolphase verloren wir zwei Matches. Eines davon 1 : 2 gegen die Schweizerinnen Joana Heidrich und Nadine Zumkehr. Ich lag bereits bei der Physiotherapeutin auf der Liege und packte in Gedanken meinen Koffer, als ein Veranstalter hereinkam und erklärte, dass alle Teams weiterkämen. Ich dachte, ich hätte mich verhört. In Gedanken schon ausgeschieden, fanden wir eine Egalhaltung. Noch einmal genießen, sodass schließlich die Topteams aus Kanada (Bansley/Wilkerson), USA (Ross/Walsh) und Brasilien (Maestrini/Antunes) uns gratulieren mussten. Im letzten Finale dieser so denkwürdigen Saison trafen wir wieder auf Joana Heidrich und Nadine Zumkehr aus der Schweiz.

Die beiden hatten wir im Endspiel von Klagenfurt zwar besiegt, doch die Niederlage in der Poolphase war noch frisch im Gedächtnis. Die klare Ansage, dass Nadine in Toronto das letzte Match ihrer elfjährigen Karriere bestreiten würde, beeindruckte mich. In Rio war sie nur knapp im Viertelfinale ausgeschieden. Bei mir wäre nach einer so unglücklichen Niederlage eine emotionale Jetzt-erst-recht-Reaktion gekommen. Nadine hingegen bewies einen nüchternen Blick auf ihr Spiel und ihre Möglichkeiten. Viele Male hatten wir auf Turnieren und Trainingslagern gemeinsam trainiert. In Rio hatten wir uns in einer deutsch-schweizerischen Kooperation auf die Matches vorbereitet. In vielen Gesprächen entwickelten wir eine tiefe Freundschaft, weil ich ihre klare Meinung und ihre authentische Art sehr mochte. Deshalb gönnte ich ihr den Auftritt. Wer träumt nicht davon, seine Karriere bei einem World Final zu beenden? (Gewinnen wollte ich bei aller Freundschaft allerdings dennoch.)

Wir erwischten einen guten Start und gingen in Führung. Die Schweizerinnen glichen immer wieder aus. Beim 19 : 18 zeigte Kira wieder einmal, dass sie noch eine Schippe drauflegen konnte. Zweimal blockte sie Nadine zum Satzgewinn. Im zweiten Satz agierten wir mit einer Präzision und einem Fokus, den wir aus Rio kannten. Ich weiß nicht mehr, woher wir noch die Kräfte nahmen, aber es gelang uns, die Schweizerinnen in nur 41 Minuten 21 : 18, 21 : 16 zu besiegen. Unsere Urlaubskasse wurde durch den Sieg gut gefüllt, denn in diesem Jahr wurde das Rekordpreisgeld von 100 000 US-Dollar ausgeschüttet. Jürgen wurde danach beim Interview mit einem Journalisten richtig emotional: »Es ist unglaublich, was die beiden Ladys geleistet haben. Das war ganz, ganz groß. Den beiden meine allergrößte Hochachtung. Ich verbeuge mich vor dieser Leistung.« Wow, das tat gut nach dieser Schinderei.

Kaum zurück durften wir uns ins Goldene Buch der Stadt Hamburg eintragen. Im großen Saal des Rathauses empfing der damalige Oberbürgermeister Olaf Scholz alle Olympioniken und Paraolympioniken der Stadt. Dafür schmiss ich mich in hohe Pumps, zog meinen schwarzen Ausgehpullover über und malte mir die Lippen rot an. Zu Morph sagte ich im Spaß: »Heute mal im Bürooutfit unterwegs.« Mit dieser Ehrung endete endlich die offizielle Saison und ich durfte den lange ersehnten Urlaub in Sri Lanka beginnen. Dort erreichte mich die Nachricht, dass ich vom internationalen Volleyballverband zur besten Spielerin der Saison gewählt worden war. 2016 fühlte sich wie eine niemals endende Abfolge von rosaroten Beachvolleyballwolken an. Wir hatten nicht nur in Rio, die Europameisterschaft und die deutsche Meisterschaft gewonnen, sondern neben Toronto auch die World Tour Finals von Hamburg, Klagenfurt, Olsztyn, Antalya sowie Puerto Vallarta dominiert.

Gleichzeitig machte ich noch eine andere Entwicklung durch. Eine emotionale: Ich merkte, dass ich plötzlich kleine Kinder mit ganz anderen Augen ansah. Ich spürte, wie mein Herz weich wurde, wenn ich Väter mit ihren Babys erlebte. Es war ein schönes Gefühl, bereit für eine Familie zu sein. Morph und ich sprachen im Urlaub über unseren Kinderwunsch. Ich bin in einer sehr liebevollen Familie groß geworden, die immer sehr eng zusammenhielt. Dass ich einmal Kinder haben wollte, stand nie infrage. Mit Morph fühlte ich, dass ich mit ihm den idealen Partner gefunden hatte. Doch wann war nun der richtige Zeitpunkt? Ich war fast 31 Jahre alt, hatte den größten Erfolg meiner beruflichen Karriere geschafft und wollte nun meinen Höhenflug noch länger auskosten. So viele Turniere wie noch kein europäisches Team vor uns hatten wir gewonnen. Warum ausgerechnet jetzt Pause machen? Morph zeigte maximales Verständnis, dass mein Beruf bis zur WM 2017 in Wien Priorität haben würde.

Unser Nest richteten wir schon einmal ein. Drei Monate wohnte Morph noch mit mir in meiner Wohngemeinschaft mit Vale. Seine Kisten hatten kaum Platz in meinem Zimmer und über die zwei Schrankfächer, die ich für ihn freigeräumt hatte, musste er herzhaft lachen, denn es war natürlich viel zu wenig Platz. Also lebte er aus dem Koffer, bis wir endlich eine kleine, schöne Wohnung in Hamburg-Uhlenhorst fanden. In Den Haag packten wir Morphs Sachen. Gleichzeitig bot ihm der Deutsche Volleyball-Verband eine Stelle als Headcoach an. Mein Leben schien perfekt …

Im Zweifel Schmerz

… wären da nicht die Schmerzen am rechten Oberarm und in der Schulter gewesen. Ich hatte sie bereits während des ganzen Jahres, doch solange es irgendwie ging, wollte ich weitermachen, denn sonst hätte unser Projekt Rio auf der Zielgeraden eine Vollbremsung erfahren. Die Hoffnung, dass eine zweimonatige Pause nach der Saison ausreichen würde, um eine Operation zu vermeiden, starb bereits im Urlaub. Als ich in Sri Lanka vor Schmerzen nicht schlafen konnte, war ich mir sicher, dass etwas kaputt sein musste. Auch die Schmerzregulationsübung, bei der ich mir immer vorstellte, wie der Schmerz in Wellen aus meinem Körper entwich, half nicht mehr. Mein letzter Rettungsanker sollte Jochen sein, der bisher meine Schulter immer wieder hinbekommen hatte. Doch auch er sagte nach der zweiten Behandlung: »Lass uns Bilder machen.«

Verletzungen hatten bisher immer zu Kira gehört, deshalb fühlte sich das Thema für mich fremd und überwältigend an. Mit Anett besprach ich, welche Spielerinnen auf der Tour schon wie oft mit Auszeiten zu kämpfen hatten. Ich dachte an Kerri Walsh Jennings, mein Vorbild. Auch ihre Schulter hatte sich nach Jahren der maximalen Belastung bemerkbar gemacht.

Ich versuchte noch, das Unvermeidbare abzuwenden. Doch als ich nach meiner Pause wieder im Beachcenter zu trainieren begann, fühlte ich sofort die stechenden und störenden Qualen.

Das MRT ergab, dass ich eine angerissene Supraspinatussehne hatte. Das ist eine der Sehnen, die für die Drehung des Armes zuständig sind. Diese Verletzung ist typisch für meinen Sport, zumal ich in den ersten Jahren meiner Karriere noch viel stärker aus der Schulter geschlagen hatte. Mein Widerstand war gebrochen. Die Operation musste jetzt geschehen, um das Projekt Weltmeistertitel nicht zu gefährden. Neben meinem Schlaganfall war das die erste schwere Verletzung, mit der ich leben musste. Ich fühlte komplette Unsicherheit, denn ich hatte keine Garantie, dass ich nach der Operation keine Beschwerden mehr haben würde. Nur eins war sicher: Ich würde lange brauchen, um wieder zu meiner Schlagkraft zu finden.

Weil es keine Alternative mehr gab, ließ ich mich im Dezember 2016 an der Berliner Charité operieren. Irre an dieser Zeit war, dass ich Teile dieses Prozesses sogar genoss. Ich, die sich gerne um andere kümmerte, wurde maximal betreut. Unsere Physiotherapeutin Katha ging sogar mit mir ins Wasser, um die Schulter sanft mit Hydrotherapie wieder in Form zu bringen. Nach außen wirkte ich fast immer stark, nun durfte ich offiziell schwach sein, mir helfen und mich betüddeln lassen. Die Auszeit von meinem »Muss-Leben« genoss ich. Wunderbar, wenn auch unter nicht so schönen Umständen.

Die Verletzungspause bot ihre besonderen Chancen. Während der Arbeit mit Jürgen hatte er uns immer sehr klargemacht, was er von Events hielt: gar nichts. Sie zogen seiner Meinung nach Energie und brachten nichts für uns als Team. Nun aber konnte ich Shows annehmen, die ich sonst abgelehnt hätte. Ende Januar 2017 wurde ich zum ersten Mal als Model gebucht. Ich mag es, ab und zu ein schickes Kleid zu tragen und mich aufzubrezeln (oder aufbrezeln zu lassen, in diesem Fall). Die Aufgabe schien überschaubar und machte mich dennoch maximal nervös: Im Alten Wartesaal in Köln sollte ich bei der Lambertz Monday Night des Süßwarenunternehmers Hermann Bühlbecker gemeinsam mit vielen professionellen Models ein enges schwarzes Glitzerkleid mit angehefteten Schokokeksen auf einem Laufsteg präsentieren. Aus den Boxen tönte Musik von *Flashdance*, Snap! und Londonbeat. »Hoffentlich falle ich nicht hin«, dachte ich unentwegt und fühlte mehr Nervosität als vor meinem olympischen Finale.

Schnell entschied ich allerdings: Nur Anweisungen entgegennehmen, hübsch aussehen und freundlich lächeln ist nicht meine Welt. Der kurze Auftritt erhöhte aber auf jeden Fall meinen Respekt vor dem Modelberuf. Normalerweise bekomme ich Wasser und einen Stuhl angeboten. An diesem Abend konnte ich erst nach der Show etwas trinken. Eine Stunde lang wartete ich in meinem Schokoladenkleid an einer offenen Tür, durch die kalte Luft hereinwehte, während die Schokostückchen auf meiner Haut zu schmelzen begannen. Ich machte mir große Sorgen um meine Schulter. Die Schiene hatte ich bereits abgelegt und mit leichtem Krafttraining begonnen. Doch würde die Zugluft jetzt meine Rückkehr gefährden?

Beim Warten im Keksleid lernte ich die Influencerin Ina Aogo kennen, die mir durch ihre direkte, authentische Art positiv auffiel. Sie schien das zu haben, womit ich immer noch kämpfte: In ihrem Leben schien kein Platz für Zweifler zu sein. Konfrontativ und selbstbewusst reagierte sie auf kritische Kommentare von Followern in den sozialen Medien. Wie konnte es Menschen geben, die sich nicht von der Meinung anderer runterziehen ließen? Für mich ein großes Phänomen.

Acht Wochen nach der Schulter-OP begann die Vorbereitung auf die Weltmeisterschaft in Wien. Ich kann sie nur mit einem sehr kurzen Wort beschreiben: Mist. Lange gelang es mir nicht, meiner Schulter wieder zu vertrauen. Die Saison sollte in Rio

Mitte März beginnen. Bevor wir in den Flieger stiegen, hatten wir lange diskutiert, ob eine Teilnahme sinnvoll sein würde oder ob wir nicht doch besser warten sollten. Hinzu kam, dass Kiras Blutwerte unserem Team Kopfzerbrechen bereiteten. Wir beschlossen, es dennoch zu wagen. Ich flog voraus und wartete in Rio auf Kira. Natürlich wollte sie unbedingt spielen. Auf Kiras unbändigen Willen und ihre Lust zu gewinnen konnte ich immer zählen.

Ein Jahr nach den Olympischen Spielen war die Magie der Copacabana einer schlichten Anlage auf dem olympischen Tennisgelände gewichen. Der Sand fühlte sich so hart an, dass die Gelenke schmerzten. Die Zuschauer konnte ich an einer Hand abzählen. Um es kurz zu machen: Die Atmosphäre inspirierte uns nicht. Das soll keine Ausrede dafür sein, passte aber dazu, dass wir schlecht spielten. Wir verloren im Viertelfinale relativ sang- und klanglos gegen die Kanadierinnen Melissa Humana-Paredes und Sarah Pavan mit 17:21, 13:21. Das ganze Trauerspiel endete nach nur 31 Minuten.

Viel schlimmer empfand ich das Nachspiel. Fünf Monate nach der Operation schien meine Schulter immer noch unberechenbar zu sein. Ich wusste nicht, wann welche Bewegungen schmerzen würden. Die Zeit schien uns wieder einmal davonzurennen. Im Mai noch musste ich ab und zu Aufschläge von unten machen. Bei einem Turnier in Münster schlug ich mit links und von unten auf. Dennoch gewannen wir.

Während ich an mir zweifelte, häuften sich die besorgniserregenden Nachrichten zu Kiras Gesundheit. Neben den nicht optimalen Blutwerten machte eine Entzündung in der Schulter ihr zusätzlich zu schaffen. Bis Ende Juli konnte Kira nie voll trainieren und wir improvisierten von Turnier zu Turnier. In Moskau und Den Haag wurden wir jeweils Neunte. Den einzigen Lichtblick in diesen quälenden Monaten bis zum Saisonhöhepunkt bot der Wettkampf in Long Beach, als Kira und ich wenigstens unsere Spesen mit einem vierten Platz erspielten. Gefühlt waren wir wieder ins Jahr 2014 zurückgeworfen, als wir nicht sicher wussten, ob uns ein erfolgreiches Comeback gelingen würde. Mit dem kleinen, entscheidenden Unterschied: Wir hatten keine zwei Jahre mehr vor uns, sondern nur noch wenige Wochen bis zur Weltmeisterschaft.

Während meine Formkurve langsam doch wieder nach oben zeigte, kämpfte Kira damit, die Saison nicht vorzeitig beenden zu müssen. Wir entschieden nach langen Diskussionen, an der Weltmeisterschaft Ende Juli in Wien teilzunehmen. Ungefähr einen Monat zuvor hatten wir in Hamburg bei einem Teamtag versucht, einen »Fahrplan« zu erarbeiten. Helke, Jürgen, Anett, Kira und ich blickten auf die Trümmer dieser Saison und versuchten, darauf wenigstens noch ein wackliges Konstrukt zu bauen. Es entstand ein Baum, den Anett auf ein Flipchart zeichnete. Das Motto, das wir dieses Mal fanden, lautete: Einer für alle, alle für einen – unter den widrigen Umständen der kleinste gemeinsame Nenner. Von einem Erfolg wie in Rio traute sich niemand zu träumen. Wir beschlossen, Stolz auf unseren Weg zu sein, alles Negative beiseitezuschieben und uns nur auf das Positive zu konzentrieren. Komme, was wolle.

Einfach machen

Zum ersten Mal glaubte Anett nicht mehr an uns. Sie beschloss, zur Hochzeit einer Freundin zu fahren, anstatt mit uns zur Weltmeisterschaft zu reisen. In den letzten drei Jahren hatte sie jeden Geburtstag, jede Familienfeier abgesagt, um uns zu begleiten.

Sie würde nachkommen, versicherte sie (und ersparte uns den Satz: »Falls ihr Ende der Woche überhaupt noch im Turnier aufschlagen dürft.«).

Ihre Zweifel konnte ich absolut nachvollziehen. Schließlich mussten wir noch mehr Leistung bringen als in Rio, um uns auf das Podest zu spielen: Bei Weltmeisterschaften können vier Teams pro Nation an den Start gehen, während bei Olympischen Spielen nur zwei erlaubt sind. Das bedeutete konkret, in Wien würden Brasilien und die USA mit der kompletten Sanddelegation antreten. Jedes ihrer Teams zählte zu den besten der Welt. Und wir? Reisten mit einem vierten Platz bei einem kleinen Einladungsturnier als Top-Ergebnis und vielen Rollen Tape nach Wien. Das filmreife Setting machte zumindest Spaß. In einer offenen, schwarzen Kutsche zog uns ein Schimmel durch die Stadt auf die Praterinsel. Dort hatten die Österreicher ein riesiges Stadion für Tausende Zuschauer aufgebaut. Vor der Stahlkonstruktion konnten sich die Besucher mit einer Boulderwand, Riesenrutsche und einem Bike-Parcours die Zeit vertreiben. Abends legten in der Chill-out-Lounge DJs auf.

Die Fans, ohnehin schon beachvolleyballbegeistert, tanzten und jubelten sich in einen Rausch mit jedem Spiel, das ihre Landsleute Clemens Doppler und Alexander Horst gewannen. Die Hitze fühlte sich tropisch an. Auf bis zu 38 Grad stieg das Thermometer, im Sand wurden 64 Grad gemessen. Ist es so heiß, wird der Sand immer gewässert, sodass die Temperaturen erträglich sind.

Uns rettete, dass unser Physiotherapeut Jochen Zeit hatte, uns zu begleiten. In diesen Tagen leistete er Unglaubliches, sodass Kira trotz stechender Schulterschmerzen spielen konnte. Da standen wir also unsicher auf dem Feld, Kira angeschlagen, und wir sagten uns: »Lass einfach machen.«

In der Poolphase steigerten wir uns von Spiel zu Spiel. Wir mussten auch gegen Karla Borger und Margareta »Kusia« Kozuch antreten. Mit 2:0 (21:19, 21:18) gelang uns ein Sieg, der auf dem Papier souveräner aussah als auf dem Sand. Gegen Morphs junges Team Julia Großner und Nadja Glenzke verloren wir beinahe in drei Sätzen. Im ersten K.-o.-Match gegen die Chinesinnen Fan Wang und Yuan Yue kehrte langsam die Qualität in unser Spiel zurück. Wir waren bereit zu kämpfen und gewannen dieses Spiel.

Der Center-Court war mit 14000 feiernden Beachvolleyballverrückten gefüllt. Feuerwehrschläuche spritzten Wasser auf die Fans, die vom DJ zum Tanzen und Klatschen animiert wurden, während wir im Achtelfinale gegen das amerikanische Nachwuchsteam Sara Hughes und Kelly Claes antreten mussten. Die beiden hatten nichts zu verlieren. Wir dagegen waren in unseren ersten beiden Begegnungen als Verliererinnen vom Sand gegangen. Doch aller guten Dinge sind drei. Besonders Kira zeigte in diesem Spiel, was sie draufhat, wenn sie nicht durch ihre gesundheitlichen Probleme gebremst wird. Wir hauten sie mit 2:0 (21:16, 21:16) vom Feld.

Wieder trafen wir auf ein Team aus den USA, diesmal auf Summer Ross und Brooke Sweat. Im Viertelfinale hatten wir anfangs große Mühe, unseren Rhythmus zu finden. Mitte des ersten Satzes lagen wir 10:11 zurück. In diesem Moment konnte ich spüren, wie der Wille zum Sieg mehr und mehr Besitz von uns ergriff. Letztlich waren sie chancenlos und unterlagen mit 15:21, 14:21.

Nach dem Match verdrückte ich völlig fassungslos ein paar Tränen. Unglaublich, dass wir es bis ins Halbfinale geschafft hatten. Auch Kira schwebte über allen Wolken vor Glück. Erst die Zweifel, ob wir überhaupt antreten konnten, und nun hatten wir eine Medaille fast sicher.

Übrigens, Anett war inzwischen angereist.

Ein Jahr nach Rio waren die Rollen im Halbfinale vertauscht. Larissa und Talita, auch unsere Gegnerinnen im vorletzten olympischen Spiel, kamen als Nummer eins der Welt nach Wien. Auch psychologisch waren die Brasilianerinnen uns gegenüber im Vorteil: Unmittelbar vor der WM beim

Einladungsturnier in Long Beach hatten sie uns zweimal vom Platz gehauen. Wussten sie, wie es um Kiras Gesundheit stand? Vielleicht dachten sie, nun sei alles wieder okay. Wie wären wir sonst unter die letzten vier bei der WM gekommen? Die Revanche von Rio lag in der Luft. Eine ehrgeizige Weltklassespielerin wie Larissa würde natürlich nicht vergessen, dass wir ihr das olympische Finale in ihrem Heimatland verbaut hatten.

Ich lag auf dem Rücken und aktivierte mit meiner Froschübung meine Bauchmuskeln am Rande des Warm-up-Courts. Larissa kam angejoggt, und anstatt an mir vorbeizulaufen, lief sie über mich, einen Fuß leicht auf meinen Bauch aufsetzend. Sie trat nicht fest, ein leichtes Hüpfen, aber dennoch irritierte mich diese seltsame Geste. Sonst benahm sich Larissa immer sehr cool. Was sollte das nun bedeuten? Wollte sie mich provozieren oder mich einfach nur necken? Ich schaute Anett und die anderen fragend an: »Die scheint aber nervös zu sein«, sagte ich. Anett nickte. Nie wieder verhielt sie sich ähnlich mir gegenüber, genau deshalb erinnere ich mich so gut an diese ungewöhnliche Szene.

Wir wussten, dass die beiden ein hartes Stück Arbeit werden würden, aber wir waren uns auch bewusst, dass wir nichts zu verlieren hatten. Ich nahm mir vor, mein Bestes zu geben und abzuwarten, was das für das Endergebnis bedeuten würde.

In Wien waren wir alle als Team krass zusammengewachsen. 100 Prozent arbeiteten wir für den anderen, wissend, dass jeder seinen Part optimal erledigen musste, um gewinnen zu können. Jochen hatte lange an Kiras Schulter gebastelt. Trotz Schmerzen haute und kämpfte sie, als sei nichts gewesen. Sie war wie eine Maschine. Wir spielten füreinander, schnauzten uns nicht an, waren nicht sauer, wenn die andere einen Fehler gemacht hatte. Wir gaben einander den Halt, den wir brauchten.

Die Rallys forderten uns bis zum Äußersten. Ich beendete einige sogar frech mit dem Ludwig-Laser. Dabei sah ich deutlich in Larissas Gesicht, wie sehr sie sich über mein taktisches Spiel ärgerte. Kira blockte sensationell. Sie las die Brasilianerinnen wie ein Buch. Wir konnten konstant den Druck mit guten Aufschlägen aufrechterhalten. In der Abwehr standen wir oft genau richtig.

Während wir unseren Rhythmus fanden, bemerkten wir, dass die Brasilianerinnen fest im Kopf waren. Der Siegeswille hatte sie im Griff, nahm ihnen die Lockerheit und die Flexibilität. Nach 40 Minuten waren wir mit 2:0 (21:19, 21:16) ins Finale eingezogen.

Wir hatten es wieder geschafft, miteinander zu tanzen, deshalb schickten wir Fotos an unser Team, auf denen wir uns abklatschten und wie ein tanzendes Pärchen aussahen. Jeder wusste bei solchen Fotos: Sie sind wieder da, bereit, ihr bestes Beachvolleyball zu spielen.

»World Chaaaaaampion!«

Im Finale drehten sich die Vorzeichen. Gegen die Amerikanerinnen Lauren Fendrick und April Ross zählten wir nicht mehr zu den angeschlagenen Außenseiterinnen, von denen niemand wusste, zu welchen Leistungen sie fähig waren. Durch unseren deutlichen Sieg im Halbfinale hatten wir uns in die Favoritenrolle gespielt.

Allerdings konnten wir nicht einschätzen, was wir von dem Duo auf der anderen Seite des Netzes erwarten sollten. April Ross spielte erst seit Kurzem mit Lauren Fendrick zusammen. Sie galt klar als die Schwächere von beiden. Wir würden versuchen, über sie zu punkten. Nachdem wir im Laufe des Turniers unsere Spielfähigkeit wiedergefunden hatten, erwarteten auch wir einen Sieg von uns. Wir starteten schlecht und verloren den ersten Satz. Es war wahrscheinlich der Kopf, der uns steif gemacht hatte. Es fehlte die Geschmeidigkeit in den Bewegungen.

Kira agierte grandios. Sie schaffte es, ihre Schmerzen komplett auszublenden. Zunächst versuchte sie, viele Shots zu spielen, um ihre Schulter zu schonen. Doch wenn es nötig war, holte sie ihren Hammer raus. Kira war ein Beißertyp. Nie bewies sie das eindrucksvoller als bei der Weltmeisterschaft in Wien. Trotz aller Schmerzen konnte ich mich 100 Prozent auf sie verlassen. Mit dem Glauben an unsere Stärken, dem Vertrauen in unsere Routinen, gelang es uns, den zweiten Satz umzudrehen. Den Tiebreak dominierten wir deutlich. Nach mehr als einer Stunde schrien wir die Erleichterung und Freude in den Himmel. Mit unserem 2:1-Sieg (19:21, 21:13 und 15:9) schrieben wir noch einmal Geschichte: Noch nie hatte ein europäisches Frauenteam bei einer Weltmeisterschaft triumphiert.

Ich sollte beim Interview etwas sagen. Stattdessen nahm ich das Mikrofon und schrie mit hoher Stimme: »World Chaaaaampion!« Mehr brachte ich nicht heraus, doch damit war alles gesagt. Ich tanzte mit der deutschen Fahne im Sand, bespritzte Kira mit Sekt aus einer Magnumflasche, trank aus dem Pokal und streckte vor Glück schreiend meine Medaille in Richtung der Fotografen.

Meine Eltern fuhren mich zu einer traditionellen Straußwirtschaft am Wiener Stadtrand. Bei Wiener Schnitzel und Kartoffelsalat feierten wir unseren Sieg. Für mich gab es kiloweise Schokolade. Kira bekam eine Spezialedition ihres geliebten Kartenspiels Doppelkopf. Der WM-Pokal glänzte in der Tischmitte und ich … fühlte mich einfach nur müde und ausgebrannt. Die Unsicherheit zuvor, die Energieleistung während des Turniers – ich wollte nur noch aufs Sofa. Der Sieg brannte sich allerdings fast mehr in mein Gedächtnis ein als die Goldmedaille der Olympischen Spiele. In Rio waren wir als Favoritinnen angereist. In Wien wäre alles möglich gewesen.

Ein kurzfristiger Rückzug, eine Niederlage in der ersten K.-o.-Runde … all das klang wahrscheinlicher, als mit dem Weltmeistertitel wieder nach Hause zu fahren. Nach Rio hatte ich entschieden, noch ein Jahr weiterzumachen, bevor ich die Familienplanung angehen wollte. Allerdings ging die Saison ja noch weiter …

Auf den Höhenflug folgte ein herber Rückschlag. Bei der Europameisterschaft in Lettland war mein Akku tief im Rot und ich schleppte mich mühsam durch den Sand. Im Viertelfinale retteten mich weder Routinen noch Erfahrung noch Wille. Wir verloren gegen das deutsche Duo Nadja Glenzke und Julia Großner in drei Sätzen. Dabei vergaben wir sogar zwei Matchbälle.

Ich konnte Kira nicht genug unterstützen, ihre Schulter schmerzte, und dennoch stand uns noch ein Höhepunkt bevor. Ich sehnte mich nach dem Ende der Saison, doch vorher hatten wir noch eine schöne, aber herausfordernde Aufgabe vor uns: das World Final in Hamburg. Besonders vor meinem Publikum, das mir immer so viel Energie gab, wollte ich zeigen, wie unterhaltsam Beachvolleyball sein kann.

Im Halbfinale starteten wir noch einmal den »Maschinenmodus«. Die Kanadierinnen Sarah Pavan und Melissa Humana-Paredes hatten beim 2:0 (21:15, 21:14) nicht den Hauch einer Chance. Die Hamburger Zuschauer schrien und klatschten uns zum Sieg. Ich wollte den Center-Court des Tennisstadions am Hamburger Rothenbaum gar nicht mehr verlassen, so sehr genoss ich die Energie, die mir von den Rängen entgegenkam. Das sind die Momente, für die sich die ganze Schinderei lohnt. Das Adrenalin schoss in jede Zelle meines Körpers. Ich fühlte mich wie Superwoman, spielte, ohne nachzudenken. Im Fokus, im Flow. Der Rausch beherrschte noch Stunden nach dem Matchball meinen Körper.

Keine Ahnung, aus welchem Geheimdepot ich noch Energie für das Finale fand. Auch die Brasilianerinnen Duda Lisboa und Ágatha Bednarczuk hatten wie wir bis zum Endspiel keinen Satz abgegeben. Sie zockten viel variantenreicher als wir, dennoch kannten wir Strategien, sie zu zermürben. Dafür mussten wir unbedingt bei unseren Stärken bleiben und durften ihnen nicht die Initiative überlassen.

Bei aller Freude über das Publikum und den 2:1-Sieg (21:17, 19:21 und 15:10) versüßte auch das Preisgeld von 100 000 Dollar unseren Entschluss, uns trotz aller Schwierigkeiten durch diese Saison gekämpft zu haben.

Nächstes Ziel: mein Wunschkind

Jahrelang hatte ich mein Leben meinem Beruf untergeordnet. Der 80. Geburtstag meiner Oma Hilde wurde ohne mich gefeiert, genauso wie fast alle anderen Familienfeste. Auf meinen Teller kam nur, was sich mit Training und Wettkampf vereinbaren ließ. Training nach Plan, Essen nach Plan, Regeneration nach Plan. Und jetzt hatte ich einen neuen Plan: mein Wunschkind.

Wir saßen beim Teammeeting zusammen, nachdem wir bei den deutschen Meisterschaften in Timmendorf im Viertelfinale gegen Karla Borger und Margareta »Kusia« Kozuch ausgeschieden waren. Ich eröffnete Kira, dass ich 2018 komplett aussetzen würde, weil ich schwanger werden wollte. Gleichzeitig erklärte ich, dass ich schon ein Jahr später wieder in die Olympiaqualifikation für Tokio einsteigen würde. Mit anderen Worten: Ich hatte mich maximal unter Druck gesetzt. In diesem Moment konnte ich natürlich noch nicht ahnen, dass das Schicksal uns fast zeitgleich mit der Mutterrolle beschenken würde.

In meinem Kopf hatte ich einen genauen Plan für das »Projekt Titelverteidigung« (auch wenn ich es nach außen nie so genannt hätte). Ich war überzeugt, dass wir noch besser spielen konnten. Nach so vielen Rückschlägen und Verletzungen lautete die logische Frage: Was wäre möglich, wenn wir uns ohne

Pausen vorbereiten könnten? Außerdem: Gewinnen fühlte sich gut an. Titel verteidigen stellte ich mir großartig vor.

Der Startschuss für mein Wunschkind fiel im September 2017. Unser Physiotherapeut Jochen kannte meinen Körper am besten. Also fragte ich ihn, wie lange ich idealerweise Zeit hätte: Bis Februar 2018 sollte ich schwanger sein. Natürlich kannte ich Geschichten aus unserem Freundeskreis von Paaren, die lange und dann immer verzweifelter versucht hatten, eine Familie zu gründen.

Anett schlug vor, zu einer chinesischen Heilpraktikerin zu gehen. Alles klar, warum nicht? Mir gefiel die Idee, mit einer Expertin zu sprechen, die mich nicht als Sportlerin kannte. Ich rief sie also an. Sie bat mich, alle Untersuchungen mitzubringen. Ich zögerte: »Wir haben eigentlich kein Problem, nur wenig Zeit«, gestand ich. Sie schwieg eine Weile. »Okay, kommen Sie dennoch.« Ich stellte mir eine ältere Chinesin vor, stattdessen öffnete mir eine blonde junge Frau die Tür. Sie empfahl mir einen Tee. Noch bevor ich die Kräutermischung kaufen konnte, hielt ich einen positiven Schwangerschaftstest in den Händen. Ich konnte mein Glück kaum fassen.

Die nächsten Monate ernährte ich mich nur von Schokolade und Brot, denn alles andere konnte ich weder riechen noch essen. Schon wenn ich den Kühlschrank öffnete, ich Essen sah und den Geruch wahrnahm, wurde mir übel. Ständig stützte ich meinen Bauch mit beiden Händen. Mein Killerinstinkt auf dem Platz war einem Beschützerverhalten gewichen. Ich bewegte mich sehr vorsichtig, damit es meinem Baby gutging. Die Müdigkeit schien nie enden zu wollen, außerdem geriet ich schon beim Steigen weniger Treppenstufen aus der Puste. Mein Leben in den ersten Wochen mit Teo im Bauch bestand aus schlafen, behutsamem Trainieren und Schokolade essen.

Jochen, unser Physiotherapeut, bemerkte, dass ich den Kontakt zu meinem Körper zu verlieren drohte. Er erdete mich und meinen Körper mit dem klugen Satz: »Du kannst deine Bauchmuskeln ruhig noch benutzen« – und fügte erklärend hinzu: »Es tut auch deinem Kind gut, wenn du ihm von Anfang an Grenzen zeigst, anstatt übertrieben vorsichtig zu sein.« Dieser Gedanke half mir, ein Gleichgewicht zu finden. Ich begann besser auf meinen Körper zu hören und nicht mehr nur ausschließlich Rücksicht auf mein Kind zu nehmen. Manchmal fehlte mir die Kraft für die zweite Einheit, dann setzte ich mich in den Sand, schaute Helke mit müden Augen an und bat: »Lass uns doch bitte einfach nur etwas trinken.«

An Weihnachten schenkten wir unseren Familien Ultraschallbilder. Bald erfuhren wir, dass es ein Junge werden würde. Im sechsten Monat flog ich noch in ein Trainingslager nach Long Beach in den USA. Dort lebte ich mit Helke, einigen Spielerinnen und Morph in einem Haus. Die Trainingseinheiten machten Spaß, auch wenn ich immer weniger springen konnte. Meine Beinmuskeln streikten einfach. Der Bauch wurde jetzt richtig dick, an manchen Tagen geradezu angespannt. Je nach Tagesform nach dem Mittagsschlaf machte ich mit oder setzte mich ans Feld, stützte den Kopf auf den Ball und schaute den Mädels zu. Ich las Artikel über Leichtathletinnen, die noch im sechsten Monat sprinteten, aber das ging bei mir nicht. Im Kraftraum tauschte ich Fahrrad gegen Gewichte. Helke verdrehte manchmal die Augen: »Och, komm jetzt.« Als sie später selbst schwanger war, verstand sie mich und meinte: »Ich weiß nicht, wie du das damals durchgehalten hast.«

In meinem Kopf war Jürgens Satz zementiert: »Jede Einheit, egal wann, zählt für das, was du später leisten wirst.« Vielleicht fiel es mir deshalb schwer, locker zu sein. Ich trainierte jeden Tag, außer sonntags. Allein wegen der Auge-Hand-Ball-Koordination profitierte ich sicher davon, dass ich so lange wie möglich am Ball blieb.

Die Schwangerschaft mit Teo hatte mich befreit. Das Muss und der Druck waren weg. Ich fühlte mich großartig. In Pyeongchang bei den Olympischen Winterspielen traf ich Lena Gercke im deutschen Haus, die vor Ort war, um die olympischen Teilnehmer zu unterstützen. Weil ich voller Energie herumsprang und nie müde zu sein schien, meinte sie nur verwundert: »Alle Schwangeren, die ich kenne, bewegen sich anders und sind auch nicht so gut drauf.«

Teo Johnston

Am 28. Juni 2018 um 3 Uhr morgens blinzelte und schrie Teo Johnston zum ersten Mal in einer Badewanne in einer Hamburger Klinik. Die Geburt gehörte zum Heftigsten, was mir das Leben bisher beschert hatte. Dennoch war sie wunderschön und ich war überwältigt vor Glück.

Morph, der mich die ganze Zeit unterstützt hatte, kümmerte sich mit der Hebamme um Teo, während ich erschöpft im Bett neben der großen roten Badewanne lag. Es war inzwischen 4 Uhr, als ich aus dem Fenster schaute, und am Horizont, über den Bäumen, leuchtete hell der volle Mond. Da war er also wieder, bei mir. So wie beim Mauerfall, am Finaltag in Rio und nun auch jetzt: Bei der Geburt meines ersten Kindes. Kaum konnte ich nach dem Kraftakt wieder lächeln, eröffnete eine Krankenschwester mir und Morph, dass unser kleiner Sohn im Brutkasten bleiben musste. Er litt an einer Infektion und wurde mit Antibiotika behandelt.

Nach dieser Nachricht schien der Krankenhausboden unter meinem Bett wegzubrechen. Ich machte mir Sorgen, weinte mit und ohne Grund, auf Heulattacken folgten Lachflashs – und wieder Heulattacken. Die Hormone und Teos Krankheit hatten die Kontrolle über meine Gefühle übernommen. Mehr als einmal dachte ich: »Ich möchte mein altes Leben zurück.« Morph war in diesem Gefühlsgewitter mein Ruhepol. »Sie wissen bestimmt, was sie tun. Alles wird gut«, wiederholte er so oft, bis ich es glaubte. Noch wichtiger aber: Wie schon in Rio war er da, als ich ihn brauchte.

Während Teo noch im Krankenhaus behandelt wurde, fand ich kaum Schlaf. Dieses Abenteuer hatte ich mir einfacher vorgestellt. Plötzlich war ich Mama. Und Teo schrie. Wenn ich in den ersten Tagen mein Kind anschaute, musste ich mich fast kneifen. »Ihr werdet euch noch kennenlernen«, sagten alle. »Ja«, dachte ich, »wenn er mal die Augen aufmacht.«

Dann durften wir endlich nach Hause. Ich wähnte mich gut vorbereitet, denn ich hatte gefühlt 20 Ratgeber gelesen. Es kam anders. Das Stillen funktionierte nicht. Ich gab alles, bis auf den letzten Tropfen, doch Teo schrie. Meine Freundin schwärmte von diesen Minuten der innigen Fütterung, während sie stillte, stillte und stillte. Sie beschrieb die Glückshormone, die ihren Körper durchfluteten, und lächelte dabei erfüllt. Ich kam mir vor, als sei ich die einzige Mutter in ganz Hamburg, die nicht genug Milch hatte. Und Teo schrie weiter. Also gut, dann eben Flasche als Hauptmahlzeit und meine Milch als Vorspeise und Nachtisch. Das löste mein Problem, aber im Moment der Entscheidung fühlte ich mich wie eine Rabenmutter. Teo wurde ruhiger. Nach drei Wochen machte er endlich die Augen weit auf.

Was soll ich sagen? »So schön, dich richtig kennenzulernen, süßer Teo.«

Der kleine Fratz übernahm in meinem Leben das Cockpit. 24/7 war ich für ihn da. Selbst das Zähneputzen musste manchmal warten. Zweimal am Tag trainieren? Wie sollte das gehen? Ich fühlte mich überfordert. Ich dachte viel zu oft an die

Zukunft, als im Hier und Jetzt die Momente mit meinem Baby zu genießen. Endlich konnte ich den Satz meiner Freundinnen verstehen: »Die Liebe zu deinem Kind kannst du dir vorher gar nicht vorstellen.« Morph kochte, kaufte ein, stand nachts auf, wenn Teo weinte, und trainierte noch tagsüber mit Victoria Bieneck und Isabel Schneider – Tori und Isa. Oft schlief er noch vor mir ein.

Nach vier Wochen besuchte mich meine Hebamme – und betrachtete mich mit einer Mischung aus Mitleid und Sorge: »Du musst jetzt wieder essen«, sagte sie. »Ich esse doch«, protestierte ich, »viel Salat und viele gute Proteine.« Sie verzog das Gesicht und verordnete mir reichhaltige Kohlenhydrate. Ich musste mein Ernährungsregime ändern, denn ich hatte auch einfach keine Zeit mehr, alles frisch und selbst zuzubereiten. Nun standen auch die schnelle Nudel oder das Brot auf dem Tisch. Dann war das jetzt so. Auch dass der Schokoladenschrank wieder auf meiner Beliebtheitsskala nach oben gestiegen war. Mein Körper verlangte nach mehr Süßigkeiten.

So-lala-Tage

Ich hatte viele Tage, die insgesamt gesehen »geht so« waren, an denen ich aber plötzlich wieder Momente puren Glücks empfand. Zum Beispiel wenn Teo in seinen kleinen blauen Ringelsocken in seinem Bettchen lag, die Pausbäckchen ein wenig rot und die Kapuze des Schlafstramplers halb über den Kopf gezogen – und mich anlächelte. Zum Knutschen. Vergessen und vorbei die Tage, an denen er Stunden gegen den Schlaf gekämpft hatte. Warum eigentlich? Ich fragte mich das so oft. Vermutete Zähne, wo noch keine sein konnten. Ich wünschte mir, er könnte reden und mir sagen, warum er nur getragen werden wollte.

Manchmal, wenn ich mich morgens um 5:30 Uhr mit Teo im Tragetuch an der Alster entlangschleppte, schossen mir diese Gedanken durch den Kopf, die meinen eigentlichen Plan torpedierten: Wäre es nicht besser, ein Jahr Mutterschutz zu nehmen? Dann müsste ich mir nach einer schwierigen Nacht keine Sorgen um meine Leistungsfähigkeit am nächsten Tag machen.

Drei Wochen nach der Geburt musste ich zum ersten Mal wieder arbeiten. Ein Sponsor hatte sich flexibel gezeigt und Leistungen auf dem Platz gegen einen Tag als Co-Kommentatorin beim Turnier in St. Peter-Ording eingetauscht. Meine Eltern begleiteten mich, um auf Teo aufzupassen. An diesem Tag ging es ihm nicht so gut. Es fiel mir unendlich schwer, ihn aus meinen Armen zu geben. Während ich zwei Stunden lang verzweifelt versuchte, meine Gedanken auf die Matches zu fokussieren, fragte ich mich: »Wie soll ich jemals wieder selbst spielen, wenn mich schon das Zuschauen stresst?«

Den Trainingsstart musste ich um einen Monat nach hinten verschieben. Mein Körper und mein Kopf hatten sich noch nicht an unser Leben zu dritt gewöhnt. Obwohl Teo mich viel schlafen ließ, merkte ich, wie das Aufstehen in der Nacht mir zusetzte. Ich beschloss, mir noch einen Monat mehr Auszeit zu gönnen und erst nach vier Monaten wieder einzusteigen.

Kleine Schritte, Zwischenziele, Meilensteine. Die Techniken der Zielerreichung, mit denen wir auf dem Weg nach Rio gearbeitet hatten, halfen mir auch bei der Rückkehr an den Arbeitsplatz. Ich versuchte Gewohnheiten aufzubauen, arbeitete an meiner Einstellung und etablierte Routinen. Schritt eins sollte mit einer Stunde Sport am Tag beginnen, aufgeteilt zwischen Ausdauer, Rückbildung und Stabilitätstraining. Nach 15 Minuten auf dem Rad schnappte ich nach Luft. Dennoch biss ich mich durch. Niemals zuvor in meinem Leben hatte ich mich so unfit gefühlt. Gleichzeitig genoss ich die Fortschritte.

Mein Körper schien sich daran zu erinnern, dass er früher Leistung gebracht hatte. In unserem ersten Teammeeting besprachen wir, wann es mit zwei Einheiten pro Tag losgehen sollte. Unvorstellbar.

Gut, dass es Menschen in meinem Leben gab, die weniger emotional auf die Situation reagierten. So zum Beispiel Anett. »Wer passt denn auf Teo auf?«, fragte sie mich direkt und schaute in ein ratloses Gesicht. Sie war es dann auch, die ihre Mutter organisierte, während ich eine andere befreundete ältere Dame fragte. Ich, die immer so viel koordiniert hatte, war mit diesem kleinen Menschen im Arm blockiert, die Initiative zu ergreifen. Das erlebte ich zum ersten Mal. Schön, dass mein Leben nun aus mehr bestand als nur Beachvolleyball. Gleichzeitig konnte ich mir noch nicht vorstellen, wie diese beiden Welten nebeneinander existieren sollten.

Meine Mutter bot an, so oft wie nötig nach Hamburg zu kommen. Rosemary, meine Schwiegermutter aus Schottland, stand ebenfalls bereit. Obwohl die beiden großartig mit Teo umgingen, nagte diese kleine Stimme in mir: »Sollte er nicht mehr Zeit mit mir, seiner Mutter, verbringen? Ist es das Richtige, Beruf und Muttersein zu vereinbaren? Für mich? Für meine Familie? Für meine Beziehung?«

Die erste Zeit mit Teo bedeutete auch für Morph und mich eine Serie von Veränderungen, Anpassungen und auch Diskussionen. Ich dachte, dass ich als Mutter per se vieles besser wusste. Hinzu kam, dass ich sehr konkrete Vorstellungen hatte, wie mein Kind aufwachsen sollte. Müde und erschöpft, wie wir waren, knallten Morph und ich ab und zu aneinander. Ich raste sehr schnell auf 180, beruhigte mich aber in der gleichen Geschwindigkeit. Morph brauchte länger, um sich aufzuregen, doch wenn er einmal richtig wütend war, konnte seine Cooling-down-Phase mehrere Tage dauern. Meist entschuldigte ich mich (ein wenig zähneknirschend), um den Prozess zu beschleunigen.

Für Teo rauften wir uns immer schnell wieder zusammen. In dieser Zeit entstand der unerschütterliche Glaube, dass wir als Team alles schaffen und jede Hürde nehmen würden. Unsere Beziehung wurde zwar reifer, gewann an Vertrauen und Ehrlichkeit, aber spätestens mit Teo verlor sie auch den Lovebird-Effekt aus den Anfangszeiten. Gleichzeitig wuchs die Gewissheit, dass ich mit Morph alt werden wollte. Ein Leben ohne ihn war für mich unvorstellbar geworden. Er konnte ein harter Hund sein, aber der kleine Teo legte sein großes Herz und seine verständnisvolle Liebe als Vater offen.

Nach vier Monaten stand ich wieder zum Training auf dem Platz. Meine Arme schmerzten und meine Beine fühlten sich bleischwer und unbeweglich an. Allen meinen Bewegungen fehlte es an Präzision. Als hätte ich die Kontrolle über meinen Körper verloren.

Je mehr ich trainierte, desto bewusster spürte ich die Verantwortung für mein Team. Ich spielte nicht nur für mich, sondern auch für Jürgen, Helke, Anett und natürlich Kira. Sie bauten darauf, dass ich wieder zu meiner alten Leistungsstärke zurückfinden würde. Alle schienen überzeugt, dass ich es wieder in die Weltspitze schaffte. Warum zweifelte nur ich daran, Hochleistungssport und Kind vereinbaren zu können?

Das Ende einer Ära. Ein Neuanfang

Oft stand ich allein in der Beachhalle, denn Kira quälten weiterhin gesundheitliche Probleme. Ich genoss das Einzeltraining, denn so konnte ich mich darauf konzentrieren, mein Körpergefühl wiederzufinden. Kiras Frau hatte gerade Drillinge zur Welt gebracht. Oft scherzten wir, dass wir mit einem kleinen Kindergarten auf Tour gehen würden. Im Olympiastützpunkt fragten wir, wann sie endlich eine Kita einrichten würden. Manchmal überlegten wir, ob meine Eltern bei der Betreuung der Drillinge helfen könnten. Sie hätten sicher nicht Nein gesagt, dennoch war mir klar, dass sie sich am liebsten voll ihrem eigenen Enkel widmeten.

Im November rief Kira mich überraschend an. Wir müssten unbedingt noch am selben Tag reden. Mein Tag war sehr voll, am Abend wollte ich nur noch ausruhen. Ich reagierte genervt, als sie auf ein kurzfristiges Treffen bestand. Morph erkannte den Ernst der Lage: »Meinst du nicht, dass sie dir etwas sehr Wichtiges sagen möchte, wenn es so dringend ist?«

Wir saßen an unserem Esstisch, noch nicht aufgeräumtes Kinderspielzeug lag auf dem Boden. Ich hatte noch keine Zeit gehabt, die Teller in die Spülmaschine zu räumen. Kira klingelte. Sie war sehr ruhig und kam schnell zur Sache. Sie würde aus gesundheitlichen Gründen mit dem Beachvolleyball aufhören. Ich glaubte, bei ihr Erleichterung über die Entscheidung zu fühlen. Kira hatte in den Jahren zuvor mit so vielen Verletzungen zu kämpfen gehabt. Zu diesen Herausforderungen kamen die Aufgaben mit ihren süßen Drillingen. Ich wusste, wie viel Arbeit und Energie ein Kind bedeutete, doch das Ganze mal drei?

Ich verstand ihre Entscheidung, dennoch trauerte ein Teil von mir. Mit Kira hatte ich meinen Traum verwirklicht. Ich wusste: Eine so willensstarke Spielerin, so eine Löwin am Netz würde vielleicht nie wieder in mein Leben treten. Sie eilte nach Hause zu ihrer Familie. Ich räumte den Tisch leer.

Kusia

»Jetzt nicht aufgeben«, dachte ich. Eine Lösung finden, weitermachen, denn ich hatte mich entschieden, diesen Weg zu gehen. Doch mit wem auf meiner Seite des Feldes? Ich redete mit Jürgen. Zwei Optionen kristallisierten sich schnell heraus. Die eine war Julia »Juli« Sude, mit der ich schon während Kiras Zwangspause gespielt hatte. Mit Juli hatte ich mich immer gut verstanden. Sie war eine Bank in diesem Business. Mit ihr wäre es gewesen, als würde ich in eine möblierte Wohnung einziehen und müsste nur noch die Zahnbürste in den Becher im Bad stellen.

Allerdings bildete Juli mit Chantal Laboureur gerade ein sehr erfolgreiches Duo. Ihre Saison war richtig gut verlaufen. Ich hatte den beiden ein paarmal in einem Finale zugesehen, dabei war es großartig zu beobachten, dass sie sich stetig verbessert hatten. Jetzt würde ich als Mama zurückkommen und versuchen, in dieses erfolgreiche Team reinzugrätschen? Würde ich überhaupt mindestens so gut sein wie Julis bisherige Partnerin? Ich war mir nicht sicher.

Die zweite Möglichkeit war Margareta »Maggie« Kozuch, von mir »Kusia« genannt. Dachte ich an Kusia, kam mir immer unser erstes großes Abenteuer in den Sinn. Ein Schlafwagenabteil in einem Zug nach Minsk, viel Gelächter, Blödsinn und mehr als 1000 Kilometer Fahrt. Wir waren mit der Jugendnationalmannschaft auf dem Weg zu einem Turnier in der Hauptstadt Weißrusslands gewesen. Ich verstand mich super mit Kusia. Unsere gemeinsame Zeit endete wenig später, denn ich sollte Libero spielen, weil ich so klein war. Darauf hatte ich absolut keine Lust. Ich wollte punkten und nicht in der Abwehr auf meine Chance warten. »Den langen Lulatschen werde ich es schon noch zeigen«, dachte ich mir, als ich mich aus dem Kader zurückzog.

Kusia und ich verloren uns aus den Augen. Ab und zu verfolgte ich in den Nachrichten und auf sozialen Medien, wie sie zu einer der besten Hallenspielerinnen der Welt gereift war. 2017 traf ich sie auf der Beachvolleyballtour wieder. Kusia bildete ein Duo mit Karla Borger. Ich war gespannt, wie sie den Umstieg schaffen würde. Doch außer gelegentlichem Small Talk hatten wir bis 2019 wenig miteinander zu tun.

Bei Kusia war klar, dass wir – um im Bild zu bleiben – die gemeinsame Wohnung erst einmal einrichten müssten. Ihr Potenzial faszinierte mich. Allein schon mit ihrer Größe von 1,88 Metern war sie überragend – aber auch mit ihrer Erfahrung: Mit 336 Einsätzen für die deutsche Nationalmannschaft hielt sie den Rekord. Lange Zeit war sie Kopf und Kapitänin des Teams. Sie hatte in Italien, Russland, Polen, Aserbaidschan und sogar China internationale Erfahrung gesammelt. Mit ihrer italienischen Mannschaft Pomì Casalmaggiore gewann sie 2016 die Champions League. Unbestritten, Kusia hatte die eindrucksvollste Visitenkarte im deutschen Hallenvolleyball. Nur eines fehlte ihr noch: die Teilnahme an Olympischen Spielen. Ich stellte mir vor, dass diese Aussicht sie motivieren würde.

In puncto Professionalität und Einstellung wähnte ich sie auf meiner Wellenlänge. Kusia wirkte offen genug, um sich auf

Jürgens rigides System einzulassen. Ich sah das Risiko, aber auch die hohen Gewinnaussichten. Wir hatten alle bemerkt, dass Kusia noch die Handlungsorientierung fehlte – das zentrale Element von Jürgens Philosophie. Doch ich hatte großes Vertrauen, dass er und Anett ihr diesen Baustein vermitteln würden.

Ich fragte Kusia, ob sie mit mir das Abenteuer wagen wolle. Sie sagte zu und zog nach Hamburg. Die ersten Wochen fühlten sich wie wunderbare Flitterwochen an, denn Kusia passte unheimlich schnell ihre Technik an, sodass das obere Zuspiel super funktionierte. Ich wusste, dass Ergebnisse in einer Beachhalle in Hamburg mit Vorsicht zu genießen waren und dass die echte Feuerprobe noch kommen würde. Doch ihre Sprungkraft war gigantisch, ihr Aufschlag hart, dazu fanden wir schnell einen guten Rhythmus. Manchmal mussten wir uns bremsen, so viel hatten wir uns zu erzählen. Über Ernährung schnackten wir stundenlang. Alles schien fast ein wenig zu leicht. Zu perfekt.

Mit Kusia begann eine neue Beziehung. Wir mussten erst lernen, miteinander zu agieren und unsere Emotionen auf dem Feld aufeinander abzustimmen. Der Ton war ungewohnt, die Wortwahl anders, auch das, was nicht gesagt wurde, musste erst erforscht werden. Andere Schwächen wurden getriggert. Ich hatte vergessen, wie viel Energie das kostete. Jürgen nannte das »Emotionssteuerung«. Das bedeutete nicht, Emotionen zu unterdrücken, sondern sie so zu kontrollieren, dass sie unser Spiel nicht sabotierten und wir authentisch bleiben konnten. »Bei unseren acht mal acht Metern bleiben«, hieß das Mantra dazu. Ich brauchte nach einem Punkt schnell wieder den Fokus auf die nächste Aktion. »Was mache ich jetzt?«, fragte ich mich dann und konzentrierte mich auf meine Routinen. Kusia war als Spielerin in einem größeren Mannschaftsgefüge anders sozialisiert worden. Anfangs lobte sie mich und kommentierte meine Aktionen. Erst später fand ich heraus, dass ich etwas anderes von ihr brauchte.

Schon im Dezember 2018 fuhren wir ins Trainingslager auf Teneriffa. Zum ersten Mal in ihrem Leben setzten sich meine Eltern in ein Flugzeug, um mir bei Teos Betreuung zu helfen. Meine Mutter hatte mit Anetts Hilfe ihre Flugangst überwinden können. Jetzt war es also so weit, dass die beiden in die Luft gingen. Als wir auf dem Flughafen Teneriffa Süd ankamen, staunte mein Vater: »Sonne im Winter. Das hatte ich noch nie.« Der Satz blieb mir im Gedächtnis.

Ich fühlte mich verantwortlich, dass meine Eltern diesen Meilenstein in ihrem Leben genießen konnten. Vorgestellt hatte ich mir das Trainingslager als die perfekte Kombination: meine Eltern, mein Kind, mein Mann, der mit Victoria Bieneck und Isabel Schneider gekommen war, und ein schöner Ort, an dem ich meinem Beruf nachgehen konnte. So weit die Theorie. In der Praxis hetzte ich von Training zu Einzelgespräch zu Teammeeting und wieder zurück … ich hatte für nichts Zeit. Anett kam später nach, was noch mehr Gespräche bedeutete.

Ich machte mir großen Stress, denn ich wollte so schnell wie möglich wieder zu 100 Prozent fit werden. Hinzu kam, dass andere Teams uns beobachteten. Nicht darüber nachdenken, beschloss ich. Doch das gelang mir nicht, wenn ich die neugierigen Blicke wahrnahm.

Wie schwierig die Umstellung von der Halle auf den Sand war, begriff ich, als Kusia sagte: »Mir fehlt manchmal die Hallendecke.« Sie könne im unendlichen Blau des Himmels nicht immer genau einschätzen, wann der Ball seinen Zenit erreicht hatte und sich wieder in Richtung Erde aufmachte. Ich verstand, dass es schwer war, sich auf die Technik zu konzentrieren, wenn man gleichzeitig noch zu sehr mit dem Wind, dem Himmel und der Sonne beschäftigt war.

Im Schnelldurchgang wollten wir uns aufeinander einstellen, deshalb organisierten wir ein zweites Trainingslager in Kapstadt, der wunderschönen Hafenstadt an der Südwestküste Südafrikas, die vom beeindruckenden Tafelberg dominiert wird. Teo fuhr nicht mit. Drei Wochen sollte er bei den Großeltern in Berlin bleiben, das war sehr hart für mich. Noch am Flughafen weinte ich ohne Ende. Sogar ein Glas Rotwein musste her, um meinen Abschiedsschmerz ein wenig erträglicher zu machen. Ich stellte mir so quälende Fragen wie: Schaffen sie das überhaupt mit dem kleinen Wurm? Ich wusste ja, wie anstrengend ein Baby sein konnte. Meine Eltern waren nicht mehr die Jüngsten, während ich nicht einmal kurz vorbeikommen konnte, sollte es einen Notfall geben. Mehr als 13 000 Kilometer entfernt würde ich tatenlos am Südatlantik sitzen, ohne für mein Kind da sein zu können.

Wie wahrscheinlich bei vielen arbeitenden Müttern kämpften zwei Herzen in meiner Brust: Zum einen genoss ich es, mich komplett meinem Beruf zu widmen. Zum anderen plagten mich die Sehnsucht und ein schlechtes Gewissen. War Beachvolleyball es wert, so lange mein Kind nicht zu sehen?

Außer Morphs Team waren noch die Tschechinnen Barbora Hermannová und Markéta »Maki« Sluková gekommen. Ich kannte die Spielerinnen seit Jahren, wusste sie zu lesen, und umgekehrt war es genauso. Ich sah deutlich, wie viel uns noch bis zu ihrem Niveau fehlte.

Mir gelang es von Tag zu Tag weniger, bei mir zu bleiben und an den Prozess zu glauben. Wir versuchten, gemeinsam zu analysieren, wo wir Energie verschwendeten. Wir fragten uns: Wie können wir noch mehr Qualität ins Training bringen? Wir überprüften jedes Detail, auch die Kommunikation zwischen uns. Sollten wir dem anderen auf dem Feld sagen oder zurufen, was er zu tun hatte? Oder wäre es besser, wenn jeder zu 100 Prozent bei sich bleiben würde? In diesem Fall müssten wir vertrauen, dass der andere das Richtige tat. Ich wusste, dass ich auf Kusias Einsatz bauen konnte. Sie war ein Arbeitstier – nur, würden wir genug Zeit haben?

Trotz allem: durchgezogen

In der Millionenmetropole Xiamen, im Südosten Chinas, machte ich im April 2019 den ersten Aufschlag auf der World Tour als Mutter. Elf Monate waren seit Teos Geburt vergangen. Mit Anett hatte ich vor der Reise einen Realitätscheck absolviert. Wo stand ich in meiner Vorbereitung körperlich und mental? Was war neu? Sicher die Sehnsucht nach Teo. Ich hatte ihn zwar schon während des Trainingslagers in Südafrika bei meinen Eltern gelassen, aber dieses Mal kam die Zeitverschiebung hinzu und die Tatsache, dass der Turnierplan nicht von mir beeinflusst wurde. Ich konnte deshalb nur bedingt vorhersagen, wann ich mit Teo und meinen Eltern telefonieren konnte. Ich versuchte, wieder in den Wettkampfmodus zu kommen – von Taschepacken bis Taktik.

Es fühlte sich an, wie nach Hause zu kommen, als ich viele Spielerinnen wiedersah. Einige waren inzwischen als Trainerinnen dabei, zum Beispiel die Amerikanerin Jennifer Kessy, die mit April Ross in London die Silbermedaille gewonnen hatte. Den Einstieg erleichterte auch die Tatsache, dass ich mit Morph ein Zimmer teilen konnte, denn auch sein Team war am Start.

Jürgen meinte nach dem Turnier, ich hätte noch schneller gesprochen als sonst. Ich war einfach fürchterlich aufgeregt, nach einer so langen Pause wieder in meine Welt zurückzukehren. Am meisten freute ich mich auf das Ausschlafen. Dazu noch die Mahlzeiten, ohne gestört zu werden … herrlich.

Wir traten mit einer Wildcard an, nur deshalb blieb uns die Qualifikation erspart. Zu meiner Überraschung zitterten meine

Beine. Peripher nahm ich die vielen Spielerinnen wahr, die sich am Rand des Courts auf die Tribüne gesetzt hatten. In meinem Kopf überschlugen sich die Gedanken. Ich bildete mir ein, alle waren nur gekommen, um mich zu beurteilen. Sie wollten sehen, wie ich die Babypause überstanden hatte. Der Druck lastete schwer auf mir. Mir kam gar nicht in den Sinn, dass einige sich gar nicht so viele Gedanken um mich machten. Sicherlich wollten sie auch einschätzen, wie Kusia nun mit mir zurechtkam. Mein Zweifler hatte wieder einmal die Oberhand gewonnen. Ich stellte alles infrage, mehr als nötig.

Ich hatte meine Schwangerschaftskilos inzwischen verloren. Auch meine Bauchmuskeln waren wieder zu sehen. Aber meine Mitte hatte ich noch nicht gefunden. Der Rücken war noch zu sehr im Hohlkreuz. Außerdem fehlte noch die Geschmeidigkeit in meinen Gelenken und Muskeln. Kurz, ich fühlte mich steif.

Wie viele Frauen in den ersten Monaten nach der Geburt hatte ich Probleme mit Eintropfen beim Springen. Ich hatte Beckenbodenübungen bei einer spezialisierten Physiotherapeutin gemacht, dazu war Stabilitätstraining gekommen, aber mein Körper brauchte mehr Zeit, als ich ihm geben wollte. Bei meinen Schlägen spürte ich, dass ich nicht genug Kraft aus dem Rumpf in den Arm gab. Ich hoffte nur inständig, dass meine Gegnerinnen das nicht bemerkten.

Zunächst schien mein Wunsch erhört. Sanne Keizer und Madelein Meppelink aus den Niederlanden waren uns zugelost worden, ein gutes Team. Der erste Satz verlief überraschend erfolgreich. Kusia blockte großartig, doch dann änderten sie ihre Taktik: Sie nahmen mich ins Visier. Natürlich wollte ich Kusia zeigen, dass sie mit mir gewinnen konnte – was sich als Irrtum herausstellte. Meine Fixierung auf die Punkte ließ meine ohnehin schon instabile Technik noch ungenauer werden. Wir verloren in drei Sätzen. Gerade im dritten Durchgang machte ich Fehler, für die ich am liebsten im Sand versunken wäre.

Beim zweiten Spiel gegen die Amerikanerinnen Alexandra Klineman und April Ross waren wir chancenlos und verloren 0:2. Jennifer Kessy, die Trainerin der Amerikanerinnen, sagte zu Anett: »Noch drei Monate, dann ist Laura wieder die Alte.« Ich glaubte ihr nicht, obwohl Jennifer selbst Mutter war.

Ich hätte mir mehr Zeit nehmen sollen, die Technik wieder zu perfektionieren. Jürgen hatte es jahrelang gepredigt, dennoch tappte ich in die Falle: Ich spielte ergebnisorientiert anstatt handlungsorientiert. Lieber wollte ich mit einer schlechten Technik punkten als für gute Bewegungen auf den Punkt zu verzichten. Ich hatte Jürgens Trainingsplan durchgezogen, dabei aber zu wenig auf meinen Körper gehört. Mehr Dehnen, mehr Mobilität, mehr Physiotherapie und mehr Zeit – das wäre wahrscheinlich ein besseres Rezept gewesen, als mich wegen der Olympiaqualifikation unter Druck zu setzen.

Erst Monate später spürte ich meine Mitte wieder. Jennifer hatte recht gehabt.

Die nächste Station hieß Kuala Lumpur, Malaysia. Eigentlich war das ein kleiner Etikettenschwindel, denn wir spielten gar nicht in der Hauptstadt, sondern in Port Dickson, 100 Kilometer entfernt. Von unserem Hotel aus blickten wir auf zwei Fast-Food-Restaurants und vier Parkplätze. Das wäre nicht schlimm gewesen, wenn das Bad nicht ständig übergelaufen wäre. Außerdem funktionierte die Klimaanlage nicht, sodass alle Möbel, inklusive Bett, von einem feuchten Film überzogen waren.

Der Wind wehte ekelhaft, während die Hitze uns weder atmen noch trainieren ließ. Der Sand auf dem Warm-up-Platz hatte sich so erhitzt, dass wir barfuß darauf nicht laufen konnten. Anfangs wurde er noch gewässert, bis die Organisatoren meldeten, dass der Tanklastwagen leer war. Ein tschechischer

Trainer zeigte auf das Meer und schlug vor, sich dort zu bedienen. Nachdem sich eine griechische Spielerin an einem Stein im Sand so schwer verletzt hatte, dass sie genäht werden musste, begannen die Coaches, den Sand auszusieben. Auch dass wir gegen die Ukraine und Norwegen unsere ersten Siege in die Statistik eintragen konnten, machte dieses Turnier nicht besser.

Im Achtelfinale trafen wir auf ein junges slowakisches Team, von dem ich schon viel Gutes gehört hatte: Andrea Štrbová und Natália Dubovcová. Wir lagen schnell hinten. Ich wurde hektisch. Je unsauberer ich meine Bewegungen ausführte, desto deprimierter und frustrierter empfand ich meinen Auftritt und das ganze Turnier. Natürlich wollte ich an Kusias Seite die Starke spielen, was mich noch mehr verkrampfen und mein Spiel einfallslos werden ließ. Ich zeigte das schlechteste Match meiner Karriere. Ein ungeahnter Tiefpunkt. Mitte des zweiten Satzes wollte ich einfach vom Feld gehen. Ein Wunsch, den ich vielleicht zweimal in meinen fast zwei Jahrzehnten als Profi verspürt hatte. Sang- und klanglos mit 0:2 (14:21, 14:21) beendeten wir dieses unschöne Kapitel.

Sofort griff ich zum Telefon, um für ein kleines Vermögen meinen Flug umzubuchen. Ich wollte nur noch weg, nach Hause zu meinem Teo.

Vorher hatten Kusia und ich noch ein sehr offenes Gespräch. Ich drückte klar aus, wie ich mich fühlte und was mir fehlte. Einigermaßen beruhigt stieg ich ins Flugzeug. Als ich meinen Sohn in die Arme nahm, war diese Episode vergessen.

Das Saisonhighlight mit der Weltmeisterschaft in Hamburg rückte immer näher. Doch vorher mussten wir noch unbedingt Punkte für Olympia sammeln, weshalb wir ganz in den Osten Tschechiens reisten. In Ostrava mussten wir gemeinsam mit 32 anderen Teams, allerdings als einziges deutsches Duo, in die Qualifikation. Mit Siegen gegen Tschechien und Japan sicherten wir uns einen Platz im Hauptfeld. Ich hatte mich wahnsinnig gestresst. Eine Niederlage in den Ausscheidungsspielen wäre für mich das Worst-Case-Szenario gewesen, sodass ich eine Leere im Kopf bemerkte, bevor das Turnier richtig begann.

Das erste Spiel in der Poolphase verloren wir in drei Sätzen gegen Maria Antonelli und Carolina Salgado aus Brasilien. Das war noch okay. Auf einem Nebenplatz, im Schatten des Stadions von Ostrava, trafen wir auf ein junges lettisches Team, Tīna Graudiņa und Anastasija Kravčenoka. Tīna war eine beeindruckende Athletin, denn sie sprang unglaublich hoch und verfügte über ein gutes Timing, dazu spielten die beiden eine solide Block-Abwehr. Wir erwischten eine schlechte Phase, sodass ich fest wurde. Am Ende stand 2:1 für Lettland auf der Ergebnistafel – 21:19, 15:21 und 16:14. Ich saß mit Jürgen auf der Bank und fragte ihn, wie das passieren konnte: »Das gibt es doch gar nicht!? Warum kriegen wir das nicht hin?!« Er war ratlos. So wie wir.

Teo und die Heim-WM

Ich genoss den Rummel um die Weltmeisterschaft in meiner Heimatstadt Hamburg, doch er zehrte auch an mir. Um die Werbetrommel zu rühren, wurde ein Beachvolleyballmatch auf dem Wasser organisiert. Wir spielten gegen Markéta Sluková und Barbora Hermannová auf einem Pontonplatz, der währenddessen von einem Schiff durch den Hamburger Hafen vor der Elbphilharmonie gezogen wurde. Er sah aus wie ein Floß, ein schwimmendes Beachvolleyballfeld auf dem Wasser. Mit 75 Tonnen Sand hatten die Veranstalter einen Platz in Originalgröße auf der Konstruktion errichtet. Wir hatten großen Spaß – auch weil ab und zu ein Ball ins Wasser flog, der per Beiboot wieder herausgefischt wurde. Dabei entstand ein großartiges Foto für die Medien, darauf ist zu sehen, wie ich aufschlage, Kusia am Netz steht und mir Zeichen gibt, während sich im Hintergrund majestätisch das neue Wahrzeichen Hamburgs erhebt. Dieses Foto schenkte der Veranstalter mir in Postergröße, und es fand einen besonderen Platz in meinem Zuhause, denn Hamburg war längst meine Lieblingsstadt geworden. Und wer kann schon von sich behaupten, auf der Elbe Beachvolleyball gespielt zu haben? Bei aller Euphorie: In meiner Gleichung spielte jetzt auch Teo eine Rolle. Ein halber Tag für eine Promotion fehlte mir für meinen Fratz, denn das Training konnte ich nicht streichen.

Der nächste Termin ließ nicht lange auf sich warten. Ich fühlte mich wie Gulliver, als ich eine winzige Kopie von mir im maßgerechten Beachvolleyballstadion im Miniaturwunderland platzierte. Auch das eine große Ehre, eine wunderbare Idee, ein schöner Termin – und dennoch: eine zusätzliche Belastung. Wenige Tage vor der WM musste ich alles stoppen und mich zurückziehen, um wieder mein Gleichgewicht zu finden. Selbst als der Terminkalender leer geräumt war, konnte ich den Erwartungen nicht entfliehen. Als Werbegesicht der WM strahlte mir mein Konterfei auf Plakaten, Pappaufstellern und in Trailern entgegen.

Ich drohte schon vor der WM keine Energie mehr zu haben mit all den Aufgaben, die auf mich einprasselten. Dabei sollte die Heim-WM definitiv mein Highlight 2019 werden. Ich wollte auch die Organisatoren nicht enttäuschen, die uns eine Wildcard gegeben hatten.

Hamburg war nicht nur Heimat, sondern auch Medaillenschmiede für mich. Dort hatte ich 2008 meinen ersten internationalen Erfolg gefeiert: die Goldmedaille bei der Europameisterschaft mit Sara Goller. Neun Jahre später hatten wir vor heimischem Publikum das World Final gewonnen. Ich wusste, dass viele Freunde Karten gekauft hatten.

Zum ersten Mal erlaubte es mir ein Turnier, Beruf und Familie optimal zu vereinbaren. Ich empfand es als absoluten Luxus, mit dem Fahrrad zur Arbeit zu fahren, ein paar Minuten nachdem ich eben noch die Krümel vom Morgentisch geputzt hatte. Kaum hatte ich mich vom Chaos einer Wohnung mit Kleinkind verabschiedet, lief ich durch den mit Pyrotechnik erleuchteten Tunnel ins Hamburger Rothenbaumstadion. Dort wurde die Beachvolleyballerin Laura Ludwig begeistert empfangen, die gerade noch Windeln gewechselt hatte. Selten fühlte ich mich so privilegiert in meinem Leben. Aber natürlich wollte ich die Sympathien auch mit guter Leistung zurückzahlen. Ich machte mir Gedanken, ob die Menschen verstehen würden, dass wir als Team erst am Anfang standen. Wer auf der Tribüne hatte schon die letzten Ergebnisse verfolgt und wusste, dass Kusia und ich trotz aller Werbung und Heimvorteil zu den krassen Außenseiterinnen gehörten?

Wir hatten versucht, die Organisation von Rio zu kopieren. Also alles minimieren, was Energie kostete. Nach langem Überlegen hatte ich entschieden, zu Hause anstatt im offiziellen Hotel zu übernachten. Um den größten Fokus beim Training zu finden, trainierten wir in einem Fitnessklub nur wenige Minuten von meiner Wohnung entfernt.

Die WM begann mit Bananenkuchen, denn Teo wurde am 28. Juni ein Jahr alt. Gemeinsam mit Morph und meinen Eltern, die auf Teo aufpassten, sangen wir Happy Birthday. Der kleine Mann hatte kein Auge für die Kerze oder die Geschenke. Sein Objekt der Begierde war eindeutig der Kuchen. Ich fühlte wieder meine Mitte, genoss es, während dieses kleinen Meilensteins im Leben von Teo zu Hause bei meiner Familie zu sein. Diese Art der Normalität war eine Ausnahme für mich, sodass ich Dankbarkeit empfand. Nach Tisch abräumen und Geschenkpapier in den Recyclingeimer stopfen verwandelte ich mich um die Mittagzeit in Laura Ludwig, die Profibeachvolleyballerin.

Mit dem Packen der Tasche begann mein Fokusmodus. Zur Aktivierung fuhr ich mit dem Fahrrad. Wie gewohnt gingen wir noch einmal alle wichtigen Schläge durch und trieben den Puls mit Sprüngen und Sprints in die Höhe. Das war für mich und meinen Körper das Zeichen, dass es bald um Höchstleistung ging.

An diesem Tag hatte ich zwei Zuhause: meine Wohnung und das Stadion. Beim Einlaufen in den Center-Court fühlte ich beim warmen Empfang der Zuschauer Gänsehaut am ganzen Körper. Ich spürte einen Kloß im Hals und musste erst einmal schlucken. Mit meiner Fokusübung stellte ich mich auf mein Spiel ein.

Die Amerikanerinnen Kelley Larsen und Emily Stockman warteten bei unserer WM-Premiere auf der anderen Seite. Die beiden sind großartige Athletinnen, sehr durchtrainiert und sehr professionell. Sie hatten erst 2019 zueinandergefunden, dennoch gehörten sie schon zu den potenziellen Olympiakandidatinnen der USA. Nach Hamburg waren sie als Nummer elf der Welt gereist. Erst vor Kurzem in Warschau hatten wir klar gegen die beiden verloren. Ich spielte anständig, phasenweise sogar sehr gut. Kusia blockte stark, sodass wir 2:0 gewannen. Das war für unsere Verhältnisse richtig zufriedenstellend. Mir tat es gut, mit einem Sieg in die Titelkämpfe zu starten. Ins Stadionmikrofon sagte ich, was ich fühlte: »Wahnsinn, viel zu lange, dass ich weg war.« Der Jubel der Fans auf diese Worte berührte mich im Innersten.

Die nächste Aufgabe in der Gruppenphase fiel bereits unter die Kategorie »schwerer Brocken«. In einer Nightsession trafen wir auf die Brasilianerinnen Maria Antonelli und Carolina Salgado. 6000 Zuschauer sorgten für bombastische Stimmung. Der Funke sprang über. Gerade im ersten Satz fühlte ich mich, als hätte ich niemals eine Pause gemacht. Ich war in den Köpfen der Brasilianerinnen, las ihr Spiel, sodass ich viele eigentlich schon verloren geglaubte Bälle in der Abwehr retten konnte. Morph saß neben Anett auf der Tribüne. Dabei rutschte ihm ein Satz heraus, den Anett mir später erzählte und den ich sehr gerne persönlich gehört hätte: »She is back.« Ich freute mich wahnsinnig, denn ein Lob von Morph hatte Seltenheitswert. 21:13 gewannen wir den ersten Satz. Weniger schön fühlte sich das Endergebnis an. Den zweiten Satz gestalteten wir anfangs noch ausgeglichen, dann kam der Bruch. 21:13, 13:21 und 11:15. Im dritten Satz ging gar nichts mehr.

Am Abend setzten wir uns noch in den VIP-Bereich, um zu verstehen, warum wir das Spiel noch aus der Hand gegeben hatten. Zum ersten Mal öffnete sich Kusia. Sie empfand es als anstrengend, neben mir zu spielen. Besonders hier in Hamburg spürte sie die Erwartungen, diese Lücke, die Kira hinterlassen hatte. Sie fühlte sich den kritischen Blicken der Journalisten und Funktionäre ausgesetzt, die mich schnell feierten, während sie sich erst noch beweisen musste. Ich war ihr für die Offenheit dankbar, denn bei all dem Trubel hatte ich wenig Zeit gehabt, darüber nachzudenken, was diese Heim-WM wohl mit ihrem Kopf machen würde.

Das letzte Spiel der Poolphase gewannen wir erwartungsgemäß gegen die Nigerianerinnen Tochukwu Nnoruga und Francisca Ikhiede, die auf Rang 418 der Welt geführt wurden. Mit dem Sieg hatten wir uns für die K.-o.-Runde qualifiziert.

Dort mussten wir wieder gegen ein amerikanisches Team antreten: Summer Ross und Sara Hughes. Vor allem Summer bewunderte ich wegen ihrer sehr intuitiven Spielweise. Wir hielten das Los für machbar. 10 000 Zuschauer verwandelten die Arena in einen Hexenkessel mit wunderbarer Stimmung. Leider spielten wir unser schlechtestes Match in diesem Turnier. Mitte des zweiten Satzes nahm Kusia eine medizinische Auszeit, weil sie mit Atemproblemen zu kämpfen hatte. Die Pause brachte uns nicht ins Spiel zurück, ebenso wenig wie die Anfeuerungsrufe der Zuschauer. Beim 15:21, 12:21 hatten wir keine Chance. Ich wusste nicht mehr, wo oben und unten war. Bitter. Als wären wir im Kreis gerannt, als hätte es keine Entwicklung gegeben, empfand ich unsere Leistung. Jürgen fand deutliche Worte. Er sprach von einem »Kopfproblem«. Nach diesem frühen Aus stand wieder einmal die Frage im Raum, ob wir genug Zeit haben würden bis Tokio 2020. Dem Publikum hätte ich so gerne mehr gezeigt. Hinzu kam, dass an diesem Tag nicht nur wir enttäuscht hatten. Fast alle deutschen Frauenteams setzten sich mit uns auf die Tribüne. Allein Karla Borger und Julia Sude schafften es ins Achtelfinale.

Julius Thole und Clemens Wickler wurden zu WM-Rettern. Ich kannte die beiden gut von der Beachhalle und Turnieren. Ihre Motivation und Ernsthaftigkeit im Training begeisterten mich. Ich wollte sie unbedingt siegen sehen. Gemeinsam mit Morph und Teo setzte ich mich beim Halbfinale auf die Tribüne, um sie anzufeuern. Ich hatte einen totalen Flashback – nach London damals, denn ich empfand die Atmosphäre und ihre Spielweise als absolut inspirierend. Ich klatschte, schrie und jubelte. Mir war wieder bewusst, warum ich jeden Tag ins Training ging. Dort unten wollte ich wieder vor so einem großartigen Publikum mein bestes Beachvolleyball zeigen. Das Einzige, was diesen Moment störte, war meine Sorge um Teo, der auf meinem Schoß saß. Der Zuschauerlärm war ohrenbetäubend und ich hatte seine Kopfhörer vergessen. Zufällig traf ich Teos Kinderarzt, der mich entspannen ließ: »Einmal ist das okay«, beruhigte er mich. Ich atmete erleichtert auf, während Teo noch nicht verstand, worum es genau ging. Er genoss einfach die Zeit mit seinen Eltern, während ich perfekt Beruf und Familie vereinbaren konnte. Das Männerfinale fand schon wieder ohne mich statt, denn ich reiste am Sonntag bereits zum nächsten Turnier.

Espinho – Ende und Anfang

Wir waren ohne eigenen Trainer zum Turnier im portugiesischen Espinho gefahren. Helke war noch im Mutterschutz und kümmerte sich um ihre kleine Tochter. Jürgen war beruflich verhindert, sodass Morph uns neben seinem Team Victoria und Isabel betreuen sollte. Nach der Niederlage gegen das finnische Duo Niina Ahtiainen und Riikka Lehtonen war das Turnier für uns schon in der Gruppenphase beendet – das war die dritte Woche voller Misserfolge. Ich begann mich zu fragen, ob ich überhaupt noch auf die Tour gehörte – und was ich sonst noch mit meinem Leben anstellen könnte. Im Feedbackgespräch herrschte bescheidene Stimmung. Kusia reiste zügig ab.

Ich saß allein in unserem gemieteten Apartment, als mein Handy klingelte. Jürgen war am Apparat. Er erklärte, dass er aufhören würde, denn wir bräuchten einen Trainer, der 24/7 für uns Zeit hätte. Er könne nicht nach Hamburg kommen und habe auch keine Zeit, uns auf alle Turniere zu begleiten. Er schlug vor, einen anderen Input auszuprobieren, beispielsweise einen brasilianischen Trainer. Ich traute meinen Ohren nicht. Die Nachricht traf mich wie ein Blitz aus heiterem Himmel. Nichts hatte für mich auf diese Entscheidung hingedeutet, nicht einmal in meinen Träumen hätte ich mit diesem Ende gerechnet. »Wenn er nicht weitermacht, dann höre ich auch auf«, schoss mir als Erstes durch den Kopf. Wie sollte es ohne Jürgen weitergehen? Ich spielte seit fünf Jahren nach seinem System. Seine Philosophie hatte ich verinnerlicht und erlebt, wie sehr ich davon profitierte, an der idealen Technik zu feilen, die Athletik zu perfektionieren und bei mir zu bleiben. Vor allem aber: Ich wollte gar nichts anderes mehr. Wir beschlossen, dass jeder nachdenken sollte, welchen Trainer wir aus der Kiste zaubern könnten, um dann in Deutschland alles in Ruhe zu besprechen.

Jürgens Rückzug erwischte mich in einer schwierigen Phase. Ich war zurückgekommen, um wieder zu den Besten zu gehören. Ein Jahr lang waren wir nun durch die Qualifikationen getingelt. Gut, wir hatten sie immer überstanden, aber vor jedem Spiel belastete mich diese zusätzliche Hürde. Ich glaubte zu spüren, dass unsere Gegnerinnen sich gegen mich – die Olympiasiegerin – besonders anstrengten. Natürlich wollte ich zeigen, dass ich auch nach der Schwangerschaft noch Laura Ludwig war.

Nach außen habe ich nie die zusätzlichen Qualifikationsspiele als Ausrede gelten lassen, wenn wir im Hauptfeld früh ausschieden. Intern sah das anders aus. Im Team gab ich zu, dass es mir nach der Anspannung der Qualifikation im Hauptfeld an Energie fehlte.

Morph kam spät ins Apartment zurück. Er hatte sich noch um sein Team gekümmert. Zwischen Victoria, Isabel und ihm hatte es zuletzt Unstimmigkeiten gegeben, aber ich hatte gedacht, dass es dabei um nichts Grundsätzliches gegangen war. Die Saison würden sie auf jeden Fall gemeinsam zu Ende bringen, denn wir waren mitten im Qualifikationsjahr vor Tokio.

»Ey, ich habe gerade mit Jürgen telefoniert. Er hat einfach gesagt: Ich höre auf«, eröffnete ich ihm. Morph schaute mich ungläubig an: »Ich komme gerade von einem Gespräch mit Isabel und Victoria. Wir haben uns darauf geeinigt, dass unser gemeinsamer Weg zu Ende ist.« Wir blickten uns in die

Augen. Ich wusste, dass er verstand, was ich dachte: Das war ein Zeichen.

Morph hatte uns im Winter oft ausgeholfen, als Helke nach der Geburt ihrer Tochter im Mutterschutz war. Gemeinsam mit seinem Team hatten wir viele Einheiten absolviert. Ich schaute ihn an und fragte: »Also, dann machen wir das jetzt miteinander?« Spielerin und Trainer – das hatten wir nie gewollt und geplant. Nun schien das Schicksal uns beruflich verkuppeln zu wollen. Ich kannte Morphs Arbeitsweise und seine perfektionistische Art, hatte gesehen, welche Fortschritte seine Spielerinnen in der Athletik mit ihm gemacht hatten. Seine Ergebnisse und die Herangehensweise im Kraftraum hatten mich beeindruckt. Außerdem verfolgte er eine ähnliche Philosophie wie Jürgen.

Kusia war noch nicht gelandet, deshalb hatte Jürgen sie nicht erreicht. Wir beschlossen deshalb, erst einmal nicht weiter über dieses Thema zu reden, und gingen essen. Auf Plastikstühlen am Meer sitzend, stocherten wir in unserem Essen herum. Niemand hatte Hunger. Das Setting war wunderschön, doch wir hatten keine Augen dafür, jeder hing seinen Gedanken nach. Rosemary, Morphs Mutter, beschloss, vorzeitig mit Teo ins Apartment zurückzugehen, das nur ein paar Häuserblocks entfernt war. Morph und ich blieben noch. Als ich eine Stunde später die Tür aufschloss, war die Wohnung leer. Von Rosemary und Teo keine Spur. Sofort fühlte ich panische Hitze in meinem Körper aufsteigen. Obwohl es unwahrscheinlich war, schloss ich etwas Schlimmes nicht ganz aus. Ich beeilte mich, die beiden zu suchen, und fand sie nur ein paar Hundert Meter vom Apartment entfernt. Rosemary tat es furchtbar leid, dass sie sich verlaufen hatte. Ich nahm die beiden erleichtert in den Arm. An diesem Tag hatte ich genug Gefühle durchlebt, doch er endete mit einer kleinen Erinnerung des Lebens, dass der Beruf nur so lange wichtig war, wie es meinen Liebsten gut ging.

Wir mussten schnell entscheiden, wie es weitergehen könnte. Kusia, Helke, Anett und ich trafen uns in Hamburg. Meine Partnerin hatte verständlicherweise Bedenken, Morph als Trainer zu akzeptieren, denn er war mein Lebensgefährte und Vater unseres Sohnes. Sie wollte nicht das dritte Rad am Wagen sein. Morph interpretierte die Situation anders. Er sah Helke, Anett und mich als Gespann, er und Kusia würden die andere Einheit bilden.

Die große Frage stand im Raum: Würde es dem Team Kozuch/Ludwig guttun, wenn Morph und ich Beziehung und Beruf miteinander vermischten? Was würde diese Konstellation für Kusia bedeuten?

Wir prüften die Alternativen. Der Name Kersten Holthausen fiel. Ein unglaublich sympathischer Mensch und fähiger Trainer, aber er hatte noch nie Verantwortung für eine so erfahrene Spielerin wie mich übernommen. Helke hatte Morph über die Jahre viel genauer beobachtet, als mir das aufgefallen war. Sie führte uns vor Augen, was Morph schon alles erreicht hatte und wie er arbeitete. Ich war überzeugt, dass seine Art zu trainieren für mich funktionieren würde, denn er verfügte über eine ähnliche Detailgenauigkeit wie Hans. Wenn es um Energie und Emotionen ging, ähnelte er Jürgen. Ich hatte mich bereits entschieden, dass ich entweder mit Morph oder gar nicht weitermachen wollte. Kein anderer könnte so kurzfristig einspringen, nahtlos die Arbeit von Jürgen fortsetzen und sie auf seine Art interpretieren. Morphs Schwäche kannte ich auch: Er hatte höchste Ansprüche an sich und seine Spielerinnen. Erzielte er nicht schnell Erfolge, konnte er ungeduldig werden und seine Laune litt, deshalb erschien mir Morph manchmal wie Hans in etwas milderer Form. Auch er gehörte zum Klub der Perfektionisten. Immer wusste er ganz genau, wie er etwas wollte. Selbstverständlich hielt er seinen Ansatz für den richtigen.

Helke, der stille und weise Part in unserer neuen Konstellation, beendete die Pattsituation: »Es ist auch für Laura und Morph ein großes Risiko zusammenzuarbeiten. Wenn es nicht funktioniert, dann verlieren sie mehr als bei einer normalen Trainer-Athleten-Beziehung.« Dieses Argument brachte uns alle auf den Boden zurück. Kusia war einverstanden. Wir holten Morph in unsere Runde und begannen, einen Plan zu erarbeiten.

Morph wollte nicht die Fortsetzung von Ludwig/Walkenhorst trainieren, sondern ein neues Team formen, das Duo Kozuch/Ludwig. Ein Neuanfang, eingeleitet durch das Ende des Erfolgstrainers. Ich war in meinem Denken und meiner Art zu spielen oft in alte Muster verfallen. Allerdings funktionierten sie nicht mehr. Mit der Idee des neuen Teams half er mir. Sich für einen Cut zu entscheiden, bot sich an, schließlich hatten wir wenig bis nichts, an das wir anknüpfen konnten. Die Olympiaqualifikation war nach unseren mauen Ergebnissen in weite Ferne gerückt. Über die Ochsentour Continental Cup das Ticket nach Tokio zu lösen, schien in diesem Moment wahrscheinlicher als auf der World Tour.

Morph war sich der Herausforderung bewusst. Er hatte Kusia oft im Training beobachtet und sie auch selbst trainiert. Würde sie ihre Leistungen aufs Feld bringen, wäre sie eine der Besten. Mich hatte er schon in unzähligen Matches gesehen. Wahrscheinlich hatte er schon oft überlegt, woran er mit mir arbeiten würde. Allerdings hatte er sich aus Respekt vor Jürgens Arbeit bisher zurückgehalten. Wie Jürgen schätzte auch Morph die Idee des eigenverantwortlichen Handelns auf dem Platz. Auch er war überzeugt: Die beste Art, den Partner zu unterstützen, ist, selbst am oberen Limit zu spielen. Das Leben hatte uns nun die Gelegenheit beschert, einmal herauszufinden, was Morph mir beibringen konnte.

Sportlich hatte ich nichts zu verlieren. Privat war ich überzeugt, dass nichts unsere Beziehung in ihren Grundfesten erschüttern könnte. Ich war bereit für dieses neue Abenteuer, ohne dass mir klar war, welche Herkulesaufgabe uns als Paar bevorstand.

Von scheißegal zu Wiener Walzer

Nur eine Woche Zeit blieb, bis wir zum nächsten Turnier nach Wien reisten. Würde der Wechsel für Aufbruchsstimmung sorgen? Jürgen war auch angereist, denn er betreute Clemens Wickler und Julius Thole. Zum ersten Mal seit seinem Rückzug trafen wir uns. Ein komisches Gefühl, ihn als Trainer zu erleben, ohne dass er mit mir Einheiten, Teammeetings oder Analysen leitete. Wir tauschten ein paar Sätze aus. Doch unsere Beziehung hatte sich schon so verändert, dass ich den Inhalt unseres Gesprächs schnell vergaß.

Ohne Jürgen, ohne große Hoffnung, die Olympiaqualifikation zu schaffen, stellte sich eine »Scheißegal«-Haltung ein. Was sollte jetzt noch schiefgehen? Wir probierten einen anderen Weg, der würde zum Erfolg führen oder nicht. Morph verbrachte viel Zeit mit Kusia, wahrscheinlich auch, um ihr zu zeigen, dass sie nicht auf der Rückbank saß, während ich mit ihm an meiner Seite das Steuer in der Hand hielt und fuhr. Wir gingen sehr vorsichtig miteinander um, denn Morph wollte zuerst verstehen, wie wir im Team funktionierten und wie viel Input wir wann verarbeiten konnten.

Kusias Freund war aus Italien in die österreichische Hauptstadt gekommen. Für meinen Fanblock waren meine Mutter und Teo dabei. Wieder mussten wir in der Qualifikation antreten. Am späten Nachmittag stand das zweite Spiel gegen Griechenland an. Ein Sieg war Pflicht. Meine Mutter passte auf Teo auf.

Ich hatte ihr gesagt, sie solle im Apartment bleiben, denn sie kannte sich nicht gut mit dem öffentlichen Nahverkehr aus.

Die Griechinnen spielten viel über mich. Wahrscheinlich hatten sie schnell bemerkt, dass der Tag nicht meiner war. Dennoch kämpften, malochten und boxten wir uns durch drei Sätze. Ich schaffte es, den Kopf über dem Sand zu halten und die Frustration über mein mangelhaftes Side-Out zu kontrollieren. Den Matchball feierten wir so euphorisch, als ob er schon den Turniersieg gebracht hätte. Ich war einfach happy, dass wir es ins Hauptfeld geschafft hatten.

Ich saß auf einem Plastikstuhl und reflektierte mit Morph das Spiel. Langsam begann ich mich zu dehnen. Aus den Augenwinkeln sah ich Teo und meine Mutter auf mich zukommen. Während gleichzeitig am Horizont die Sonne feuerrot unterging. Ein wunderschöner Anblick, der meine Emotionen noch befeuerte. Okay, es war nur ein Qualifikationsspiel, aber ich fühlte mich stark. Ich schaute meinen Sohn an, dieses wundervolle Wesen mit seinen Locken und den süßen Grübchen. »Alles richtig gemacht«, dachte ich. Dieser Moment brannte sich in mein Gedächtnis ein. Ich konnte beides sein: Beachvolleyballprofi und Mutter. Mein kleiner Zweifler machte Pause. Aus der Krise nach Jürgens Aus schien etwas Neues zu entstehen, das eine andere Qualität in mein Leben brachte.

Nur ein kleiner Wunsch blieb unerfüllt. Morph brachte es nicht übers Herz, mich zu loben.

Im entscheidenden Gruppenspiel trafen wir auf die Niederländerinnen Sanne Keizer und Madelein Meppelink, ein Fighterteam, gegen das wir schon zweimal verloren hatten. Es ging hin und her, schön spielten wir nicht, aber wir hielten zusammen, blieben bei unserem Spiel und dachten nur von Punkt zu Punkt. Ich bewahrte meine Scheißegalhaltung und nervte mich nicht über die Spielzüge, die nicht funktionierten. Am Ende mussten die Niederländerinnen uns zum 2 : 1-Sieg gratulieren.

In der ersten K.-o.-Runde dominierten wir erstmals ein gutes Team der World Tour ohne Einbrüche. Wir schlugen die Kanadierinnen Heather Bansley und Brandie Wilkerson mit 2:0 (21:17, 21:15). Die Stimmung war vorsichtig optimistisch. Würden wir endlich unsere Trainingsleistungen konstant bei einem Turnier zeigen können? Danach wartete wieder eine schwierige Aufgabe auf uns: die Brasilianerinnen Bárbara Seixas und Fernanda Alves. Ich war selbst überrascht, wie gut wir ins Spiel kamen und den ersten Satz mit 21:13 gewannen. Es fühlte sich berauschend an, dass wir so gut funktionierten. Noch nie war es uns bis dahin gelungen, über eine lange, sehr schwierige Phase die maximale Konzentration zu halten. Die ganze Zeit hatten wir Fernanda mit unseren Aufschlägen bearbeitet und hin und wieder Bárbara angespielt. Ich war davon überzeugt, dass Bárbara in matchentscheidenden Stresssituationen ihren einfachsten Ball spielen würde: einen kurzen Poke-Shot direkt hinters Netz. Und so war es. Wir gewannen den zweiten Satz 29:27 und damit das Spiel. Ich dachte nur Gott sei Dank, keine Ahnung, ob wir den dritten Durchgang überlebt hätten.

Im Viertelfinale füllten sich die Zuschauerränge mehr und mehr. Schnell hatte sich auf der Anlage herumgesprochen, dass wir uns gegen die Brasilianerinnen Ágatha Bednarczuk und Eduarda »Duda« Lisboa einen harten Kampf lieferten. Das Publikum in Wien verdiente ohnehin das Prädikat Weltklasse, aber an diesem Tag vergab ich Weltklasse mit Stern. Wir wurden frenetisch angefeuert. Die ersten beiden Sätze gingen jeweils zu 19 aus, einmal für die Brasilianerinnen, dann für uns. Im dritten Satz ließ meine Konzentration nach und wir hatten beim 9:15 keine Chance mehr. Dennoch: Platz fünf stand in der Ergebnisliste – das beste Resultat der Saison.

Da Wien als Grand-Slam-Turnier zählte, verbuchten wir viele wichtige Punkte. Morph freute sich über seinen Einstand, auch wenn er natürlich viele Details fand, an denen wir in den nächsten Wochen arbeiten sollten. Ich umarmte Teo und fand Ruhe. Ein fünfter Platz mit meinem Lockenkopf zählte mehr als ein Podiumsplatz ohne ihn.

Redeverbot im Hause Ludwig/Bowes

Je mehr Raum Beachvolleyball wieder in meinem Leben einnahm, desto mehr schlich sich der Beruf in unsere Beziehung. Unsere Leidenschaft drohte uns als Paar zu beeinträchtigen. Auch abends redeten wir über Beachvolleyball, den Verband und die Zusammenarbeit. Wir führten schließlich eine Regel ein, die uns Frieden brachte: Zu Hause verboten wir uns, über Beachvolleyball zu sprechen. Hatte Morph Redebedarf, wandte er sich an Helke oder Anett. Für mich galt das Gleiche. Das tat uns beiden gut.

Wir sind beide sehr große Sturköpfe und können schnell aneinandergeraten, aber wir wissen auch, dass wir ein gutes Team sind. Die Zeit gemeinsam mit der Herausforderung Tokio, Trainerbeziehung und Kind schweißte uns zusammen. Wir konnten uns darauf verlassen, dass wir auch nach dem größten Streit schnell wieder zusammenfanden.

Noch beschwingt von unserem anständigen Walzer in Wien sollten wir kurz danach einen herben Rückschlag in Moskau erleiden. Im Schatten des Olympiastadions Luschniki, des größten Fußballstadions Russlands, bewacht von einer riesigen Lenin-Statue, kämpften wir bei der Europameisterschaft mehr um Punkte für die Olympiaqualifikation als um Medaillen. Teo war bei meinen Eltern geblieben, also reiste ich allein mit Morph und Kusia in die russische Hauptstadt.

Im Achtelfinale trafen wir zum ersten Mal auf ein Topteam. Es regnete in Strömen, als das Spiel gegen die Niederländerinnen Joy Stubbe und Marleen van Iersel angepfiffen wurde. Außer Anett und unserem Physiotherapeuten verloren sich noch eine Handvoll Zuschauer am Court. Tristesse in der Kulisse, die unserem Spiel entsprach. Nach der Niederlage mit 18:21, 19:21 war ich frustriert.

In der Nähe unseres Hotels fanden wir ein kleines Café. Morph entschied, unseren Auftritt bis ins kleinste Detail auseinanderzunehmen. Die Videoanalyse hatte Kinofilmlänge, allerdings ohne Happy End.

Die neue Rolle als Teamleader forderte mich so, dass ich meinen Side-Out vernachlässigte. Machte ich in der Abwehr Fehler, fand ich keine Energie, mich wieder zu fangen. Meine Konzentration galt der Taktik bei Block-Abwehr und dem Aufschlag. Viele Teams hatten bemerkt, dass ich leicht unter Druck geriet. Ich musste und wollte das ändern. Unendliche Wut durchfuhr mich, weil ich nicht mein bestes Beachvolleyball zeigte. Indem ich alles übernehmen und beherrschen wollte, sah ich nicht das Offensichtliche: Ich konnte nur mich selbst kontrollieren.

Die Europameisterschaft endete auf Rang neun, weit weg von meinem Anspruch, zu den besten Teams des Kontinents zu gehören. Die Anspannung mit Blick auf Tokio nahm zu. Ich fühlte mich überfordert, mein Kopf rebellierte. Ich versuchte dennoch auszublenden, dass wir schon wieder Punkte liegen gelassen hatten.

Normalerweise können wir nach einem Ausscheiden abreisen, abhaken und ein neues Kapitel aufschlagen. In Moskau allerdings mussten wir für das darauffolgende Turnier bleiben, sodass wir uns vornahmen, den Resetknopf zu drücken und unser enttäuschendes Abschneiden bei der EM ins Archiv zu legen.

Nach einem Zweisatzsieg gegen Chantal Laboureur und Sandra Ittlinger trafen wir im Achtelfinale auf Marta Menegatti und Viktoria Orsi Toth aus Italien. 21:17, 31:33 und 11:15 vergeigten wir unser Match gegen Italien trotz einer deutlichen Führung. Bitter, denn eigentlich hatten wir ganz gut gespielt. Wir fanden viel Positives bei der Analyse, denn die

Kommunikation hatte gestimmt und wie in Wien hatten wir uns als Team wiedergefunden. Allerdings: Uns fehlte die letzte Konsequenz und die entscheidende Portion Siegeswillen. Wieder ein Dämpfer für unser Selbstbewusstsein.

Zweimal Platz neun in Russland war das Ergebnis unserer Bemühungen. Es blieb nur die Aufarbeitung, was bedeutete, dass die Gespräche in eine neue Runde gingen. Ich sagte klar, was mir nicht half. Ermunterungen auf dem Feld erreichten mich nicht, stattdessen wollte ich Sicherheit in den Bewegungen, um mich zu konzentrieren.

Es fiel mir nicht leicht, meine Bedürfnisse klar zu äußern. Immer bestand dabei die Gefahr, Kusia ungewollt zu verletzen. Ich ging Konflikten lange aus dem Weg und brauchte viel Zeit, bis ich mein ungutes Gefühl in Worte fasste. Auch musste ich mich vom Gedanken verabschieden, dass ich unser Spiel leiten und dabei immer mein bestes Beachvolleyball zeigen konnte. Anett erinnerte mich an die Situation im Flugzeug: Erst setzt man sich selbst die Sauerstoffmaske auf, dann versucht man anderen zu helfen.

In vielen Einzelgesprächen zeigte Morph mir auf, dass ich mein Mindset erweitern musste. Ich griff unter Druck auf Laufwege und Lösungen zurück, die ich mit Kira entwickelt hatte. Sie waren aber nicht auf uns übertragbar, denn Kusia hatte andere Stärken. Wir schauten vergangene Spiele nochmals an, wobei ich bemerkte, dass ich in einer schlechten Ausgangsposition kurz gespielt oder mit meinem Handgelenk eine Lösung gesucht hatte. Ich brauchte mehr Variabilität. Gleichzeitig musste ich die Muster ändern, die ich mir über Jahre angeeignet hatte.

Wir hatten vor Rio das Bild des Tanzens auf dem Beachvolleyballfeld entwickelt. Gemeinsam im Takt folgte jeder seinem Ablauf. Dabei trat man sich nicht auf die Füße, sondern achtete und spürte den anderen. Morph erweiterte das Bild und forderte mich auf, zwischen Tanzfläche und Empore zu wechseln.

Er erinnerte mich an meine Anfänge in der Disco. Manchmal mischte ich mich unter die schwitzende Menge, tanzte zum Rhythmus der Musik im Gleichklang mit meinen Freunden. In anderen Momenten stand ich oben auf der Empore, betrachtete die Tanzenden und bewertete sie zur gleichen Zeit. Ich sollte während eines Spiels beide Positionen beherrschen: im Takt mit Kusia spielen und analysierend auf unser Spiel blicken. So sollte ich prüfen, welcher Schritt zur Musik passte und welcher angepasst werden musste.

Timmendorfer Tiefschlag

Bei den deutschen Meisterschaften verloren wir das erste Spiel. Danach setzte ich mich in einer Bar in eine Ecke und weinte. »Ich will nicht mehr. Ich will das nicht mehr«, wiederholte ich in einer Endlosschleife in meinem Kopf. Mit Anett und Helke suchte ich das Gespräch. Vor allem Anett zwang mich zur Entscheidung: »Lass es doch einfach«, sagte sie provozierend. »Geh nicht mehr aufs Feld.« Ich schaute sie irritiert an, überlegte kurz und sagte entschieden: »Nein, das will ich auch nicht. Ich bringe das zu Ende.«

Vor unserem nächsten Match drückte ich Kusia ganz fest die Hand. Ich schaute ihr tief in die Augen und meinte, was ich sagte: »Wir schaffen das.« Mit der Geste wollte ich ihr zeigen: Wir gehören zusammen. Von Spiel zu Spiel lief es besser, sodass mein Selbstvertrauen wuchs, während ich das Klatschen und die Anfeuerungsrufe auf den Rängen von Timmendorf genoss. Die Fans halfen mir, von Punkt zu Punkt zu denken, denn ich wollte dem Publikum meine Leidenschaft zeigen und sie unterhalten. Mit Fans spiele ich immer mindestens fünf Prozent besser.

Das Halbfinale fühlte sich so emotional an wie ein Endspiel. Kim Behrens und Cinja Tillmann hatten den Verband kritisiert, dabei ging es unter anderem darum, dass wir eine Vorzugsbehandlung bekämen. Unstimmigkeiten in der Öffentlichkeit auszutragen, entsprach nicht meinem Naturell, deshalb wollte ich die Antwort auf dem Feld geben. Im ersten Durchgang vergaben wir vier Satzbälle. Ich kämpfte, ich schrie, ich spürte wieder, warum ich diesen Sport so leidenschaftlich liebte. Bis zum Schluss machten wir es spannend. Erst den vierten Matchball verwandelten wir zum 2:1 (26:28, 21:11 und 18:16). Was ich sehr schätzte: Trotz aller Differenzen waren wir sehr fair miteinander umgegangen.

Im Finale erwischten wir einen Fehlstart. Der erste Satz ging klar an Karla Borger und Julia Sude. Mitte des zweiten Durchgangs fand ich meinen Flow. Ich konnte nicht genug davon bekommen, hinten die Bälle aus dem Sand zu buddeln und auch vorne zu punkten. Ein absolut befriedigendes Gefühl, verloren geglaubte Bälle in einen Vorteil für uns zu verwandeln. Karla und Julia vergaben zwei Matchbälle, wir drei Möglichkeiten zum Satzgewinn, den vierten verwandelten wir. Nach Sätzen hatten wir also ausgeglichen. Ich glaubte, den Rausch mitnehmen zu können, aber da lag ich falsch. Mit einem Servicewinner beendete Karla Borger meinen Traum vom achten deutschen Meistertitel. Wir verloren 1:2 (13:21, 26:24 und 12:15). Die ganze Bandbreite der Emotionen hatte ich am Timmendorfer Strand erlebt. Von tief betrübt zu himmelhochjauchzend. Am Ende fühlte ich einfach nur Zufriedenheit.

In diesem Jahr hatte es kaum Topturniere mit fünf Sternen gegeben, deshalb wurde kurzerhand das World Final in Rom zu einem gemacht. Ein Glücksfall für uns, sonst wären wir überhaupt nicht eingeladen worden, denn von den besten Teams der Saison waren wir meilenweit entfernt. Ich freute mich auf Rom und das imposante Foro Italico aus der Ära Mussolini mit den überlebensgroßen Statuen heroischer Sportler. Die Zuschauer hier liebten Beachvolleyball einfach, und ich schätzte das Restaurant in der Nähe des Center-Courts, in dem Kellner mit weißen Hemden und schwarzen Krawatten fantastische Pasta servierten. Die Italiener empfingen meine Familie mit besonderer Herzlichkeit. Obwohl das Restaurant zum Bereich gehörte, zu dem eigentlich nur Athleten Zugang gewährt wurde, durften Teo und seine schottische Oma sogar mit uns gemeinsam essen.

Wir reisten als Nummer 26 der Welt an. Die Olympiaqualifikation war in weite Ferne gerückt. Ich haderte immer noch damit, dass wir unser Potenzial bei Turnieren nicht zeigen konnten. Zum ersten Mal mussten wir keine Qualifikation spielen, deshalb standen die Vorzeichen gut, dass wir dieses Mal im Hauptfeld besser abschneiden würden. Doch bereits das erste Spiel ließ uns auf den Boden der Tatsachen krachen. Wir verloren gegen Karla Borger und Julia Sude. Meine Leistung verdiente die Note 6.

Ich suchte mir eine ruhige Ecke auf der Tribüne eines benachbarten Tenniscourts. Dort saß ich auf der Stahltreppe und weinte. »Ich gehöre hier nicht mehr hin. Ich bin zu alt. Ich fühle mich überfordert, auch mit der Verantwortung für unser Team.« Solche Gedanken beherrschten mich. Ich wollte die Beste sein, während ich das Gefühl hatte, immer schlechter zu werden. Kurz: Ich war völlig verzweifelt.

Anett fand mich. Die rote Asche des Tennisplatzes unter mir verschwamm vor meinen Augen, während ich sie schluchzend fragte: »Warum habe ich nicht mit Tennis angefangen?«

Sie schaute mich verständnisvoll an: »Okay, hör einfach auf. Geh nicht mehr aufs Feld.« Ich konnte noch nie vor etwas weglaufen. Anett wusste das, weshalb sie mich wieder mit der gleichen Strategie wie schon in Timmendorf packte. Ich hatte so viel Schweiß und Zeit in dieses Projekt investiert. Außerdem: Was würden die anderen Spielerinnen, die Journalisten und die Funktionäre denken, wenn ich jetzt aufgeben würde?

Da war sie wieder, meine Schwäche, gemocht und anerkannt werden zu wollen. Doch dieses Mal half sie mir, mich durchzubeißen. Je mehr ich darüber nachdachte, desto klarer wurde mir, dass es keine Option gab. Ich musste da raus und mein Bestes geben. Anett empfahl mir, mich mehr auf mich zu konzentrieren. Ich wurde wieder an unser Mantra erinnert: Fokus, bei sich bleiben, handlungsorientiert agieren. Die Bewegung in den Vordergrund stellen, nicht das Ergebnis.

Ich probierte, von Punkt zu Punkt zu denken, schließlich hatte ich nichts zu verlieren. Wir trafen im zweiten Gruppenspiel auf die Russinnen Marija Botscharowa und Marija Woronina. Auch sie spielten ständig auf mich. »Wollt ihr mich hier alle verar…?«, fragte ich mich genervt. Gleichzeitig erzeugte die Wut eine unglaubliche Energie in mir, die eine »Ich zeigs euch«-Reaktion bewirkte. Mir gelangen vier Punkte, mit denen ich die Spielführung übernahm. Peng, ich war zurück. Mit meinem wiedergefundenen Fokus konnte ich die Gegnerinnen lesen und meine Stärken ausspielen.

Von Spiel zu Spiel wurden wir besser. Morph gelang es, uns beide zu erreichen. Ich hatte mein Selbstbewusstsein wieder, was sich dadurch bemerkbar machte, dass ich zielsicher die Strategie festlegte. Das Publikum mochte und unterstützte uns. Sie kannten Kusia, denn sie hatte drei Jahre sehr erfolgreich in der italienischen Liga gespielt. Morph hatte schon länger darauf beharrt, dass ich die Führung übernehmen sollte. Doch etwas in mir hatte sich dagegen gesträubt, denn idealerweise sahen wir uns als gleichberechtigte Spielerinnen. Doch in Rom gelang es mir, klare Ansagen zu machen, wenn ich es für nötig hielt.

Nach fast zwei Jahren Pause stand ich wieder in einem internationalen Finale. Vor der Entscheidung verfügten wir über viel Zeit, sodass wir uns Videomaterial aus fünf Begegnungen gegen unsere Gegnerinnen Ágatha Bednarczuk und Eduarda

»Duda« Lisboa aus Brasilien anschauten. Wir erkannten, dass die beiden uns lagen, denn Ágatha ist eine gute Blockerin, aber nicht übermäßig groß, sodass Kusia die Möglichkeit hatte, gegen sie Linie zu spielen. Wir versuchten, sie mit einer unerwarteten Taktik in unserem Side-Out zu überraschen.

Das Match war für den Abend angesetzt. Während der vorbereitenden Einheit am Morgen spielte Teo neben mir im Sand. Morph war nicht begeistert, dass unser Sohn den Trainingscourt als Sandkasten nutzte, während wir uns auf das erste internationale Finale der Saison vorbereiteten. Ich aber brauchte Teos Nähe für meine Wohlfühlatmosphäre. Dass Morph das akzeptierte, ließ mich entspannen.

Endlich fühlte ich mich wieder in meiner Mitte. Wir hatten uns in ein Endspiel gespielt, sodass ich den Zuschauern und der Beachvolleyballcommunity zeigen konnte, zu welchem Niveau ich auch nach der Schwangerschaft immer noch fähig war.

Jetzt konnten Ágatha/Duda kommen. Obwohl wir noch einen Monat zuvor im Viertelfinale von Wien gegen die beiden verloren hatten, war das Spiel diesmal fast durchgehend ausgeglichen. Mit einem wichtigen Unterschied: An diesem Tag gelang es uns, die wichtigen Punkte zu machen. Unser Side-Out war sehr stabil, gefühlt zum ersten Mal gewannen wir auch die schweren Rallys. Am Ende hieß es 2:0 (21:19, 21:17) für uns.

Mir fiel ein ganzer Berg vom Herzen. Ich umarmte Kusia, suchte Anett und Morph im Publikum, um auch sie ganz fest zu drücken. Morph schlang seine Arme um mich, erleichtert und stolz, dass ich umgesetzt hatte, was er so oft mit mir besprochen hatte. Ich sollte der Chef auf unseren acht mal acht Metern sein, der alles tat, um sein Team zum Erfolg zu führen. Wir ließen uns feiern und ich fühlte mich so lebendig wie schon lange nicht mehr.

In dem kleinen Restaurant, in dem wir während der Woche unsere Pasta gegessen hatten, stieg eine spontane Party. Ich spritzte mit Sekt umher und umarmte jeden, der meinen Weg kreuzte. Obwohl ich nicht viel getrunken hatte, war ich unendlich gut drauf. Der Vater des Norwegers Anders Mol kam auf mich zu und sagte: »Die Königin ist wieder zurück.« Das waren Sätze, die bis heute in meinem Kopf nachhallen, denn ich hatte nicht mehr daran geglaubt, so etwas zu hören. Ich fühlte mich wieder so wohl mit meinem Beachvolleyball wie 2016 und 2017, als ich mit Kira das World Final gewonnen hatte. Morgens um 4 Uhr fiel ich erschöpft, aber wahnsinnig glücklich ins Bett. Bis Teo uns zwei Stunden später weckte.

Nicht schlimm, denn wir mussten ohnehin packen. Um 13 Uhr ging unser Flieger nach Sizilien, wo wir auf die Hochzeit einer Freundin eingeladen waren. Ich weiß ehrlich gesagt nicht, wie ich die Reise, den Tag und die Hochzeit überlebte. Körperlich und mental war ich leer. Und natürlich, jeder, der Kinder hat, kennt das: Teo verstand nicht, dass ich Ruhe brauchte. Er wollte nur herumrennen, alles entdecken, während ich mich hinterherschleppte. Nur der Gedanke an den bevorstehenden Urlaub ließ mich das Wochenende durchstehen. Später fragte ich mich oft: Hätte ich weitergemacht, wenn Rom nicht so gut gelaufen wäre? Ich weiß es nicht …

Im Nachgang analysierte Anett mit uns ausgiebig die Videos unserer Spiele. Sie machte uns auf viele Details unserer Körpersprache aufmerksam. Als wir ins Stadion einliefen, hatte ich konsequent Kusias Hand ergriffen, was sie zugelassen hatte. Wir liefen vor dem Aufschlag gemeinsam zurück, um noch einmal kurz die Taktik zu besprechen. Wir klatschen uns viel häufiger ab als bei früheren Turnieren. Unsere Körpersprache zeigte, dass wir ein Team auf dem Feld geworden waren. Nur, würden wir es auch bleiben?

Dicke Luft

Schnell bemerkten wir, wie belastend es für uns als Paar war, dass Morph mich trainierte. Manchmal war ich nach einer Einheit genervt und nahm meine Laune mit nach Hause. Ein anderes Mal war Morph nicht mit dem Training zufrieden. Wir verloren uns in den Rollen Ehemann, Ehefrau, Spielerin, Trainer. Mein Leben schien nun tatsächlich nur noch aus Kind und Beachvolleyball zu bestehen. 24/7. Morph ist Mister 100 Prozent. Seit er unser Team übernommen hatte, schienen seine Gedanken nur noch darum zu kreisen, wie wir es nach Tokio schaffen könnten. Mir aber fehlte mein Mann. Wir arbeiteten daran, die Rollen klarer zu trennen. Wann war ich Laura, die Beachvolleyballerin, wann Teos Mutter und wann Morphs Partnerin?

Im Training vertrat ich vehement meine Meinung, wie Übungen und Bewegungen zu laufen hatten. Mir fehlte die Offenheit, Veränderungen anzunehmen und als Chance zu sehen. Wir redeten über Kleinigkeiten, die mir sehr groß vorkamen: über den Rhythmus der Schritte vor der Annahme oder wie ich mich zum Ball bewegte. Mit seinem genauen Auge versuchte Morph, die Bewegungsabläufe ideal auf meinen Körper abzustimmen. Dabei verstand er nicht, weshalb mir die Anpassungen schwerfielen. Aus einem einfachen Grund: Mit sehr viel Energie hatte ich über vier Jahre hinweg Routinen einstudiert. Ich wollte nicht schon wieder einen solchen Kraftakt leisten. Wir begannen zu diskutieren und vergaßen dabei, uns genau zuzuhören.

Der Druck wurde unerträglich. Wir beschlossen, ein Dreiergespräch zu führen: Anett, Morph und ich. Vier Bereiche bestimmen das Spiel: Annahme, Zuspiel, Abwehr und Angriff. Bei der Annahme wollte Morph nur eine minimale Veränderung erreichen. Am meisten arbeiteten wir am Angriff. Ich fühlte mich gestresst und angespannt. Morph versuchte es mit Rationalität. Er zeigte mir genau auf, wie viel Prozent einer Bewegung er verändern wollte und wie viel – nämlich die Mehrheit – so bleiben sollte, wie sie war. Mein Gefühl schrie dennoch: Er will alles ändern! Das schaffe ich nicht! Das will ich nicht! Dass meine Wahrnehmung in dieser Situation zu meiner Wahrheit wurde, war für Morph nur schwer zu akzeptieren.

Er interpretierte es so: Ich vertraute ihm und seinen Qualitäten als Trainer nicht zu 100 Prozent. Das wiederum nervte mich, denn es stimmte nicht. Wir mussten einsehen, dass wir ganz unterschiedlich mit der Situation umgingen. Das Ergebnis unserer Pattsituation? Morph nahm sich zurück, aber er gab nicht auf, denn er glaubte fest an seine Vorschläge. Sein Moment sollte kommen, doch ganz anders, als ich es 2019 ahnen konnte.

Ich wusste, wie viel Arbeit es bedeutet, ganz nach oben zu kommen. Hätten wir in der Olympiade zwischen London und Rio unsere Turnierplatzierungen in eine Grafik eingetragen, so wäre eine steil aufsteigende Kurve mit kleinen Einbrüchen zu sehen gewesen. Vor Tokio hätten unsere Ergebnisse eine horizontale Linie auf tiefem Niveau mit einem Ausrutscher nach oben gezeichnet. Das belastete mich, denn mir fehlte Zeit. Die Organisation der Tagesmütter, das Essen, die Reisen und die Koordination mit den Omas lag bei mir. Ich hatte diese Aufgabe selbst gewählt, denn ich musste wissen, dass es Teo an nichts fehlte. Nur so konnte ich in Ruhe trainieren. Wir hatten nie groß darüber geredet, dass ich diese Aufgaben erledigen würde – und ich hatte sie übernommen, ohne vorher darüber zu reflektieren. Von zu Hause kannte ich es nicht anders. Wie stark die Prägung ist, begriff ich erst, als ich selbst Mutter war. Wie viel Zeit ich dabei in die Kinderbetreuung investieren würde, hatte ich komplett unterschätzt. Trotz des Privilegs, auf liebevolle Tagesmütter, eine wunderbare Schwiegermutter und meine herzlichen Eltern zählen zu können, plante ich ständig. Vor Teo hatte ich mich nach einer einzigen Struktur gerichtet, dem Trainingsplan. Nun musste ich zusätzlich eine Parallelstruktur aufbauen, die mich manchmal an die Grenze zur Überforderung brachte.

Wir merkten natürlich auch, dass die Kinderbetreuung ins Geld ging. Manchmal entschied ich, bei Teo zu bleiben, oder Morph konnte uns samstags nicht trainieren, weil er auf ihn aufpasste. Ich fühlte mich doppelt bestraft. Durch die Pause der Schwangerschaft hatte ich einen Teil meiner Punkte verloren. Eine Regelung, die inzwischen geändert wurde, aber nach Teo musste ich noch um die Welt reisen, um mich zunächst durch die Qualifikation ins Hauptfeld zu quälen. Dadurch wurden die Trennungen von meinem Kind noch länger. Das bedeutete aber auch einen Mehraufwand an Energie, Zeit und auch Kosten. Wir brauchten eine sehr individuelle Kinderbetreuung bei unserem unsteten Leben. Trotz fester Trainingszeiten hatte ich bei vielen Terminen, wie beispielsweise mit Sponsoren, keinen Einfluss auf den Zeitplan. In den letzten Jahren wuchsen zudem die Anforderungen an Spitzenathleten. Als ich als Profi begonnen hatte, genügte es, ein Logo auf dem Trikot zu tragen. Inzwischen nahm das Bespielen der sozialen Medien viel Raum ein. Kind, Training, Reiseorganisation, Sponsoren, Interviews, Instagram und Facebook … mir kam es oft vor, als könnte ich das alles nur mit maximal 80 Prozent erfüllen. Nichts richtig eben. Das Leben mit Kind ist ohnehin oft eine einzige Improvisationsshow. Doch ich fühlte mich auf der Bühne gleich zweier solcher Veranstaltungen – im Sand und zu Hause.

Eine Pandemie am anderen Ende der Welt

Am Ende unseres Trainingslagers in Rio geriet die Welt aus den Fugen. Am 11. März 2020, einem Mittwoch, erklärte die Weltgesundheitsorganisation Covid-19 zur Pandemie. Vier Tage später wollten wir zurückfliegen. Zum ersten Mal hatte ich meine Mutter in Rio dabei. Jahrelang hatte sie davon geträumt, diesen für mich magischen Ort kennenzulernen. Endlich hatte alles gepasst und ich hatte sie und Teo mit in meine Lieblingsdestination genommen.

Nun erreichte uns die Meldung, dass dieser ansteckende Virus sich auf der ganzen Welt ausbreitete. Die Information wirkte noch abstrakt. Was bedeutete das für mich, für uns? Konkreter wurde es Tag für Tag durch die Nachrichten im Internet. Die USA ließen keine Europäer mehr einreisen. Hamburg schloss Kitas und sagte den Fischmarkt ab. Das nächste Turnier im Badeort Cancún im Süden Mexikos sollte allerdings noch stattfinden. Und dort mussten wir unbedingt antreten, um die fehlenden Punkte für die Olympiaqualifikation zu sammeln.

Wir saßen in einem Café am Strand von Ipanema und redeten uns die Köpfe heiß. Das Meer konnten wir riechen und hören, während fröhliche Menschen in Flipflops und T-Shirts um uns herumschwirrten. Ich fühlte mich wie im falschen Film. Reagierte Europa zu panisch oder Brasilien zu sorglos? Wir hatten unterschiedliche Ansichten über die Gefährlichkeit des Virus. Provozierte der Covidvirus eine schwere Grippe oder bedeutete er eine tödliche Gefahr?

Ein italienisches Team wollte einen Monat in Brasilien bleiben, weil die Trainingsstätten in ihrer Heimat geschlossen waren, um danach direkt nach Mexiko weiterzureisen. Der Deutsche Volleyball-Verband (DVV) rief an. Morph wurde aufgefordert, sofort zurückzukommen, denn er stand auf der Gehaltsliste des DVV. Ihm schien die Maßnahme übertrieben. Wir diskutierten ohne Ergebnis.

Morph schlug vor, Teo mit meiner Mutter zurückzuschicken, während wir weiter nach Mexiko zum Turnier fliegen würden. Für mich kam das nicht infrage, denn ich fühlte mich nicht nur für mein Kind verantwortlich, sondern auch für meine Mutter. Helke flog, wie schon vorher vereinbart, früher nach Hause, denn sie wollte nicht zu lange von ihrer kleinen Tochter getrennt sein. Kusia konnte sich beides vorstellen: bleiben oder zurückfliegen. Anett war bereits in Deutschland angekommen. Sie erlebte als Erste den Realitätsschock in der Heimat. Von dort rief sie uns an und meinte: »Kommt bloß schnell nach Hause!«

Wir waren allein mit unserer Entscheidung, ohne die Menschen, die uns schon so oft geholfen hatten, wenn wir nicht mehr weiterwussten. Zum ersten Mal erlebten wir einen Konflikt zwischen unseren Interessen als Eltern- und Trainer-Sportler-Paar. 2019 hatte alles noch reibungslos funktioniert mit unseren wunderbaren, verlässlichen Tagesmüttern und Omas, die gerne mit uns in Trainingslager gereist waren. Wir konnten unsere Prioritäten gut vereinbaren. In diesen Tagen von Rio schien das Gleichgewicht nicht nur vorbei, sondern unmöglich zu sein. Entweder Sport oder Familie. Für mich war die Entscheidung schnell klar: Ich wollte meine Mutter und mein Kind in Sicherheit bringen und nach Hause in die gewohnte Umgebung reisen. Dafür die Olympiaqualifikation zu verpassen, war es mir wert.

Morph hatte über Jahre seinen Beruf in den Vordergrund gestellt. Als Headcoach von Großbritannien und später der Niederlande mussten Freunde und Familie sich hinten anstellen. Weil wir beide Rio 2016 als Ziel hatten, lebten wir unsere Träume im Gleichklang.

Als Teo unterwegs war, hatten wir entschieden, dass von nun an unsere kleine Familie Priorität genießen würde. Bis zu diesen Stunden hatte sich allerdings nie die Frage gestellt, was wichtiger war.

Wir beschlossen, vor dem Training spazieren zu gehen, um eine Lösung zu finden. Die Weite der Strandpromenade von Rio stand im Kontrast zu unserem Gefühl, in die Ecke getrieben worden zu sein. Egal wie wir uns entschieden, eine Sache, die wir liebten, würden wir verlieren. Ich wünschte mir, dass mein Mann mich unterstützte, selbst als ich eine Wahl treffen wollte, die meiner Karriere schaden konnte. Ich sehnte mich nach einem Vater meines Sohnes, der ihn auf die gleiche Weise beschützen wollte wie ich.

Ich verstand aber auch seine Position. Schließlich war er unser Cheftrainer. Er hätte sein großes Ziel verfehlt, wenn wir die Olympiaqualifikation verpassen würden. Vielleicht wäre meine Karriere dann zu Ende. Die Leichtigkeit von Bowes/Ludwig wich einer Schwere. Ich hatte es immer als großes Geschenk empfunden, dass Morph mich in meiner Karriere bedingungslos unterstützt hatte. Ich schätzte, dass er das Risiko auf sich genommen hatte, mein Coach zu sein. Würde ich Olympia verpassen, wäre er der Sündenbock nach dem gleichen Mechanismus, wie beim Fußball der Trainer als alleiniger Verantwortlicher gilt, wenn eine erfolgreiche Mannschaft weit hinter den Erwartungen zurückbleibt. Die meisten dachten, mich zu trainieren, sei eine Spazierfahrt. Ich galt als eine der Top-Abwehrspielerinnen der Welt, verfügte über eine professionelle Einstellung und hervorragende Grundlagen durch die Arbeit mit Jürgen. Morph wollte das Beste für die Beachvolleyballspielerin Laura Ludwig und als Trainer sich nicht leichtfertig der Verantwortung entziehen. Ich sah, wie es in seinem Kopf rumorte. Die verschiedenen Szenarien und Zielkonflikte belasteten ihn schwer.

Wir hatten schon fast das Apartment wieder erreicht, da sagte er: »Wir fliegen zurück.« Ich umarmte ihn innig. Es ging um sehr viel mehr als nur einen Rückflug. Wir hatten unseren Vorsatz wahr gemacht: Unsere Familie war die höchste Priorität in unserem Leben. Ich wusste, wie sehr er seinen Beruf liebte, wie ehrgeizig Morph war, und dennoch … Teo und ich bedeuteten ihm mehr als alles, was sein Leben die letzten Jahre bestimmt hatte. Ich war erleichtert und sofort wieder besorgt: Würden wir überhaupt noch sicher nach Hause kommen?

Im Apartment saßen der Physiotherapeut und Kusia vor Smartphone und Tablet und suchten nach Flügen. Einer nach dem anderen wurde gestrichen. Morph sah mich an. Ich wusste, was er dachte: Die Entscheidung war richtig.

Im Rückblick hatten wir die Pandemie komplett unterschätzt. Am Samstag, einen Tag vor unserem geplanten Heimflug, wurde das Turnier in Mexiko auf unbestimmte Zeit verschoben. Diese Krankheit bildete immer noch ein abstraktes Konstrukt, das wir nicht wahrnehmen und einordnen konnten, während die Cariocas im Meer badeten und Caipirinhas tranken. Ein knallgelbes Taxi brachte uns zum internationalen Flughafen. Meine Mutter weinte, nicht wegen Covid, sondern weil ihre schöne Zeit in Rio mit Teo so schnell zu Ende gegangen war. Erst am Flughafen, als ich Passagiere mit Mundschutz und Handschuhen erblickte, wurde mir bewusst, dass die Pandemie auch Rio erreicht hatte.

Im Flugzeug reagierten die Sitznachbarn gereizt auf jedes kleine Hüsteln und Niesen, während Teo und meine Mutter im Fußraum ihres Sitzes eine kleine Party veranstalteten und die zehn Stunden Flug glücklich nebeneinander verbrachten. Was vor uns lag, wusste ich nicht, doch ich war dankbar für die Zeit, die ich erlebt hatte. Als wir in Hamburg ankamen, traute ich meinen Augen nicht. Alle Geschäfte waren geschlossen. Ein Geisterflughafen. Ich drückte meine Männer und meine Mutter, unendlich froh, wieder Hamburger Boden unter den Füßen zu haben.

Vollbremsung ins Nichts

Wir saßen zu Hause und alle Trainings- und Wettkampfpläne konnten wir in den Müll werfen. Seit Jahren hatte ich immer nach Vorgaben gelebt. Nun hatte ich keinen Plan mehr. Morph übernahm das Kommando mit der Ansage: Pause machen, nach dem Körper schauen und sich um die Familie kümmern. So lange, bis wir wussten, wie es weitergehen würde. Meine Reisen, meine Turniere, mein Training, meine Ernährung und mein Schlaf waren auf den olympischen Höhepunkt ausgerichtet – nur wusste ich jetzt nicht, wann und ob dieser Event überhaupt stattfinden würde. Es gab kein Ziel mehr, auf das ich am nächsten Morgen hinarbeiten konnte.

Meine Glückssträhne der vergangenen Jahre endete abrupt: Der Höhepunkt Olympia 2016, die Entscheidung, bis zur WM 2017 weiterzumachen (und für das Risiko mit Gold belohnt zu werden), und last, but not least, die unkomplizierte Schwangerschaft mit Teo zum richtigen Zeitpunkt – alles hatte am Ende so funktioniert, wie ich es mir gewünscht hatte. Zum ersten Mal hatte ich keinen Einfluss darauf, wie mein Beruf weitergehen würde.

Mein Selbstverständnis war erschüttert. Seit meinem Comeback definierte ich mich als Mutter und Hochleistungssportlerin. Doch nun? Was passierte mit mir? Erlebte ich eine vorübergehende Zwangspause oder stand ich vor dem Ende meiner Karriere?

Drei Tage nachdem das öffentliche Leben zum Stillstand gekommen war, improvisierten wir einen kleinen Kraftraum in unserer Garage. Ich sollte mich für den Tag X einigermaßen fit halten. Wenn ich, wie so viele, im Wohnzimmer Fitnessübungen machte, kletterte Teo mit viel Spaß auf mir herum. Ich backte und kochte morgens, mittags und abends. Im Hof unseres Wohnblocks spielten wir mit den Nachbarskindern und holten Kanu und Fahrräder aus dem Keller. Seit einem Jahrzehnt hatte ich keinen Frühling mehr in Hamburg erlebt. Ich genoss es trotz der Situation sehr, zu erleben, wie schön meine Stadt war, wenn alles blühte und erwachte. Teo, mein lockiger Sonnenschein, half mir, nicht zu viel zu grübeln in dieser besonderen Zeit. Mitten im größten Ausnahmezustand fand ich ein Stück gewöhnliches Leben. Ich war nur Mama. Sonst nichts. Und das gefiel mir richtig gut.

Als meine Tage nicht mehr im engen Takt zwischen Familie, Training und Regeneration verliefen, wurde mir bewusst, wie oft ich Teo gedrängt hatte, sich zu beeilen. Schnell anziehen, schnell noch einmal raus. Gefühlt hatte ich keinen Satz ohne das Wort »schnell« zu ihm gesagt. Nun mussten und konnten wir nirgends mehr hin.

Die Suche nach meiner Identität schlich sich in meinen Alltag. Wie sollte ich mich ernähren? Ich hatte bereits meine Olympiavorbereitungsphase begonnen. Das bedeutete: kein Zucker, kaum Alkohol und nur absolut hochwertiges Essen. Wo stand ich nun?

Die vollkommene Unsicherheit endete Ende März: Das Internationale Olympische Komitee verschob die Spiele um ein Jahr. Anstatt mich über die Perspektive zu freuen, fiel ich in ein Loch. Drei Tage lang weigerte ich mich, über Beachvolleyball zu sprechen. Ich baute Lego mit Teo und wartete, bis der Sturm in meinem Kopf abflaute. Wir beschlossen, zwei Wochen später eine Entscheidung zu treffen, ob wir weitermachen würden. Anett half mir, Struktur in die Leere zu bringen. Die entscheidenden Fragen waren keine anderen als auf dem Platz. Was konnte ich beeinflussen? Und was nicht? Anstatt den optimalen Schlag zu finden, musste ich definieren, was ich am besten mit meiner Zeit anfangen würde. Und wie auf dem Beachvolleyballfeld galt es, Handlungsorientierung zu finden. Ich wollte mich zu 100 Prozent auf mich und Teo konzentrieren, ohne meine Gedanken von der unsicheren Zukunft ablenken zu lassen. Wir definierten kleine Zwischenziele, immer wissend, dass wir zum Zeitpunkt X die Frage beantworten mussten: Würde ich trotz der Verschiebung weitermachen? Um ehrlich zu sein, nach dieser Vollbremsung hatte ich gar keine Lust mehr auf Beachvolleyball.

Während in Rio Morph Mühe hatte, seine Prioritäten im Leben eindeutig zu definieren, ging es mir nun ähnlich. Mir fehlte Klarheit. Schon lange hatte ich mich entschieden, dass ich nach Tokio 2020 ein zweites Kind haben wollte. Ich machte mir ernsthafte Gedanken über unser Alter. Ich war bereits 34 Jahre alt, Morph zehn Jahre älter. Mein Kopf begann, sinnlose Rechnungen zu machen: Würden wir länger warten, wäre Morph im Rentenalter, wenn Teos Geschwisterchen seine Volljährigkeit feiern würde.

Mich belastete zusätzlich, dass in diesem Moment niemand sicher sagen konnte, ob die Spiele tatsächlich 2021 stattfinden würden. Mein Babywunsch schien unendlich groß, denn ich hatte immer gewollt, dass Teo nicht allein aufwächst.

In dieser Phase der Unsicherheit wandte ich mich auch an Jürgen. Bei ihm redete ich mir meine Sorgen von der Seele, erzählte ihm auch von meinem Problem, dass doch eigentlich im Herbst 2020 die Familienplanung im Mittelpunkt stehen sollte. Er fand in diesem Moment die richtigen Fragen und führte mich zu stimmigen Antworten. Er zeigte Wege, ohne mir zu sagen, welche Abzweigung ich nehmen sollte.

Langsam bekam ich wieder Lust auf Beachvolleyball. Ich fragte Morph nach einem Trainingsplan. Er weigerte sich, denn ohne Plan würde es uns leichter gelingen, die Familie in den Vordergrund zu stellen. Der internationale Verband hatte nämlich noch nicht bekannt gegeben, wann wieder Turniere stattfinden würden.

Zwei Wochen nach der Verschiebung von Olympia trafen wir uns bei Helke. Kusia und ich waren uns einig: Wir würden weitermachen bis Tokio 2021. Bei mir hatte sich dennoch ein kleines Fragezeichen eingeschlichen. Würde ich auch dann noch genug Energie haben, wenn Olympia 2021 auf der Kippe stünde? Auch konnte noch niemand sagen, wie es mit der Qualifikation weiterging. Ich entschied mich deshalb für ein Programm light: eine Einheit pro Tag, davon lediglich zwei Balleinheiten pro Woche. Die geschenkte Zeit wollte ich nutzen, um etwas Neues zu beginnen: Yoga.

Zum ersten Mal seit Morph mich trainierte, hatte ich keinen Qualifikations- und Zeitdruck. Er hatte mir schon oft erklärt, was ich beim Springen ändern sollte. Dieses Mal verstand ich ihn sofort, denn auch meine Anspannung war in den Wochen des Lockdowns gesunken. »Ich muss ja gar nicht so viel ändern«, stellte ich erstaunt fest. »Ja, gut, dass du das jetzt verstehst, lass uns weiterarbeiten«, antwortete Morph ganz ruhig. Erst später gestand er, dass er in diesem Moment ganz gerne gerufen hätte: »Ganz genau, und wenn du mir schon vor fünf Monaten vertraut hättest, wären wir fünf Schritte weiter.« Da war er wieder, der Unterschied zwischen uns beiden. Sein Kopf sagte ihm: Im Nachhinein darauf zu pochen, recht gehabt zu haben, bringt nichts. Also unterdrückte er den Impuls. Ich glaube nicht, dass ich das in der Situation gekonnt hätte.

Die Pause half auch, viel zu reden und zu reflektieren. Ich teilte meine Sorgen mit, dass ich insgesamt zu wenig Zeit investierte, um wieder Weltklasse zu werden. Nicht allein die Anzahl der Einheiten war weniger geworden, mir fehlte es oft an Schlaf. Ich musste mich zwingen, nachmittags ein wenig auszuruhen, denn eigentlich schrie die To-do-Liste immer nach Erledigungen. Morph half mir zu verstehen, dass die Qualität meines Trainings eine andere geworden war. Es stimmte, dass ich nicht mehr siebenmal pro Woche zum Balltraining ging, dafür arbeitete ich noch fokussierter, um außerhalb der Arbeit mehr Lebensqualität zu haben und Zeit mit Teo zu genießen. Ich bemühte mich sehr, die Verantwortung in dieser unsicheren Situation abzugeben. Morph würde wissen, wann ich wieder richtig loslegen musste, um am Höhepunkt fit zu sein.

Wir beschlossen, jetzt einen Schritt zu gehen, für den wir vorher weder Zeit noch Ruhe gefunden hatten. Wir meldeten Teo bei einer Kindertagesstätte an. Diese Aufgabe gab mir Halt. Ich musste oft an jüngere Sportler denken, die ihr ganzes Leben auf die Olympischen Spiele ausgerichtet hatten. Wie musste es erst ihnen in dieser Unsicherheit gehen?

Im Nachhinein empfanden wir diese Zeit als Geschenk. Morph und Anett halfen mir, den Druck von meinen Schultern zu nehmen. Ich lernte, auch im Alltag meinen Fokus nur auf die Dinge zu richten, die ich beeinflussen konnte.

Das Jahr endete mit einer großen Ehre. Jedes Jahr im Dezember werden von Sportjournalisten die Besten unserer Branche gewählt. 2016 und 2017 hatten Kira und ich den Titel gewonnen und genauso denkwürdig waren die Feiern danach. 2020 wurden die Sportlegenden des Jahrzehnts bestimmt und wir waren in der Kategorie Mannschaft nominiert. Mit uns standen neben anderen auch die Fußballweltmeister von Brasilien 2014 zur Auswahl, sodass ich mir wenig Chancen ausrechnete. Doch überraschenderweise wurden Kira und ich gewählt. Seit Kiras Rücktritt hatte ich sie nur bei Wettkämpfen auf der deutschen Tour getroffen, denn sie war inzwischen schmerzfrei und hatte ein gelungenes Comeback hingelegt (dabei auch mich und Kusia geschlagen). Auf dem Weg nach Baden-Baden zur Verleihung im Kursaal trafen wir uns zum ersten Mal außerhalb des Beachvolleyballzirkusses. Schon vor der Aufzeichnung quatschten wir eine Stunde im Hotelzimmer, während der Show mussten wir zu allen anderen so viel Abstand halten, dass wir viel Zeit miteinander hatten. Wir genossen es, über Muttersein und Kinderchaos zu reden und stolz gemeinsam auf das zurückzublicken, was wir geleistet hatten. Nach der Sendung lagen wir noch auf meinem Hotelzimmer, feierten ein wenig und schauten die Show zu Ende, denn sie wurde zeitversetzt gezeigt. Unser Abschied als Team zwei Jahre zuvor war so schnell vorübergegangen. Doch wenigstens jetzt hatten wir einen ganzen Abend, um mit Abstand noch einmal zufrieden zurückzublicken.

In der Blase von Doha

Nach fast einem Jahr Coronapause flogen wir nach Katar, um wieder ein Turnier der World Tour zu spielen. Das Preisgeld von 300000 Dollar lockte die besten Teams an, doch wir brauchten vor allem Punkte für die Olympiaqualifikation. Zum ersten Mal wurde ein Turnier für Frauen in dem muslimischen Land ausgetragen, allerdings wurde verordnet, in langer Hose und T-Shirt anzutreten – aus Respekt vor den Traditionen und der Kultur des Landes. Die Kleidervorschriften wurden nach Protesten wieder zurückgenommen. Wir hatten uns angesichts der sengenden Sonne für einen Kompromiss entschieden: Lange Hose und Sport-BH.

Doha wurde das erste von vielen »Bubble-Turnieren« während der Pandemie. Genau drei Orte lernten wir in unserer Blase in

Katar kennen: das Hotelzimmer, die Courts und den Bus, der beides verband. Selbst beim Essen durften wir nur mit unserem Team Kontakt haben.

Eine für den Kopf schwierige Aufgabe wurde uns im Auftaktspiel zugelost: das Nachwuchsteam Leo Körtzinger und Sarah Schneider, mit dem wir auch in Hamburg viel zusammen trainiert hatten. Wir mussten gewinnen, die beiden dagegen hatten nichts zu verlieren – die Ausgangsposition war denkbar schwer. Kleines, erschwerendes Detail: Auch sie wurden in Doha von Morph betreut, weshalb wir unsere Taktik selbst bestimmten. Das Warm-up erledigten wir noch gemeinsam.

Zum ersten Mal galten die Coronaregeln auf dem Platz. Wir durften uns nicht abklatschen und nicht unter dem Netz hindurchlaufen beim Seitenwechsel. Ich steckte so in meinen Routinen, dass ich viel Energie brauchte, um sie den Vorschriften anzupassen. Kein Team konnte eine klare Führung herausspielen. Wir kannten uns in- und auswendig aus vielen Trainingsstunden, doch genau deshalb gelang es mir, in spielentscheidenden Situationen Punkte zu machen. Ich wusste einfach, wie sie auf bestimmte Schläge reagieren würden.

Das zweite Spiel war abends im Flutlicht bei angenehmen Temperaturen gegen die Tschechinnen Barbora Hermannová und Markéta Sluková. Mit ihnen hatten wir schon einige Trainingslager gemeinsam absolviert, sodass uns ihre Stärken und Schwächen bewusst waren. Es ging hin und her, doch diesmal mit dem besseren Ende für uns.

Im Achtelfinale trafen wir auf die Brasilianerinnen Rebecca Cavalcanti und Ana Patrícia Silva, wieder in der Nacht, noch einmal auf dem Center-Court. In beiden Sätzen liefen wir immer einem Rückstand hinterher und verloren 18:21, 14:21.

Danach hatten wir ein langes, offenes Gespräch, warum wir wieder in alte Muster verfallen waren. Als wir das Spiel noch einmal anschauten, realisierten wir, dass die Chance zum Sieg da war. Uns waren gute Punkte gelungen, doch machten wir in entscheidenden Momenten unnötige Fehler. Nie erreichten wir den Flow, als hätte uns der Glaube gefehlt, gewinnen zu können. Die beiden hatten viel über Kusia gespielt. Ich hatte versucht, so gut wie möglich zuzuspielen und mehr Bälle in der Mitte zu nehmen. Bei Abwehr und Aufschlag hatte ich funktioniert, ohne zu viel zu wollen. Dennoch fühlte ich mich hilflos, dass ich Kusia nicht mehr aus der Schlusslinie nehmen konnte. Die Erkenntnis blieb: Die beiden hatten gehörigen Respekt vor uns gezeigt. Es war also möglich, ein Topteam zu schlagen. Nur hatten wir es nicht geschafft. Nach dem Riesenerfolg in Rom mussten wir uns nun nach der langen internationalen Pause wieder auf kleinere Schritte einstellen.

Mistake vs. Error

Die Olympiaqualifikation hatten wir vor allem mit den Punkten aus Rom so gut wie geschafft, aber 100 Prozent sicher war sie uns noch nicht. Wir reisten also in die nächste »Blase«, nach Cancún in Mexiko. Von unserem Zimmer in einem All-inclusive-Resort blickten wir auf den Schiedsrichterstuhl, denn die Courts waren direkt auf dem schmalen Strandstreifen zwischen Hotel und Meer aufgebaut. Wir genossen das Rauschen der Wellen – mittendrin in einem Urlaubsresort, abgeschottet vom Rest der Welt. Das Hotel hatte schon bessere Tage erlebt, da half auch nicht, dass die Handtücher zu einem Herz gefaltet aufs Bett drapiert waren.

So langsam ging es mir auf die Nerven, jeden Tag ein Stäbchen in den Rachen geschoben zu bekommen, aber ich wusste natürlich, dass es nötig war. Drei Freiwillige wurden positiv auf Corona getestet und nach Hause geschickt, sodass wir mit höherer Frequenz überprüft wurden. Die Coronaregeln besagten auch, dass wir nur mit unserem eigenen Team am Tisch essen durften. April Ross machte sich darüber lustig, dass ich, weil ich immer mit irgendjemandem am Quatschen war, von allen Spielerinnen am meisten unter dieser Vorschrift leiden würde.

In Cancún wurden drei Viersterneturniere nacheinander organisiert, um die Olympiaqualifikation trotz Pandemie zentral und effizient zu organisieren. Wir hatten schon vorher entschieden, dass ich nach dem zweiten Wettbewerb wieder zurück zu meinem kleinen Lockenkopf reisen würde. Ich wusste, dass ich für Tokio Wochen von zu Hause weg sein würde. Zweimal im Jahr so lange von ihm getrennt zu sein, wollte ich vermeiden. Kusia würde bleiben, um Spielpraxis zu sammeln.

Die Gruppenphase lief zunächst gut. Wir gewannen gegen ein tschechisches Team, dann 2:1 gegen Kim Behrens und Sandra Ittlinger. Im Achtelfinale spielten wir gegen die Kanadierinnen Heather Bansley und Brandie Wilkerson. Der Wind fegte über den Sand und machte das Match zu einem Glücksspiel. Dennoch spielten wir gut. Dabei schafften wir es, Morphs Idee vom klaren, effizienten Spiel umzusetzen. Nur knapp mussten wir uns mit 1:2 (22:20, 15:21 und 20:22) geschlagen geben. Morph reagierte emotional, was sonst nicht seine Art war. Direkt nach dem Spiel kam er zur Bank, um uns zu sagen, dass wir auf dem richtigen Weg seien. »Wenn ihr so spielt, seid ihr bereit. Mir ist egal, dass wir dieses Spiel verloren haben, denn ihr habt nur Mistakes und keine Errors gemacht.«

Diese Unterscheidung hatte Morph schon oft verwendet. Ein »Mistake« bedeutete, dass wir Bewegung und Taktik richtig gemacht hatten, unabhängig davon, welches Team letztlich den Punkt machte. Ein »Error« dagegen hieß: Wir wollten auf welche Weise auch immer den Punkt machen, ohne Plan und Strategie. Das war also Morphs britische Version der

Handlungsorientierung. Ich lächelte glücklich, denn ein Lob von ihm erlebte ich im Durchschnitt nur jedes Schaltjahr.

Jetzt hatten wir die Wende geschafft, dachte ich. Unter schwierigen Bedingungen hatten wir gegen ein Topteam drei Sätze lang auf hohem Niveau mitgehalten. Das zweite Turnier konnte kommen.

Gleiches Setting, gleiches Hotel, gleiche Courts und dennoch schien es, als würden wir auf einem anderen Planeten spielen. Im ersten K.-o.-Spiel versagten wir auf ganzer Linie. Kein Zuschauer verlor sich an der Bande. Sie hätten ohnehin keine Qualität gesehen. Was wir noch gegen Kanada gezeigt hatten, schien verschwunden. Gegen die Niederländerinnen Sanne Keizer und Madelein Meppelink verloren wir 16:21, 15:21. Morph war enttäuscht. Er glaubte, wir würden seine Spielphilosophie nicht mit aller Konsequenz verfolgen.

Mein Frust schien grenzenlos. Ich wusste nicht mehr, was ich machen sollte. Anett bot mir ein sogenanntes Tetralemma an. Diese Coachingmethode zur Entscheidungsfindung hatte sie schon ein paarmal bei mir angewendet. Wenn alle rationalen Gedanken noch keinen Entschluss bewirkt hatten, wird beim Tetralemma das Körpergefühl zu jeder möglichen Entscheidung erspürt und auf Papier geschrieben. Wir testeten alle Optionen, die in meinem Kopf umherschwirrten – von ganz aufhören über schwanger werden bis pausieren. Sonst hatten wir das Tetralemma auf dem Boden gemacht, doch wir durften das Hotelzimmer nicht verlassen. Also improvisierten wir, indem Anett die verschiedenen Möglichkeiten auf Zettel schrieb, die sie auf meine Hand legte, während ich meine Gefühle reflektierte. So kam ich zu einer Entscheidung: Ich würde weitermachen. Doch zuerst wollte ich nur noch nach Hause.

Tokio 2021

Die Olympischen Spiele rückten näher. Teo half mir beim Packen. Er legte sich in die große, schwarze Tasche hinein, dabei erklärte er laut und lachend, dass er einfach mitreisen würde. Im Flugzeug, und zwar im Gepäckraum. Ich genoss diese gemeinsame Stunde, in der ich ihm von den Olympischen Spielen erzählte und warum Mama und Papa jetzt ganz weit wegreisen müssten. Er würde in meinem Herzen dabei sein, auch wenn er nicht mitkommen konnte. Wir brachten ihn nach Berlin zu den Großeltern. Wieder auf dem Rückweg fühlte ich mich zwischen Vorfreude und Abschiedsschmerz hin- und hergerissen. Wir würden die längste Zeit getrennt sein, seit Teo auf der Welt war.

Dass Morph dieses Kapitel gemeinsam mit mir zu Ende bringen würde, gab mir Halt und Sicherheit. Er würde die vielen Graustufen in Schwarz oder Weiß verwandeln. Klarheit vorgeben und wissen, wie der nächste Schritt aussehen würde, und ihn kommunizieren.

Als es endlich so weit war, spürte ich Kribbeln und große Vorfreude. Mit mehr als 50 Athleten gingen wir gemeinsam an Bord, um genau um 18:15 Uhr nach Tokio abzuheben. Diesmal würde es ein Wettbewerb mit vielen Unsicherheiten werden, denn wir alle zitterten davor, bei Ankunft positiv getestet zu werden.

Mich erwartete das volle Kontrastprogramm zu Rio. Dort hatten wir uns bewusst unter die Einheimischen gemischt, um so wenig wie möglich vom olympischen Gigantismus mitzubekommen. In Tokio würde das olympische Dorf zu unserer Blase werden. Kontakte nach draußen oder Ausflüge waren verboten. Spucktest jeden Tag vor dem Frühstück.

Ich hatte tatsächlich Angst, dass wir bei Olympia sehr früh ausscheiden würden. Unsere Achterbahnfahrt der letzten Jahre gab mir kaum Zuversicht. Ich wusste, dass wir im Kopf anfällig waren. Zum ersten Mal seit Beginn meiner Karriere verabschiedete ich mich vom Ergebnis und hatte keine Erwartungen. Nur meine Leistung und meine Handlungen konnte ich beeinflussen, also wollte ich auf dem Platz mein höchstes Niveau zeigen. Ob im Training, im Spiel oder bei der Teamarbeit außerhalb des Feldes: Ich würde alles tun, damit Kusia und ich den größtmöglichen Erfolg haben könnten. Das schuldete ich auch den Menschen, die uns auf dem Weg unterstützt hatten.

Wir analysierten Videos der letzten Matches. Im Fokus stand unsere Körpersprache. Ich nahm wahr, wie unterschiedlich ich meine Routinen im Vergleich zu Kusia anging. Automatisiert spulte ich sie ab: abhaken, abklatschen, Sand richten, Fokus schärfen und next. Kusia dagegen schien nicht so versunken in ihrem Kopfprogramm. Ich beschloss, meine Routinen zu verlangsamen. Dann konnte ich sie zwischen den Ballwechseln unterstützen. Ich nannte das »Teamkomponente«. Zunächst musste ich reflektieren, wann ich wie für unser Team arbeitete. Wie lange sprachen wir über Taktik? Wie lange sollte ich nach einem Punkt mit dem Fokus bei ihr sein? Wann wieder bei mir? Ich versuchte, sie auf dem Platz mitzunehmen. Ich nahm mir auch vor, Fehler besser abzuhaken. Im Video erkannte ich, dass mein Ärger über verlorene Punkte sich in kleinen Gesten ausgedrückt hatte.

Wir zogen ins olympische Dorf ein. Kaum angekommen, hörten wir das Gerücht, dass die tschechischen Beachvolleyballer ein Coronaproblem hatten. Ich versuchte, keinen Gedanken daran zu verschwenden, dass auch unsere Poolgegner Markéta Sluková und Barbora Hermannová davon betroffen sein könnten. Drei Tage vor unserem Spiel hatten wir dann die Gewissheit: Markéta durfte wegen eines positiven Coronatests nicht starten. Ausgerechnet sie. Wir hatten uns während vieler gemeinsamer Trainingslager angefreundet. Auch außerhalb der Tour telefonierten wir ab und zu. Die letzten Jahre waren nicht einfach für Markéta. Mit 33 Jahren wollte sie ihre Karriere mit dem olympischen Höhepunkt ausklingen lassen. Stattdessen saß sie in einem Zimmer in Quarantäne, darauf wartend, dass sie nach Hause fliegen konnte. Das hätte auch mir passieren können, denn das Risiko eines positiven Tests, bevor ich in die olympische Blase eingetaucht war, machte diese Spiele bis zuletzt zu einer Lotterie. Ich litt mit meiner Freundin. Ironischerweise war ihr Leid mein Vorteil, weil sich die Wahrscheinlichkeit, die Poolphase zu überstehen, durch ihren Ausschluss deutlich erhöht hatte. Die Anspannung ließ nach.

Schwarz-Rot-Gold

Ich hatte schon einen Monat vor den Spielen die Nominierung zur Fahnenträgerin angenommen, mit der ich mich verpflichtet hatte, an der Eröffnungsfeier teilzunehmen. Wer die Fahne letztendlich tragen würde, wurde durch eine Wahl bestimmt. Zum Zeitpunkt der Nominierung kannte ich unsere Spielansetzung noch nicht. Die Teilnahme wäre ein No-Go gewesen, hätte ich gewusst, dass ich am nächsten Tag spielen musste. Wir standen immer stundenlang herum, sodass die Beine fest wurden. Dreimal hatte ich bei der Auslosung Glück gehabt und musste erst zwei Tage nach der Eröffnungsfeier antreten, doch diesmal ging es schief. Erleichtert stellte ich fest, dass mein olympisches Turnier zumindest erst am Nachmittag des nächsten Tages starten würde.

Als wir vom Training mit dem Bus nach Hause fuhren, rief unser Verbandsarzt Michi Tank an und sagte kurz angebunden: »Ich hole dich vom Bus ab. Wir gehen sofort ins Delegationsbüro.« Dann beendete er das Gespräch. Ich war irritiert, während ich den anderen vom Inhalt des Gesprächs berichtete. Erst an Kusias entsetztem Blick wurde mir klar, was sie dachte: Corona. Ein positiver Test. Auch Morph blickte mich mit großen Augen an. Es war Anett, die zuerst die Fassung wiederfand: »Das kann nicht sein, dann müsstest du dich sofort von uns isolieren«, meinte sie. »Ruf Michi noch einmal an und frage ihn, worum es geht.«

Die Schrecksituation klärte sich auf. Ich hatte die Wahl zur Fahnenträgerin gewonnen. Als ich im Delegationsbüro ankam, wartete dort bereits mein männliches Pendant: der Wasserspringer Patrick Hausding, den ich das letzte Mal auf dem Rückflug von Rio gesehen hatte. Uns wurden die Abläufe erklärt, inklusive des Vorlaufs mit Fototermin und Pressekonferenz. Ich fand es richtig und wichtig, dass wir zum ersten Mal in der olympischen Geschichte als Duo – ein Mann und eine Frau – die Fahne ins Nationalstadion trugen.

Der 23. Juli, der Tag der Eröffnungsfeier, ging vorbei wie im Flug. Wir waren die 115. Delegation, die ins Stadion gelassen wurde. Ich hatte noch die Bilder und das überwältigende Gefühl im Kopf, als ich in Peking hinter dem großen Dirk Nowitzki das Stadion betreten hatte. Ich war damals beeindruckt, mit wie viel Energie er die Fahne schwang. Jetzt, 13 Jahre später, würden jüngere Athleten hinter mir herlaufen, und ich hoffte insgeheim, dass sie den Moment für immer in Erinnerung behalten würden.

Die Zuschauer fehlten, aber nicht so sehr wie später am Beachvolleyballcourt. Bei der Eröffnungsfeier schallte die Musik immer sehr laut und das Publikum reagierte weniger emotional, als ich es von meiner Sportart her kannte. Die Wartezeit bis zum Einmarsch verkürzte ich mit Selfies und Small Talk mit anderen Athleten aus dem deutschen Team.

So schön und stimmungsvoll die Show und ihre Zeremonien sind – das eigentliche Prozedere geht schnell vorüber. Nicht mehr als eineinhalb Stunden verbrachte ich im Stadion.

Obwohl die Teamleitung mich mit dem ersten Bus zurückfahren ließ, war ich dennoch erst kurz vor Mitternacht wieder in meinem Bett. Ich wusste, dass das für unser Spiel am nächsten Tag keine optimale Vorbereitung war. Die Ehre, die deutsche Fahne getragen zu haben, war es wert.

In Tokio teilten Kusia und ich ein Apartment, teilweise wohnten auch Karla und Julia mit uns. Ich war sehr froh, dass ich aufgrund meines Alters ein Einzelzimmer beziehen durfte, mit einem spektakulären Ausblick auf die Bucht von Tokio. Dadurch hatte ich mehr Privatsphäre als die meisten, denen nur das Bett zur Verfügung stand. Das Bett, weil aus Pappe, hatte für Schlagzeilen gesorgt. Ich konnte die Aufregung nicht ganz nachvollziehen, denn ich schlief gut darin, trotz der dreiteiligen Matratze. Zwei Laken und eine Steppdecke mit »Tokyo 2020«-Aufdruck, dazu eine kleine LED-Leuchte rundeten das Ensemble ab.

Ich heftete meinen Tagesplan an die Wand und fragte Kusia: »Wollen wir nicht unsere Taschen zusammen packen?« Das gemeinsame Ritual hatten wir schon länger im Kopf gehabt, aber bisher hatten wir noch nie an einem Ort gewohnt, sodass erst in Tokio Logistik und Zeitpunkt passten. Im Nachhinein fand ich es schade, dass wir damit nicht früher begonnen hatten, denn das gemeinsame Vorbereiten gab Halt und brachte uns näher zusammen.

Gänsehaut und Geisterkulisse

Wir fuhren mit dem Bus zum Stadion. Die anderen Sportler spürten, dass ich vor einem Spiel stand, und ließen mich in Ruhe. Jeder geht anders mit diesen Minuten um. Die amerikanischen Volleyballer waren beispielsweise sehr locker, während die Brasilianer sehr verschlossen wirkten. Ich konnte im Bus noch scherzen, aber sobald ich mich eingeschrieben hatte, begann die Konzentrationsphase.

Jedes Detail, das Energie kosten könnte, versuchten wir zu vermeiden. Wie schon in Rio hatten wir vorher genau abgeklärt, was auf dem Feld passieren würde. Während des Spiels durften wir nur mit dem Physiotherapeuten und unserem Verbandsarzt Kontakt haben. Sie reichten uns gekühlte Handtücher und Getränke. Wir besprachen bis ins kleinste Detail, wie die Betreuung funktionieren sollte, um den Fokus bei den Seitenwechseln und in Auszeiten nicht zu verlieren.

90 Minuten vor Spielanpfiff mussten wir uns bereits einschreiben. Man übergab uns einen Sensor, der unsere Bewegungen und die Höhe der Sprünge aufzeichnete. Dazu hatten wir vorher unsere Tops abgeben müssen, sodass ein kleines Täschchen zwischen den Schulterblättern eingenäht werden konnte, in das nun der kleine, leichte Sensor hineinkam. Die Werte wurden für Infografiken verwendet.

Für mich begann wie immer der Wettkampfmodus, als ich mir das Stirnband festzurrte. Anett und Morph verließen die Kabine. Unser Verbandsarzt Michi machte noch einmal einen Körper-Check-up bei uns. Ein letztes Mal besprachen wir die Taktikvorgaben auf unserem Tablet. Die eingescannten Zettel kannten wir, denn am Tag zuvor hatten wir sie ausführlich diskutiert. Meist waren es drei. Ein Blatt für jeden Spieler sowie eines für die Abwehr.

Den Aufwärmcourt trennten vom Stadion nur wenige Meter. Kurz genug, um den Weg in Flipflops anstatt Turnschuhen zurückzulegen. Unser Physiotherapeut Jochen hatte mich schon vor Jahren darauf hingewiesen, dass Flip-Flops die Wadenmuskeln belasteten, deshalb vermied ich, lange Strecken damit zu laufen. Auf dem Warm-up-Platz wartete unser Team: Morph, Anett, noch einmal Michi und ein Physiotherapeut. Eine Stunde lang absolvierte ich meine Warm-up-Routine. Je weniger ich dabei nachdachte, je unbewusster ich mein Programm abspulte, desto besser spielte ich. Endlich war es so weit: Zehn Minuten vor dem Spiel wurden wir mit einem Golfcart abgeholt und zu einem Eingang unterhalb der Tribüne gefahren.

Unter der Tribüne im Shiokaze-Park trafen wir unsere Gegnerinnen und die Schiedsrichter. Die Helfer nahmen uns die Taschen ab, die Musik aus dem Stadion hallte dumpf durch den Tunnel. Als der Moderator mich ankündigte, merkte ich, wie nervös und aufgeregt ich war. Ich ergriff Kusias Hand. Um ein wenig Stimmung in die Tristesse zu bringen, jubelten die Helfer so euphorisch sie konnten.

Aus dem Stadion drang Rockmusik. Der einzige Applaus, den wir in der weitläufigen Arena hörten, kam von den freiwilligen Helfern, die mit ihren Plastikhandschuhen laut klatschten. Auf dem Feld spürten wir sofort die schwüle Hitze. Das Thermometer zeigte 32 Grad Celsius an, der Sand glühte förmlich unter unseren Füßen.

Ich winkte beim Einlaufen, dabei merkte ich, dass ich gar nicht wusste, wohin. Die paar Funktionäre vom Deutschen Volleyball-Verband verloren sich im riesigen Oval. Ich suchte die Kamera, denn wenigstens sie war da wie immer. In diesem Moment wusste ich: Die nächsten Minuten würden sich trostlos wie ein Trainingsspiel anfühlen.

Ein kleines deutsches Grüppchen verlor sich fast in den leeren Rängen. Dennoch machten sie ordentlich Stimmung und retteten mich. Ich vermisste die Vor-Pandemie-Spiele. Selbst in Peking mit dem scheinbar orchestrierten Klatschen hatte ich mich wohler gefühlt. In London hatten die Fans zur Titelmusik der *Benny Hill Show* gefeiert, und jetzt wurde mir klar: Ich hätte lieber gegen pfeifende, aufgepeitschte brasilianische Fans als vor verlassenen Rängen gespielt.

Einen Vorteil hatte die Geisterkulisse: Ich wusste sofort, wo Morph saß. Ab und zu suchte ich ihn mit meinen Blicken, um meine Emotionen in seine Richtung loszulassen. Morph reagierte wie Jürgen sehr stoisch auf meine Kontaktaufnahme. Bei Olympia ist Coaching ohnehin verboten. Nicht einmal klatschen dürfen die Trainer. Nur wenn ich eine Auszeit in einer schlechten Phase nahm, hob er aufmunternd die Hände. Anett rettete mich manchmal mit emotionalem Feedback, wenn sie klatschte oder die Faust ballte.

Ich redete mir die suboptimale Vorbereitung mit der Eröffnungsfeier schön: Unsere Schweizer Gegnerinnen Tanja Hüberli und Nina Betschart feierten ihre olympische Premiere. Sie würden entsprechend nervös sein. Die Statistik sprach eindeutig gegen uns, denn in drei Duellen hatten wir immer verloren. Ich konnte also gar nicht viel falsch machen, deshalb nahm ich mir vor: entspannt ins Spiel gehen, mein Bestes geben und Spaß haben.

Wir profitierten zu Beginn vom Olympiafaktor, der uns 7 : 1 in Führung brachte. Die Schweizerinnen kämpften eindeutig mit ihren Nerven. Sie machten Fehler in Situationen, die sie sonst locker beherrscht hätten. Meine Sicherheit schien sich auch auf Kusia zu übertragen. Allerdings kam das Schweizer Duo immer besser ins Spiel, der Vorsprung schmolz. Ich glaubte, auch bei Kusia aufkommende Nervosität zu spüren. Ich hatte damit gerechnet, dass das Spiel von Stressreaktionen geprägt sein würde, deshalb konzentrierte ich mich darauf, bei mir zu bleiben. Mitte des Satzes glichen die Schweizerinnen zum 12:12 aus. Den Satzball konnte ich zum 25:23 verwandeln. Obwohl auch der zweite Satz ausgeglichen war, machten wir am Ende zwei blöde Fehler und mussten 20:22 an der Tafel lesen. Im Tiebreak konnten wir unseren Matchball nicht verwandeln, die Schweizerinnen ihren allerdings schon. Am Ende verloren wir 25:23, 20:22 und 14:16.

Morph beruhigte uns. Die erste Woche sollte dazu da sein, Ruhe und Rhythmus zu finden. Wir wussten noch nicht, ob es uns im Verlauf des Turniers geholfen hätte, wenn wir gegen die Schweiz gewonnen hätten und damit den wahrscheinlichen Gruppensieg geholt hätten. Erst einmal war also nichts Gravierendes passiert.

Am Tag danach war ich richtig erschöpft. Ich wollte nur schlafen, lesen, essen und mit Teo telefonieren. Morph schickte mich in den Kraftraum, um die Spannung zu halten, denn das Spiel gegen Japan stand bevor.

Ich analysierte die Situation vor dem nächsten Spiel, um meine Nerven zu beruhigen. Die Gastgeberinnen hätten das Eröffnungsspiel gegen Tschechien gespielt, doch das war wegen des Coronafalls gecancelt worden. Also boten wir ihnen ihre erste olympische Bühne auf dem Center-Court zur Primetime um 20 Uhr abends. Viele ihrer Landsleute würden vor den Fernsehern die Daumen drücken. Ich sah also den Druck auf ihrer Seite, obwohl Megumi Murakami (1,65 Meter) und Miki Ishii (1,73 Meter) uns körperlich und von der Erfahrung her unterlegen waren. Mich in ihre Situation zu versetzen, half mir, mich von meinem eigenen Erwartungsdruck zu befreien. Ich war mir sicher, dass die Japanerinnen wenig Chancen hätten, wenn wir ihnen unsere Taktik aufzwingen würden. Dieses Spiel mussten wir einfach gewinnen. Ich wollte nicht aus der Poolphase ohne einen Sieg.

Wir kannten das Team von der Tour, deshalb fiel mir sofort auf, wie nervös die beiden waren. Miki Ishii rollte oft mit den Augen, wenn Fehler passierten. Die Japanerinnen hatten sonst immer miteinander und füreinander gespielt. Jetzt auf Punktverluste so zu reagieren, zeigte mir, wie fest die beiden in Kopf und Körper waren. Wir gewannen in zwei Sätzen (21:17, 22:20), wobei ich vor allem mit dem zweiten Satz alles andere als zufrieden war. Wir hatten uns phasenweise zu sehr auf ihr Spiel eingelassen und damit genau das gemacht, was wir hatten vermeiden wollen.

Tage später schaltete ich den Fernseher ein, als zufällig gerade die Schweizerinnen Tanja Hüberli und Nina Betschart gegen die Japanerinnen spielten. Sie begannen gerade den dritten Satz. »Siehst du«, rief ich aufgeregt zu Morph, »das ist der Faktor Olympia. Sie wissen, sie müssen gewinnen, und genau deshalb verlieren sie einen Satz gegen Japan.« Ich war überzeugt davon: Bei Olympia wird nicht dem besten, sondern dem mental stärksten Team die Goldmedaille um den Hals gehängt.

Kleine Auszeit

Durch den Ausschluss von Tschechien hatten wir vor dem Achtelfinale vier Tage Pause. Wir versuchten, die Anspannung herunterzufahren. Noch wussten wir nicht, wer unsere Gegnerinnen sein würden. Morph verteilte seine Pläne, darum bemüht, das Gefühl eines Minitrainingslagers in der olympischen Blase zu vermitteln. Damit hatten die Tage ihre Struktur: Training, Stabilitätsübungen, Kraftraum und Videoanalyse. Ich absolvierte dazu noch Gespräche mit Anett. Im Training blieb ich im Fokus. Ich erlaubte mir kaum einen flotten Spruch oder gönnte mir ein Lachen, sondern konzentrierte mich darauf, die bestmögliche Einheit abzuliefern.

Jeden Tag fragte Morph uns, was wir brauchten. Auch ob wir uns nach Alleinzeit oder Gemeinsamkeit sehnten. Tagsüber lebten Morph und ich als Trainer und Athletin miteinander. Wir besprachen alles Wichtige zum Turnier, trainierten, und danach ging jeder seiner Wege. Selbst wenn wir gemeinsam in die Mensa essen gingen, blieben wir in unseren Rollen. An spielfreien Tagen gönnten wir uns abends einen kurzen Spaziergang durch das Athletendorf. Nur wenn wir die Nasen an den Bildschirm drückten und Teo per Videocall anriefen, verwandelten wir uns in Eltern. Diese 30 Minuten gaben mir Kraft. Sie bestätigten mich darin, dass mein Kind glücklich war und Spaß hatte, während ich meinen Traum verfolgte.

An Matchtagen reservierte Morph wenige Minuten für mich, in denen er die Trainerrolle verließ. In dieser kurzen Zeitspanne redete er mit mir als mein Mann, der mich bestärkte, mir Mut machte und mich beruhigte.

Die anderen Athleten sagten immer, dass bei uns der Wettbewerb so lange dauere, denn wir bestritten nur alle zwei Tage ein Match. Langweilig wurde es mir in unserem Dorf allerdings nie. Ich tauschte Pins mit anderen Sportlern und schoss Erinnerungsfotos vor den olympischen Ringen. Endlich konnte ich lange in der Mensa sitzen und das bunte Treiben in den Nationalfarben beobachten. Ich verabredete mich mit Tobi Hauke, einem Hockeyspieler, den ich von unserem Lieblingsspielplatz in Hamburg kannte. Seine Tochter ist in Teos Alter, dennoch hatten wir in der Heimat nie Zeit für einen Kaffee gefunden.

Wenn Clemens Wickler und Julius Thole spielten, gingen wir zusammen frühstücken. Genauer gesagt, ich mit Clemens und Morph mit Julius. Die beiden Männer kannten sich, seit Morph 2017 einen Krafttrainingsplan für Julius zusammengestellt hatte. Wir redeten über Gott und die Welt – eigentlich über alles, außer über das bevorstehende Match.

Ein amerikanischer Volleyballer kam in der Mensa auf mich zu, um mir zu sagen, dass er mein Spiel mochte. Ich schätzte solche Begegnungen, denn sie machten den Reiz von Olympia aus. Natürlich entlarvten sich auch manche Sportler, indem sie sich arrogant und ignorant anderen, weniger populären Athleten gegenüber benahmen. Das sind Erinnerungen, die ich sofort aus meiner Festplatte lösche, denn die allermeisten großartigen Athleten und Athletinnen sind mit beiden Beinen fest auf dem Boden geblieben. Allerdings irritierte mich in Tokio, dass die deutschen Mannschaften in den Ballsportarten nicht überzeugten. Gefühlt musste jeden Tag ein Team vorzeitig abreisen. »Krass, die auch noch?«, fragte ich mich mehr als einmal.

Die Auslosung hatte es gut mit uns gemeint. Im Achtelfinale trafen wir wieder einmal auf Ágatha Bednarczuk und Eduarda »Duda« Lisboa. Morph und ich blickten uns zufrieden an: »Das ist perfekt. Besser gehts nicht«, dachte ich. Ich erlebte einen kleinen Flashback und erinnerte mich, wie glücklich ich war, als ich in der Nacht vor dem Finale in Rio erfahren hatte, dass unsere Gegnerinnen aus Brasilien kommen würden.

Dieses Mal erlebten wir aber eine völlig andere Ausgangssituation. Das letzte Spiel gegen die beiden in Rom hatten wir gewonnen. Während wir unsere Berg-und-Tal-Fahrt durch die World Tour hinter uns gebracht hatten, gewann das brasilianische Duo einige Goldmedaillen und zeigte dabei, was uns seit 2019 nicht mehr gelungen war: ein ganzes Turnier lang konstant auf hohem Niveau zu spielen.

In der Taktikbesprechung gingen wir auf die mentale Situation ein. Wir hatten nichts zu verlieren. Der Druck des Gewinnenmüssens lag auf den Schultern der Brasilianerinnen. Schwer würde es werden, wenn Duda einen ihrer genialen Tage erwischte. Ágatha hatte in den letzten vier Jahren fast nie gegen mich gewonnen. Weder mit Kira noch mit Kusia. Dennoch stellten wir uns auf ein enges Match ein. Würden wir dieses Mal keine Schwächephase haben, wenn wir die Punkte zum Sieg brauchten? Ich wollte unbedingt gewinnen. Mich mit nur einem Sieg gegen Japan als Neunte aus dem olympischen Turnier zu verabschieden – das war weit entfernt von meinem Anspruch. Auch Morph wollte der Welt zeigen, was wir die letzten zwei Jahre erarbeitet hatten.

In meinem Kopf entstand die Gewissheit, dass ein Sieg möglich war. Als wir durch den Tunnel aufs Feld liefen, konnte ich die Nervosität von Duda spüren. Das Spiel begann. Doch nicht so, wie wir es besprochen hatten. Sie spielten viel über mich. Wumms, sie erwischten mich kalt. Zugegeben. Ich merkte, wie ich hektisch zu werden drohte. »Ruhe bewahren, ganz ruhig«, redete ich auf mich ein. »Nur nicht versagen«, spukte es in meinem Kopf umher. Erst nach ein paar Minuten konnte ich akzeptieren, dass die beiden voll auf mich gehen wollten. Ich musste mich zurückhalten, um Kusia nicht zu überfordern, denn ich hatte mein Spiel noch nicht gefunden, während ich gleichzeitig die Führungsrolle annehmen musste. Oft hatten wir in den vergangenen Monaten darüber gesprochen, genauso oft war ich an der Aufgabe gescheitert. Nun musste ich also im wichtigsten Spiel der vergangenen fünf Jahre nicht nur die Taktik und das optimale Zuspiel bestimmen, sondern auch den Side-Out. Ständig wechselte ich zwischen Side-Out und Block-Abwehr hin und her. Ich wusste, dass sich der Sand von Tokio nicht groß von anderen Courts auf dieser Welt unterschied. Die Höhe des Netzes und die Dimensionen des Feldes hatte ich natürlich ebenfalls verinnerlicht. Dennoch schlich sich Olympia in meinen Kopf und ich dachte: »Ich bin hierhergekommen, um der Welt zu zeigen, dass ich immer noch gutes Beachvolleyball spielen kann. Auch als Mutter, auch mit einer anderen Partnerin als noch in Rio …«

Ich sagte an, ab und zu auf Duda zu wechseln. Ágatha beherrschte den Side-Out hervorragend. Ich rechnete damit, dass bei Duda der Olympiadruck zu Fehlern führen würde.

Bei den beiden hatte ich schon oft gewusst, wie ich sie schlagen konnte. Als ich die Taktik für mich definiert hatte, begann ich, das Spiel Punkt für Punkt besser zu kontrollieren. Gerade im dritten Satz nutzten wir die Unsicherheiten von Duda aus. Unter Druck wurde auch Ágathas Zuspiel ungenau, was zu Fehlern führte. Wenn ich Punkte verschenkte, hakte ich sie ab und konzentrierte mich auf die nächste Chance.

Als der Matchball zum 2:1 verwandelt war (21:19, 19:21 und 16:14), durchströmte mich ein unglaubliches Glücksgefühl. Ich schaute zu Morph hoch. Happy und erleichtert zugleich. Nach diesen schwierigen Monaten hatten wir unser bestes Ergebnis seit dem Sommer 2019 ausgerechnet bei Olympia geschafft. Wir hatten der Welt gezeigt, dass man mit uns rechnen konnte. Mir war gelungen, die Taktik zu bestimmen und mich zu steuern. Vorbei die Zweifel, als ich mich über einen langen Zeitraum meilenweit von der Weltspitze entfernt gefühlt hatte. Man konnte wieder mit mir rechnen.

Ich wollte nur noch raus aus dem Stadion. Der Gang durch die Mixed Zone mit den Interviews fühlte sich ewig an. Eigentlich genieße ich diese Minuten, denn ich erfahre auch viel Wertschätzung. Doch an diesem Tag sehnte ich mich der letzten Frage entgegen, um Morph zu suchen. Völlig entfesselt sprang ich ihm in die Arme. Ins Viertelfinale zu kommen, war mehr, als ich mir jemals erträumt hatte, und auch eine Anerkennung von Morphs Arbeit mit uns, mit mir. In diesem Moment sein Gesicht und seinen Körper zu spüren, war für mich der emotionalste Moment unserer japanischen Reise.

Scheiß drauf

Im Viertelfinale kreuzte April Ross wieder meinen Weg. Ihre Partnerin Alix Klineman und Kusia kannten sich von der italienischen Hallenvolleyballsaison. Alix war erst 2017 zum Beach gewechselt. Mit ihren 1,95 Metern war sie auf jeden Fall Respekt einflößend, wenn sie zum Block ansetzte. Bereits 2009, als ich noch im Spaßmodus auf der Tour unterwegs gewesen war, hatte April ihren ersten Weltmeistertitel gefeiert. In Rio hatte sie gemeinsam mit uns auf dem Treppchen gestanden, die Bronzemedaille um den Hals.

Bis wir in Tokio zum vorerst letzten Mal aufeinandertrafen, waren April und ich uns schon 28-mal gegenübergestanden. Die Bilanz sprach mit 20:8 eindeutig für sie. Schon vor dem Spiel hatte ich genau einen Anspruch: Ich wollte zufrieden das Rechteck von Tokio verlassen.

Vor allem Alix Klineman zeigte gegen uns eine überragende Leistung. In den letzten Jahren hatte sie sich kontinuierlich verbessert. Sie zeigte ein großartiges Blockspiel, dominierte Angriff und Abwehr und spielte zudem noch sehr schlau. April brachte ihre olympische Erfahrung mit. Sie setzte ihre Stärken optimal ein und spielte ein paar Weltklassebälle. Chancenlos waren wir dennoch nicht. Wir führten zweimal jeweils in der Mitte der Sätze. Vielleicht kam dieser Vorsprung zu früh, denn die beiden ließen sich nicht aus dem Konzept bringen.

Nur in einem einzigen Moment dachte ich, das Schicksal hätte sich auf unsere Seite geschlagen. Im zweiten Satz lagen wir 18:20 hinten. Matchball für die USA. Kusia machte eine Annahme nach links und rannte schnell ans Netz. Ich hatte den Ball noch erlaufen, um ihn zu retten, schubste ihn gegen die Laufrichtung von April und Alix über das Netz. Ich glaubte zu sehen, dass Kusias Gedanken noch von ihrer Annahme beherrscht waren. In diesem Moment dachte ich, wir könnten das Spiel noch drehen und den Satz gewinnen. 19:20. Ich drehte mich zu Kusia um und schaute sie mit großen Augen an, dabei umarmte ich sie und schrie: »Scheiß drauf, scheiß drauf, jetzt einfach weiter!« Bei April und Alix spürte ich Anspannung.

April griff an, doch der Ball prallte unerreichbar von Kusias Block ab. Vorbei.

Wir fuhren mit dem Bus zurück vom Spielfeld. Kusia saß einige Reihen vor uns, während Morph und Anett in meiner Nähe Platz genommen hatten. Anett hatte sich die Kapuze ihres Hoodies tief ins Gesicht gezogen. Ich sprach sie an. Sie drehte sich zu mir um, die Tränen liefen ihr ungebremst über die Wangen. So leer und verloren hatte ich sie noch nie gesehen. Ich schlang meine Arme um sie: »Anett, wir haben alles richtig gemacht. Mit einem guten Spiel das beste Ergebnis bei Olympia geliefert. Ich bin happy.« Anett schaute mich an, als hätte ich sie auf Japanisch angesprochen. Nach der großen Anspannung hatte sich Anetts Akku auf null Prozent entladen. Auch sie hatte unglaublich hart gearbeitet, damit wir möglichst eine Medaille gewinnen würden. Nun hatte es nicht gereicht. Erst in diesem Moment realisierte ich, wie groß unser gegenseitiges Vertrauen war. Zu spüren, wie sehr ich mich auf mein Team verlassen kann, wie viel mir die Menschen in meinem engsten Umfeld bedeuten und wie wichtig ich ihnen bin, zählt für mich mehr als olympische Medaillen. Ich sah Morph aus dem Augenwinkel. Ich wusste, dass auch er so dachte. Medaillen hängen wir in unseren Schrank, Menschen leben in unseren Herzen. Morphs Augen begannen leicht zu glänzen. Ohne ein Wort zu sagen, kam er zu uns Frauen und schloss sich unserer Umarmung an.

Nachwort
Das Leben ist eine Wippe

Im Apartment sprachen wir über das Ende unserer olympischen Reise. Ich war sehr erleichtert, dass ich mit Kusia ein richtig solides Turnier gezeigt hatte. Unsere Olympiade, die von so vielen Rückschlägen geprägt war, endete versöhnlich. Auch der große Zyklus, vom Kennenlernen als Kinder bis zum Höhepunkt in Tokio als erwachsene Frauen, schloss mit einem zufriedenen Gefühl. Morph hing seinen Gedanken nach. Er reflektierte, was er für sich mitnehmen konnte. Gemeinsam hatten wir gelernt, dass das Gleichgewicht zwischen Beruf und Familie stimmen muss. Nur so konnten wir optimale Leistung in unseren Rollen bringen. Er sah auf Tokio mit einem weinenden und einem lachenden Auge. Dass wir beim wichtigsten Event unser bestes Ergebnis 2021 erreicht hatten, ging auf sein Konto. Sicher, er hätte uns gerne noch einmal spielen sehen, aber dafür fehlte Qualität.

Morph und ich hatten erfahren, dass alles seine Zeit hatte. In Tokio hatte die Karriere Priorität. Nach den Spielen würden wir die Familie in den Vordergrund stellen. Beides auf Dauer auf höchstem Niveau zu leben, überforderte mich. Das Bild, das Morph für mich gefunden hatte, war eine Wippe. Ich sollte mich nicht auf einen der Sitze setzen, denn dann würde das leere Ende steil in den Himmel zeigen. Stattdessen sollte ich versuchen, in der Mitte zu stehen. Dann konnte ich – wenn es die Situation erforderte – einen Schritt in Richtung Karriere gehen. Oder umgekehrt, der Familie Vorfahrt gewähren. Danach konnte ich wieder ein gesundes Gleichgewicht finden.

In Tokio fand ich meine Mitte. Sicher, am Ende nahm ich keine Medaille mit nach Hause, dafür einen Schatz an Erfahrungen, der mehr zählte als Metall. Ich hatte mich durch Monate des Zweifels hindurchgekämpft, eine Balance zwischen den Rollen Leistungssportlerin und Mutter gefunden. Ich fühlte Dankbarkeit über meinen fröhlichen, aufgeweckten Sohn und glaubte, ihm ein Beispiel gegeben zu haben. Teo sollte sehen, dass wir mit harter Arbeit und Leidenschaft unsere Ziele erreicht hatten. Vielleicht begriff er das da noch nicht, weil er zu jung war, aber später bestimmt. Ich lernte meinen Mann mehr schätzen, denn er formte mich als Athletin und unterstützte mich als Mutter, während ich Verantwortung übernahm – auf und außerhalb des Platzes.

Jürgen adelte mich danach mit einem Lob: »Laura, es gibt kaum Spielerinnen, die sich über Jahre hinweg so auf dem Platz steuern können.« Das war Balsam für meine Beachvolleyballseele. Zum ersten Mal seit Rio konnte ich meinen Zweifler dahin schicken, wo der Pfeffer wächst, denn ich hatte maximale Qualität in meinem Spiel gezeigt. Nach Fehlern fand ich schnell wieder zu mir und setzte meine Energie für meine Bewegungen ein. Aus meinem mentalen Werkzeugkasten holte ich die Hilfsmittel, die mich im Hier und Jetzt hielten. Meine Aggressivität passte ich den Situationen an.

In Rio hatte ich mich als Teil einer gut geölten Maschine verstanden, bei der ich nur meinen Job machen musste. In Tokio gelang es mir, nicht nur zu tanzen, sondern auch auf die Empore zu steigen, unser Spiel von oben zu betrachten, zu analysieren und meinen Tanz anzupassen. In Rio gewann ich die Goldmedaille, aus Tokio nahm ich etwas viel Wichtigeres mit nach

Hause: Ich hatte meine Zweifel und meine Emotionen kontrolliert. Für mich zählte nicht, was andere zu unserem fünften Platz sagten. Ich wusste, dass ich so viel investiert hatte wie für die Goldmedaille. Als Mensch war ich reifer und reflektierter geworden.

Jürgen, Hans, Helke, Anett und Morph haben mich auf meinem Weg unterstützt und geformt. Sie alle haben ihren Anteil daran, dass ich in Tokio so nah bei mir war wie noch nie. In den Jahren zuvor hatte ich oft unnötigen Druck auf mich und meine Partnerin geladen. Nun packte ich meine Koffer und nahm keinen unnötigen Ballast mit nach Hause. Ich hatte vielleicht tausend Matches in meiner Karriere gespielt, viele davon auch gegen mich selbst. Nun fühlte ich mich angekommen auf meiner olympischen Reise. Wenn all die Erfahrungen nur den einen Zweck haben, näher zu sich selbst zu kommen, dann lohnte sich meine olympische Reise auf jedem Meter. Mein Weg geht weiter nach Paris zu den Spielen 2024. Dann mit zwei Kindern, denn im Frühsommer 2022 kam Teos kleiner Bruder Lenny zur Welt.

Ich möchte mit den beiden auf Tour gehen, denn Frauen sollten weder ihre Träume noch ihren Nachnamen aufgeben.

Danke

Danke an alle, die sich Zeit genommen haben, sich mit mir für dieses Buch an die gemeinsame Zeit zu erinnern.

Danke an alle, die mich unterstützt und gefordert haben, damit ich die Spielerin und der Mensch werden konnte, der ich heute bin.

Ein besonderer Dank gilt Anett, meiner Psychologin, die sich sehr viel Zeit genommen hat, noch einmal ihre Arbeit mit mir zu reflektieren.

Danke an Alexandra, meine Co-Autorin, für die vielen Stunden, in denen ich so viel erzählt und gelacht – und manchmal auch geweint habe.

Laura

Edel Sports
Ein Verlag der Edel Verlagsgruppe

Neumühlen 17, 22763 Hamburg
www.edelsports.com

Projektkoordination: Svetlana Romantschuk
Lektorat: Roland Rödermund
Coverfoto: Mirja Geh
Foto Backcover: IMAGO / Beautiful Sports
Layout und Satz: Datagrafix GSP GmbH, Berlin | www.datagrafix.com
Gestaltung von Umschlag und Bildstrecke: Groothuis. Gesellschaft der Ideen und Passionen mbH | www.groothuis.de
Lithografie: Frische Grafik, Hamburg
Druck und Bindung: GGP Media GmbH, Pößneck

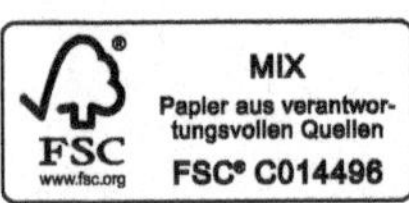

Printed in Germany

ISBN 978-3-98588-016-4